建筑企业会计处理与涉税管理研究

陈洁　侯磊　娄繁慧　编著

南开大学出版社
NANKAI UNIVERSITY PRESS

天　津

图书在版编目(CIP)数据

建筑企业会计处理与涉税管理研究 / 陈洁，侯磊，娄繁慧编著. — 天津：南开大学出版社，2025.1.

ISBN 978-7-310-06670-4

Ⅰ. F426.967.2；F812.423

中国国家版本馆 CIP 数据核字第 2024VC9777 号

建筑企业会计处理与涉税管理研究
JIANZHU QIYE KUAIJI CHULI YU SHESHUI GUANLI YANJIU

南开大学出版社出版发行

出版人：刘文华

地址：天津市南开区卫津路 94 号　　邮政编码：300071

营销部电话：(022)23508339　营销部传真：(022)23508542

https://nkup.nankai.edu.cn

河北文曲印刷有限公司印刷　全国各地新华书店经销

2025 年 1 月第 1 版　　2025 年 1 月第 1 次印刷

240×170 毫米　16 开本　20.75 印张　2 插页　338 千字

定价：92.00 元

如遇图书印装质量问题,请与本社营销部联系调换,电话：(022)23508339

编委会名单

主　任：陈　洁　侯　磊　娄繁慧　王桂平

副主任：邓宁翰　张德举　解　晴　李竞成　秦铁征

其他参编人员（排名不分先后）：

董子怡　张东燕　吴美萱　何祎璠　步明娜

李雯宇　王沈莹　上官倩　陈军辉　段谟良

马南钧　马淑敏　孙　明　盛　晗　朱新宇

楚婧冉　赵玉菡　王雅琳　王宏亮　程永强

前　言

随着我国城市化建设水平不断提高及基础设施建设的不断推进，作为国民经济的支柱产业之一，建筑业的健康稳定发展对我国经济结构的优化和经济增长具有重要的推动作用。本书按照建筑企业不同业务阶段，从会计处理、涉税管理、热点问题、案例分析等方面深入研究，深化并拓展了建筑企业会计处理与税务管理理论，对建筑企业的会计及税务工作有一定实践指导作用，有助于建筑企业的稳健发展。

本书编著过程中，主任是陈洁、侯磊、娄繁慧、王桂平，副主任是邓宁翰、张德举、解晴、李竞成、秦铁征。在此特别感谢参与编著的实务界专家：天津中洲税务师事务所有限公司、天津方舟远航财税服务有限公司高级顾问娄繁慧，中国建筑第六工程局有限公司财务资金部总经理邓宁翰，中建六局建设发展有限公司总会计师张德举，中建六局水利水电建设集团有限公司总会计师解晴，中建地产（天津）有限公司副总会计师李竞成，中建地产（天津）有限公司财务资金部经理秦铁征。

陈洁负责本书整体写作框架总纂、具体章节大纲设计、全书统稿及修改工作。全书具体撰写分工如下：第一章由王桂平、邓宁翰、陈洁撰写；第二章由侯磊、邓宁翰、陈洁撰写；第三章由侯磊、邓宁翰、秦铁征撰写；第四章由王桂平、邓宁翰、秦铁征、陈洁撰写；第五章由侯磊、张德举、娄繁慧撰写；第六章由王桂平、张德举、李竞成、娄繁慧撰写；第七章由王桂平、解晴、娄繁慧撰写；第八章由侯磊、谢晴、李竞成、秦铁征撰写；第九章由王桂平、谢晴、李竞成、秦铁征撰写；第十章由侯磊、谢晴、李竞成、秦铁征撰写；第十一章由侯磊、邓宁翰撰写。

本书将会计与税务、理论与实践融为一体，主要具有以下四个方面的特色：

第一，突出会计与税务融合。目前，建筑企业会计与税务管理的研究较多采用会计和税务分割的板块形式，两个板块分别研究会计和税务。本书遵循建筑企业具体实践工作，将会计与税务视作一个完整流程，将二者紧密相连，按企业业务流程进行一体化设计。本书充分考虑了企业财务实践中的理论需求，对建筑企业全流程的会计管理与税务处理进行系统性阐述。

第二，关注财务流程整体规划。本书在分析会计处理与税务管理的基础上，着重阐述建筑企业不同业务阶段的账务处理流程，具体说明了每一阶段的账务处理步骤，建立对财务流程合理规划的理念，有助于建筑企业会计工作全流程、高质量开展与实施。

第三，指导会计实践高效高质开展。本书将会计学财税理论与实务操作融为一体，对建筑企业设立阶段、投标及合同签订阶段、资产及劳务使用阶段、工程成本和费用、收入阶段的会计处理与涉税管理进行深入研究，同时对建筑企业财务报表和财务分析进行深入梳理。在书稿写作过程中引用大量实务案例、财税政策法规，有助于建筑企业解决会计处理与涉税管理的实务问题。

第四，深入挖掘经典案例。会计从本质上既是一种经济管理活动又是一种经济信息系统，通过挖掘经典案例，有助于清楚分析各类经济业务的来龙去脉及这些经济业务对企业财务状况和经营成果的影响，将理论与实践更好地结合，从案例实践视角分析建筑企业会计处理与涉税管理问题。

在本书编写过程中，作者参阅了大量的资料，并在参考文献中尽可能逐一列出，在此特向这些前辈们表示深深的感谢。但由于疏忽，也极有可能出现一些遗漏，请读者见谅。限于编著者水平，敬请读者批评指正！

编著者

2024 年 12 月

目　录

第一章　绪　论

第一节　研究背景

随着我国城市化建设水平不断提高及基础设施建设不断推进，以基础设施建设为重要内容的中国建筑业不断壮大、持续创新，已经成为我国的一项重要支柱产业。作为国民经济的支柱产业，建筑业的健康稳定发展对我国经济结构的优化和经济增长具有重要的推动作用。近年来，伴随着共建"一带一路"背景下国际工程承包和劳务合作的不断增加，我国培育了一批具有综合实力且世界一流的建筑企业，为壮大综合国力、促进经济社会发展、保障和改善民生作出了突出贡献。但是，目前随着社会经济发展趋于均衡，土地开发建设量趋于饱和，与20世纪90年代至21世纪初的繁荣时期相比，目前的建筑市场相对低迷，越来越多的建筑企业面临着更大的竞争压力。

2007年1月1日起，我国开始执行新会计准则，初步形成了与社会主义市场经济体制相适应的企业财务会计制度体系。同时，2016年营业税改增值税（简称"营改增"）全面推开，2017年新收入准则发布、"营改增"持续推进，2018年、2019年连续降低增值税税率、扩大增值税进项税抵扣范围、建立期末留抵退税制度，再到2022年实施大规模增值税留抵退税，大幅降低了纳税人的税收负担，我国深入推进税制改革，不断完善现代财税体系，取得一系列成效。"十四五"时期是我国由全面建成小康社会向基本实现社会主义现代化迈进的关键时期，新经济、新科技、新发展趋势下，我国企业财务会计和税收制度建设也在不断进行着多渠道改进与突破。为顺应时代发展，在国家会计与税收体制持续改革更新的背景下，会计处理与涉税管理工作的完成程度直接决定了建筑企业的发展方向和未来，同时会计处理与涉税管理也是建筑企业基本且关键的工作。因此，会计处理与涉税管理对建筑企业的正常运作具有难以取代的关键性作用。面对这种形势，建筑企业应该站在推动自身可持续发展的战略高度，充分认识到财务会计工作对建筑企业改革、创新、发展的积极影响，积极推进建筑企业财务建设的规范化、科学化、体系化、效益化变革。

建筑企业具有生产经营活动的特殊性、生产建筑产品的特殊性及施工作业周期长的特殊性，这些决定了建筑企业生产经营模式及生产的建筑产品不同于一般生产经营企业。因此，加强对建筑企业会计理论的深入研究至关重要。对建筑企业会计处理与税务管理全流程进行深入研究，可满足实践中建筑企业的需求。本书将会计理论、税务理论融入建筑企业具体业务流程中深入分析，对建筑企业设立阶段、招投标阶段、合同签订阶段、物资采购和资产管理、劳务使用、成本和费用、收入和利润的会计处理与涉税管理进行了详细探究，同时对热点问题、实务案例、政策法规进行深入研究。本书有助于提高学者、建筑企业会计人员及其他实务工作者的理论水平及实务操作能力，进一步拓展其建筑企业会计理论知识，促使其高质量完成建筑企业财税工作，助力建筑企业高质量发展。

第二节　研究意义

一、理论意义

（一）深化与拓展建筑企业会计处理与税务管理理论

我国学者经过多年、广泛地对会计处理及税务管理知识进行研究，目前已形成严格的理论体系，但随着经济的发展，建筑企业的经营方式也越来越多样化并产生了更多的不确定性，因此仍需对建筑企业会计处理与税务管理理论进行进一步收集与整理。本书通过查阅国内外学者的研究成果、会计与税务准则的官方资料，对现有基础理论进行归纳与梳理，将会计学知识与实务操作融为一体，对建筑企业各业务阶段的会计处理与涉税管理进行详细讲解，并引入实务案例、政策法规，通过正确的会计处理方法和合法合规的税务管理技巧帮助企业处理日益繁杂的信息，以实现企业价值最大化。

（二）进一步完善建筑企业会计与税务体系

大多数建筑企业会计类著作都是按照资产、负债、所有者权益、收入、费用和利润等会计要素来编写的，这类写法思路清晰但缺乏与具体实践工作的结合。本书注重建筑企业实务操作，对建筑企业业务流程各阶段的会计处理及涉税管理工作进行剖析；同时，通过热点问题和案例分析强化具体内容。本书结构新颖，在对理论知识进行深入挖掘的基础上，对实务操作具有指导作用。到目前为止，按照建筑企业业务流程编写的财税类著作较少，本书有助于进一步完善建筑企业会计与税务体系建设。

二、实践意义

（一）对建筑企业的会计处理工作有一定的参考价值

建筑行业是一个典型的资本密集型行业，资本投入较高，建筑项目周期较长，并且涉及诸多的风险与不确定性，因此，建筑行业的会计处理工作较为烦琐和复杂。但是，许多建筑企业不注重构建现代企业制度，这在很大程度上制约了建筑企业财务会计工作的有效开展。本书通过对会计基础理论进行归纳分析，对建筑企业设立阶段、投标阶段、合同签订阶段、物资采购和资产管理、劳务使用、成本和费用、收入和利润的会计处理与涉税管理进行了详细探究，结合案例分析与热点问题，最后就如何加强建筑企业财务会计工作提出优化对策，旨在促进建筑企业财务会计工作可持续发展提供参考与借鉴，进而增强建筑行业的整体竞争力。

（二）对建筑企业的税务管理工作有一定的参考价值

建筑行业属于劳动密集型行业，由于其具有点多、面广、线长的特点，加之长期以来的粗放型管理模式，我国日益完善的税务监管制度和不断优化的税费优惠政策必将对建筑行业产生深远的影响。本书通过对建筑行业生产经营活动涉及的相关税种进行总结和介绍，并对建筑企业不同生产阶段的涉税问题进行深入研究、案例分析和热点解读，有助于建筑企业会计从业者高质量、高效率地完成税务管理工作，防止企业由于税负承担额外费用，避免降低企业利润，对建筑企业的税务管理工作有一定的参考价值。

第三节　研究内容

本书主要分为 11 章，具体内容如下。

第一章，绪论。本章主要阐述本书的研究背景、研究意义、研究内容和涉及的具体研究方法。

第二章，主要概念及相关理论。本章分析了建筑企业的含义，阐述了会计相关概念，明确了建筑企业会计的内涵及特点，进而对建筑企业涉税管理及其特点进行了深入探讨。同时，本章分析了建筑企业会计处理与涉税管理方面的基础理论，包括会计处理相关理论、涉税管理相关理论。涉税管理相关理论主要是对增值税、企业所得税及建筑企业所涉及的小税种进行概述，为后续章节建筑企业不同业务阶段的会计处理与涉税管理提供了理论依据。

第三章，建筑企业设立阶段的会计处理与涉税管理。本章对建筑企业设立阶段会计处理与涉税管理的相关内容进行分析。在会计处理方面，涉及了建筑企业设立条件的详细内容，包括有限责任公司和股份有限公司，并分析了建筑企业不同出资方式、建筑企业所有者权益变动和建筑企业开办费的会计核算。在涉税管理方面，详细阐述了印花税的涉税政策、涉税处理和涉税优惠。在热点问题方面，阐述了建筑企业设立阶段在注册地点的税务筹划及税收优惠政策两方面的内容，同时通过案例分析做了进一步讨论，可为在建筑企业设立阶段提升税务筹划的质量提供有益参考。

第四章，招投标阶段的会计处理与涉税管理。本章对建筑企业招投标阶段会计处理与涉税管理的相关内容进行分析。在会计处理方面，涉及招标与投标的含义、招投标程序及政策的内容，并分析了投标费用、投标保证金和履约保证金的会计核算。在涉税管理方面，分析了一般计税法与简易计税法，并深入探讨了建筑服务增值税、招标采购与比价采购、招投标文件费用的涉税政策、涉税处理和涉税优惠。在热点问题方面，阐述了招标阶段开展的具体工作，提出投标阶段的风险防控措施，并明确了应在整个投标过程中贯彻公平、公正、公开原则，通过结合案例分析，可为建筑企业在实践中更好地把控招投标阶段的会计处理与涉税事项提供有益借鉴。

第五章，合同签订阶段的会计处理与涉税管理。本章对建筑企业合同签订阶段的租赁、分包、借款三种情形下的会计处理及涉税管理问题进行分析。在会计处理方面，租赁的合同签订阶段明确了承租人及出租人的会计处理，在签订分包合同的会计处理中分析了签订承包合同的业务流程及会计处理，在签订借款合同的会计处理中分析了借款费用、借款的范围、借款费用的确认原则，以及借款费用的计量。在涉税管理方面，分析了合同签订阶段的涉税问题、如何进行涉税处理，以及印花税的税收优惠政策。在热点问题方面，就订立合同时涉税审核与风险防控、合同承包的涉税管理及合同分包的涉税管理中的热点问题进行深入探讨，并针对上述内容进行了案例分析。

第六章，物资采购和资产管理的会计处理与涉税管理。本章对建筑企业物资采购和资产管理阶段的会计处理与涉税管理问题进行分析。在会计处理方面，主要阐述了存货、固定资产和无形资产的会计核算。在涉税管理方面，从涉税政策、涉税处理、涉税优惠三方面对本阶段主要涉及的增值税、房产税、城镇土地使用税、城市维护建设税、车辆购置税、资源税和印花税进行分析，进而提出当前在物资采购和资产管理阶段存在的热点问题，同时进行相关案例分析，可为建筑企业在物资采购和资产管理环节的会计实务工作提供有益借鉴。

第七章，劳务使用阶段的会计处理与涉税管理。本章对建筑企业劳务使用阶段的会计处理与涉税管理进行分析。在会计处理方面，主要分析了职工薪酬和进城务工人员工资保证金的会计核算问题。在涉税管理方面，梳理了个人所得税的概念、征税范围、优惠政策及计算方法。通过理论分析和政策解读，对劳务使用阶段存在的热点问题进行分析，包括职工薪酬管理、保证金收取及异地施工个人所得税等问题，并结合案例分析，为建筑企业在实践中更好地把控劳务使用阶段中的会计处理与涉税事项提供有益借鉴。

第八章，成本和费用的会计处理与涉税管理。本章对建筑企业成本和费用的会计处理与涉税管理的相关内容进行分析。在会计处理方面，分析了建筑企业费用的含义及不同分类标准，提出建筑企业成本核算的特殊性，同时在阐述成本核算的对象、组织与程序的基础上，厘清合同履约成本的核算与结算，以及期间费用的会计核算。在涉税管理方面，从企业所得税的角度来讲，从不得扣除支出项目、进行纳税调整及跨年度费用支出等方面分析涉税政策及税收优惠政策。在热点问题方面，分析了建筑企业成本控制与预测、费用管理等问题，并结合案例分析，为建筑企业在实践中更好地把控成本与费用的会计处理与涉税事项提供有益参考。

第九章，收入和利润的会计处理与涉税管理。本章对建筑企业收入和利润的会计处理与涉税管理的相关内容进行分析。在会计处理方面，分析了合同收入的主要内容、含义、特征、分类及其会计核算问题，此外，还对利润的会计核算进行深入探讨。在涉税管理方面，主要梳理了企业所得税的应税收入、清缴政策、税前扣除、优惠政策及计算方法，为解决建筑企业在收入阶段的涉税问题提供了理论基础。在热点问题方面，关注了所得税跨地区征缴、建筑企业购买环境污染保险费用的税前扣除，以及未取得发票如何处理等问题，并结合案例分析，为建筑企业在实践中处理好收入和利润的会计处理与涉税问题提供了有益参考。

第十章，建筑企业财务报表与财务分析。本章对建筑企业财务报表与财务分析相关内容进行了深入探讨。建筑企业在实际运营中需积极开展财务分析来提高企业的经济效益，以增强企业竞争力。本章首先对财务报表进行概述，随后进一步分析了财务分析的方法，主要包括比较分析法、比率分析法、趋势分析法和因素分析法等；然后对财务指标分析进行阐述，主要包括偿债能力指标、营运能力指标、获利能力指标和发展潜力指标，并在梳理财务综合分析的基础上，深入探讨了财务分析应关注的问题；最后利用杜邦分析法对中国建筑股份有限公司的财务报表进行案例分析。

第十一章，总结与展望。本章一方面对全书内容进行总结，对建筑企业全流程的会计处理与涉税管理工作进行了系统性研究与一体化设计，遵循建筑企业具体实践工作，全面涵盖建筑企业生命周期，突出会计与税务相融合；另一方面，对未来研究内容做出展望，针对会计处理与涉税管理问题，建筑行业将制订更加规范的专业标准，高校将调整建筑企业会计课程设置和教学方法，使教学更贴近实际需要，建筑企业和高校之间将建立更为密切的合作关系，实现产学研的深度融合。

第四节　研究方法

一、文献研究法

笔者查阅了国内外学者的研究成果、会计与税务准则的官方资料，梳理现有基础理论，并在此基础上，对建筑企业设立阶段、招投标阶段、合同签订阶段、物资采购和资产管理、劳务使用、成本和费用、收入和利润的会计处理与涉税管理进行了详细探究，结合案例分析与热点问题，最后就如何加强建筑企业财务会计工作提出优化对策，旨在促进建筑企业财务会计工作可持续发展提供参考与借鉴。

二、案例分析法

在建筑企业中，每一次决策往往伴随着巨大的前期资金投入，不断完善的企业制度对财务工作者的会计处理与税务管理运用水平提出了更高的要求。本书第二章至第十章通过多渠道搜集建筑企业不同业务阶段的经典案例与热点问题，对各个阶段的会计处理与涉税管理的实务重点进行研究分析，有助于提高建筑企业会计从业者的实务技巧，提高建筑企业决策的准确性，保证决策的科学性。

三、调查研究法

本书部分参编人员来自中国建筑第六工程局有限公司、中建六局水利水电建设集团有限公司、中建六局建设发展有限公司、中建地产（天津）有限公司的会计实务部门。本书编写人员运用参与观察和非结构性访谈等方式收集著作素材，并与实地调查公司的财务负责人进行多方交流与探讨，通过对调查公司的业务、合同、年报等信息进行分析，设计全书框架、选取经典案例，直面建筑企业管理者在企业快速发展过程中所面临的困难，并针对具体情况提出了行之有效的解决方案，以提高本书的理论性及实践性，帮助建筑企业会计工作者提升实务操作能力，强化税务工作的科学谋划。

第五节　研究思路

本书依据问题导向开展设计，依次按 5 个步骤展开论述，具体研究思路如图 1-1 所示。

第一步是绪论部分。包括研究背景、研究意义、研究内容、研究方法与研究思路，重在体现本书研究的必要性。

第二步是主要概念及相关理论部分。包括建筑企业会计的内涵及特点、建筑企业涉税管理的内涵及特点、建筑企业会计处理基础理论、建筑企业涉税管理基础理论，意在为后文建筑企业不同业务阶段的涉税会计处理提供理论依据。

第三步是对建筑企业主要阶段的会计处理与涉税管理的具体研究。该部分是本书研究的重点内容，主要对建筑企业设立阶段、招投标阶段、合同签订阶段、物资采购和资产管理、劳务使用、成本和费用，以及收入和利润的会计处理、涉税管理、热点问题和案例分析四方面内容进行深入研究。

第四步是建筑企业财务报表与财务分析。重点论述了财务报表体系、财务分析方法、财务指标分析、财务综合分析及热点问题等，有助于帮助建筑企业发现现有经营活动中存在的问题，进一步发掘经济潜力，并预测未来的发展趋势。

第五步为总结与展望。总结本书的研究结论、现实价值，并展望未来可继续完善之处。

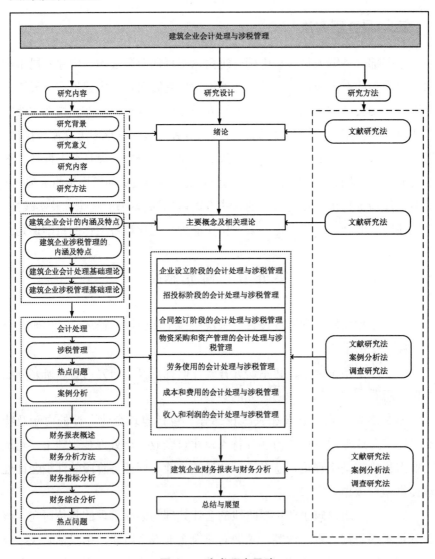

图 1-1　本书研究思路

资料来源：作者自制。

第二章　主要概念及相关理论

厘清主要概念与相关理论能够为建筑企业会计处理与涉税管理提供重要的理论支持，帮助建筑企业在实践和理论研究中不断探索提高企业经济效益的方法及措施。本章主要从以下四方面进行阐述：首先在建筑企业会计内涵及特点方面，主要分析了建筑企业的内涵与特点、建筑企业会计的内涵与特点、会计相关基础知识；其次在建筑企业涉税管理方面，主要分析了涉税管理的特点及目标、税法要素、现行税种、征税机关的相关内容；再次在建筑企业会计处理基础理论方面，主要梳理了会计等式、科目与账户、复式记账法、会计凭证与账户，以及财产清查的内容；最后在建筑企业涉税管理基础理论方面，深入探讨了税务筹划理论、税务管理理论、税务成本理论、业务流程再造理论和相关税种，为建筑企业进行会计处理与税务管理提供理论依据，有助于建筑企业高质量、高效率地完成会计工作。

第一节　建筑企业会计的内涵及特点

建筑企业会计是以施工企业为会计主体的一种专业会计，是建筑企业生产经营活动中的重要一环。会计基础知识主要包括会计职能、会计要素、会计假设、会计信息质量要求等，掌握会计知识有助于规范企业行为，加强企业经营管理，提高经济效益。

一、建筑企业的内涵及其特点

（一）建筑企业的内涵

建筑企业是指从事各种土木工程、建筑工程、设备安装工程、装修工程的新建、扩建、改建活动的生产型企业，它通过组织、利用生产资料，将劳动对象建造或安装成特定的工程产品，即通过施工生产活动，把各种建筑材料转变为具有特定用途的各类建筑产品，是可以独立运作、自负盈亏、具有独立法人资格的经济组织。建筑企业提供的劳务具体包括建筑、安装、修缮、装饰和其他工程作业等多项业务内容。建筑企业主要包括各类建筑安装公司、机械化施工公司、基础工程公司、电力建设工程公司、市政工程公司、装修和装饰工程公司等。建筑业是我国国民经济建设中一个重要的支柱性产业，与钢铁工业、汽车工业并列为国民经济的三大支柱产业，它所生产的厂房、道路、桥梁、铁路、住宅等产品是我国经济建设各部门和人民生产、生活的重要物质基础。

（二）建筑企业的类型

由于建筑企业的生产经营活动范围比较广泛，内容比较多，包括铁路、公路、隧道、桥梁、堤坝、电站、码头、机场、房屋等的基础建设；电力、通信线路，石油、燃气、给水、排水、供热等管道铺设系统和各类机械设备、装置的安装工程；建筑物内外的装修和工程等。为了便于经营管理和会计核算，有必要对建筑企业按照不同的标准进行分类，以满足企业管理和核算的需要。

1. 按企业组织形式和产权关系划分

按企业组织形式和产权关系，建筑企业可以划分为独资企业、合伙企业、公司制企业（包括有限责任公司和股份有限公司两种形式）。具体划分标准如表 2-1 所示。

表 2-1　建筑企业按组织形式和产权关系划分标准表

类型	定义
独资企业	独资企业是指企业的全部资产归出资者一人所有，企业的经营也由出资者承担，即所有权与经营权统一的企业
合伙企业	合伙企业是指由两个或两个以上的合伙人按照协议共同出资、共同承担企业经营风险划分，并且对企业债务承担连带责任的企业
公司制企业	公司制企业是指依法设立，以营利为目的的具有法人资格的经济组织。公司有自己独立的财产，独立地承担经济责任，同时享有相应的民事权利。《中华人民共和国公司法》规定，公司制企业主要包括有限责任公司和股份有限公司 有限责任公司又称有限公司，是指股东以其认缴的出资额为限对公司债务承担责任，公司以其全部财产对公司债务承担责任的公司；股份有限公司是指将公司全部资本分为等额股份，股东以其认购的股份为限对公司承担责任，公司以其全部财产对公司的债务承担责任的公司

资料来源：《中华人民共和国公司法》。

2. 按企业规模划分

按企业规模，建筑企业可以划分为大型施工企业、中型施工企业和小型施工企业。根据《统计上大中小微型企业划分办法（2017）》规定，按照行业门类、大类、中类和组合类别，依据从业人员、营业收入、资产总额等指标或替代指标，将我国的企业划分为大型、中型、小型、微型4种类型。其中，建筑企业按企业规模划分的具体标准如表2-2所示。

表2-2　建筑企业规模划分情况表

指标名称	计量单位	大型	中型	小型	微型
营业收入（Y）	万元	Y≥80 000	6000≤Y<80 000	300≤Y<6000	Y<300
资产总额（Z）	万元	Z≥80 000	5000≤Z<80 000	300≤Z<5000	Z<300

资料来源：作者整理。

3. 按经营范围划分

按经营范围，建筑企业可以划分为综合施工企业和专项施工企业两类。建筑企业经营范围划分标准如表2-3所示。

表2-3　建筑企业按经营范围划分标准表

类型	定义
综合施工企业	综合施工企业是指可以承担各类土木建筑工程和各种设备安装工程等综合性施工业务的企业
专项施工企业	专项施工企业是指只承担某些专项工程施工的企业，如给水排水工程公司、电气设备安装公司、化工设备安装公司、公路桥梁（路桥）公司、基础工程公司、铁路工程公司、装饰装修公司、市政工程公司等

资料来源：作者整理。

4. 按建筑施工资质等级划分

依照施工企业资质标准的规定，不同资质等级的建筑企业准予营业的范围也有所不同。根据2015年3月11日起施行的中华人民共和国住房和城乡建设部令第22号《建筑业企业资质管理规定》，建筑企业按其资质等级，可以划分为施工总承包资质、专业承包资质、劳务分包资质，并且规定："获得施工总承包资质的企业，可以对工程实行施工总承包或者对主体工程实行施工承包。承担施工总承包的企业可以对所承接的工程全部自行施工，也可以将非主体工程或者劳务作业分包给具有相应专业承包资质或者劳务分包资质的其他建筑业企业。获得专业承包资质的企业，可以承接施工总承包企业分包的专业工程或者建设单位按照规定发包的专业工程。专业承包企业可以对所承接的工程全部自行施工，也可以将劳务作业分包给具有相应劳务分包资质的劳务分包企业。获得劳务分包资质的企业，可以承接施工总承包企业或者专业承包企业分包的劳务作业"。

施工总承包资质、专业承包资质、劳务分包资质序列按照工程性质和技术特点分别划分为若干资质类别，各资质类别按照规定的条件划分为若干等级。

（三）建筑企业的生产经营特点

建筑企业生产经营活动的特殊性、生产的建筑产品的特殊性，以及施工作业周期长等特殊性，决定了建筑企业生产经营活动及生产的建筑产品不同于一般生产经营企业。建筑企业的生产经营具有如下特点：

1. 建筑产品的固定性和施工生产的流动性

建筑产品不同于工业产品，其建造、安装等活动都要在建设单位的项目所在位置进行，且每个建筑安装工程的位置都是固定的，因此建筑产品具有固定性。建设项目的固定性决定了施工生产活动的流动性，即施工队伍、施工机械在不同工地和不同工程项目间流动施工。例如，不同工程的工人要在同一建筑物的不同位置进行流动施工；生产工人要在同一工地上不同的单位工程之间进行流动施工；企业施工队伍要在不同工地、不同地区承包工程，并进行区域性流动施工等。

2. 建筑产品体积庞大和生产周期较长

建筑产品大多体积庞大、造价高、施工地点固定、耗费大量人力和物力，并且在多工种配合施工时，受到时间、空间等因素制约，加之受特殊施工工艺对时间的特殊要求及受自然条件等多种不确定因素的影响，导致建筑产品生产周期相对较长，大部分都要跨年度施工，有的工程的施工年限甚至长达十几年或更久。

3. 建筑产品的单件性和建筑生产的多样性

每一项建筑产品的地理位置、设计风格、用途与功能结构不同，使用的建筑材料、建造工艺、建造等级、建筑标准和施工技术也不同，产品间存在诸多差异。因此，建筑产品只能按照设计要求和单个图纸组织单件生产，而不能像工业企业那样进行批量生产，具有生产产品单件性的特点。并且，建筑产品的单件性和建筑生产的多样性在不同程度上增加了产品的建造成本。

4. 建筑施工生产条件艰苦且不确定因素多

建筑产品无法像工业产品一样，在车间进行加工生产，大多是在室外露天作业，容易受到风、霜、雨、雪、酷热、严寒等自然因素的影响，甚至还会在高空、地下、涵洞、水下等艰苦环境下进行施工。建筑施工生产条件不仅艰苦，还要随时应对难以预料的自然因素造成的不利影响，尽可能减少不确定因素的发生、规避有可能产生的风险，保证施工产品能够保质保量、如期竣工并交付使用。

二、建筑企业会计的内涵

会计是以货币为主要计量单位，以提供经济信息和反映受托责任履行情况为主要目的的经济管理活动，其利用专门的方法和程序，对企业和行政、事业单位的经济活动全过程及结果进行准确完整、连续系统的核算和监督。

建筑企业会计是以施工企业为会计主体的一种专业会计，是行业会计的一个类别。建筑企业会计是指以货币作为主要计量单位，按照现行法律法规及会计准则体系的要求，根据施工企业生产经营的特点，运用专门的核算方法，对建筑企业的交易事项和工程物资采购、施工生产、工程结算等主要经营过程进行全面、连续、系统、综合的核算和监督，并向有关方面真实、准确、及时地提供会计信息的一种管理活动。建筑企业通过会计的计量、计算和登记等活动，可以取得生产经营管理必需的各种信息和数据。做好建筑企业会计工作，不仅能帮助建筑企业对生产经营过程进行控制，也是建筑企业生产经营活动中的重要一环。

三、建筑企业会计的特点

建筑企业的生产经营特点决定了建筑产品的固定性、施工生产的流动性、产品生产的单件性和长期性等，这必然会影响到建筑企业会计的各个方面，使建筑企业会计在以下方面表现出不同的特点。

1. 产品价格的形成

建筑安装工程由于功能和结构不同，即使是根据同一标准进行施工的同类型、同规模的工程，也会因自然条件、交通条件、材料要求和物价水平不同，造成施工过程中工料的差异。因此，施工企业对待其产品不可能像对待工业产品那样，为每一种产品确定一个统一的价格，而是必须通过逐个地编制施工图做出预算来确定其造价，并以此为基础签订工程承包合同，确定承包工程合同收入。工程合同收入就是建筑产品的价格，也是施工企业的主要经营业务收入。

2. 产品成本的考核

建筑安装工程具有固定性和单件性的特点，成本的核算应实行订单法，按照每一单项合同工程计算成本。在计算建筑安装工程成本降低任务和考核降低成本实际时，不能像工业企业生产的可比产品那样，用上年实际平均成本进行对比和考核，而是必须以预算成本为依据来计算降低成本任务，用预算成本与实际平均成本相比来考核成本节约或超支。

3. 产成品与在产品的划分

一般来说，工业企业会计核算中，产成品是指本企业已经完成全部生产过程，并已经验收入库可供销售的产品；在产品是指没有完成全部生产过程，不能作为商品销售的产品。施工企业如果采取与工业企业相同的方法来划分产成品与在产品，则只有工程全部竣工，办理了竣工验收手续并交付使用的产品，才属于产成品。但是建筑安装工程施工具有周期较长的特点，按照这种划分方法，就会在长期的施工过程中，不能对工程进度、工程质量和工程成本进行有效监督。所以，对于建筑产品，需要人为地将其划分成产成品和在产品，即根据合同完工进度确认合同收入和合同费用，并将合同收入与合同成本分配计入实施工程的各个会计年度，以便施工企业及时统计工程进度，考核工程成本，计算财务成果。

4. 工程价款的结算方式

由于建筑安装工程施工周期较长、资金使用量大，为了合理地解决工程资金的供应问题，国家制定了工程价款结算的特殊办法，规定了多种结算方式。一般工程价款结算采取按照已完成分部、分项工程实行按旬（或半月）预支、月末结算的办法。对于工程建设期短或工程承包合同价值低的建设项目，可实行分次预支、竣工后结算或工程项目（或单项工程）竣工后一次结算的办法。此外，施工企业还可以根据工程承包合同规定，向发包单位预收工程备料款，以保证工程储备材料所需资金充足。

5. 组织核算和管理

对于施工企业的生产，除少量预制件可以进行工厂化生产外，大部分都必须露天完成，而随着工地的转移，整个施工队伍也必须转移。基于施工的流动性，核算也必须分级核算和管理，一般分为公司（工程局）级、工程处（工区）级和工程队（工段）级。公司实行独立核算，是汇总核算单位；工程处实行内部独立核算，单独计算工程成本和盈亏；工程队是基层核算单位，核算实物工程量、工日和材料消耗、机械使用量等直接成本指标，并检查这些指标计划的执行情况。

四、会计基础知识

（一）会计职能

会计职能，是指会计在经济管理过程中所具有的功能或能够发挥的作用。会计具有会计核算和会计监督两项基本职能，还具有预测经济前景、参与经济决策、评价经营业绩等拓展职能。

1. 会计的基本职能

会计的基本职能有核算职能和监督职能，如表 2-4 所示。

表 2-4　会计的基本职能

项目	内容
核算职能	会计核算是指以货币为主要计量单位，对企业、单位的经济活动进行真实、准确、完整的记录、计算和报告。会计核算的主要内容包括： ①款项和有价证券的收付； ②财物的收发、增减和使用； ③债权债务的发生和结算； ④资本、资金的增减； ⑤收入、支出、费用、成本的计算； ⑥财务成果的计算和处理； ⑦需要办理会计手续、进行会计计算的其他事项
监督职能	会计监督主要是利用各种信息资料对企业、单位的相关会计核算的真实性、合法性和合理性进行检查、控制、指导，使其经济活动按照一定的目标、遵循一定的原则和标准正常进行。会计监督是一个过程，包括事前监督、事中监督和事后监督。会计监督可分为单位内部监督、国家监督和社会监督三部分，三者构成"三位一体"的会计监督体系。会计监督的主要内容包括：

项目	内容
	①对原始凭证进行审核和监督;
	②对伪造、变造、故意毁灭会计账簿或者账外设账行为,应当制止和纠正;
	③对实物、款项进行监督,督促建立并严格执行财产清查制度;
	④对指使、强令编造、篡改财务报告行为,应当制止和纠正;
	⑤对财务收支进行监督;
	⑥对违反单位内部会计管理制度的经济活动,应当制止和纠正;
	⑦对单位制订的预算、财务计划、经济计划、业务计划的执行情况进行监督等
两者关系	会计核算与会计监督相辅相成、辩证统一: ①会计核算是会计监督的基础,没有核算提供的各种系统性会计资料,会计监督就失去了依据; ②会计监督是会计核算质量的保障,只有核算没有监督,就难以保证会计核算提供信息的质量

资料来源:作者整理。

2. 会计的拓展职能

会计的拓展职能,是指会计基本职能的延伸与拓展,包括预测经济前景、参与经济决策、评价经营业绩等。随着社会经济关系的日益复杂和管理理论的不断深化,会计职能随之不断发展。

(二)会计目标

会计目标是要求会计工作完成的任务或达到的标准。会计的基本目标是提高企事业单位乃至经济社会整体的经济效益和效率,即向财务报告使用者提供企业财务状况、经营成果和现金流量等有关的会计资料和信息,反映企业管理层受托责任履行情况,有助于财务报告使用者对经济活动进行核算和监督,做出经济决策,达到不断提高经济效益的目的和要求。

从更高层面看,会计目标还包括规范会计行为,保证会计资料真实、完整,加强经济管理和财务管理,提高经济效益,维护社会主义市场经济秩序,为市场在资源配置中起决定性作用和更好发挥政府作用提供基础性保障,实现经济高质量发展。

(三)会计对象

会计对象是指会计核算和监督的内容,是社会再生产过程中各单位发生的交易或事项。作为会计对象的交易或事项,是指企事业单位所发生的能以货币为单位进行确认、计量和记录，并能以价值形式进行分类、汇总和报告的经济活动。交易和事项贯穿于企事业单位的经济活动之中，反映着经济活动的过程和结果。由于各企事业单位在社会再生产过程中所处的地位不同，担负的任务不同，经济活动的方式不同，交易或事项的内容也不相同，因而其具体的会计对象也各不相同。就企业而言，企业的会计对象就是企业在生产经营过程中能够用货币表现的经济活动，即企业的资金运动。建筑企业的资金运动如表 2-5 所示。

表 2-5　建筑企业的资金运动

阶段	资金运动的具体内容
供应阶段	企业主要用货币资金购买各种材料物资，为施工生产进行必要的储备，使得货币资金转化为储备资金
施工生产阶段	①储备物资不断投入施工生产并改变实物形态，构成正在施工的在产品（未完工程），从而使储备资金转化为生产资金。在这个过程中，企业还要用一部分货币资金支付职工工资和其他各项费用，使这部分货币资金直接转化为生产资金； ②在施工生产过程中，还要使用施工机械等固定资产，这些固定资产的损耗价值也将通过折旧方式转化为生产资金； ③随着工程完工，未完工程转化为已完工程，形成建筑产品，资金便从生产资金转化为成品资金
工程结算阶段	企业将已完工程点交给发包单位，并通过工程结算收回工程价款，这时，成品资金又转化为货币资金。一般情况下，企业收回的货币资金数额要大于其在生产中消耗的资金数额，其差额便是企业的盈利
其他	企业在施工生产过程中还会发生其他一些经济业务，如购建固定资产和临时设施，借入或归还银行借款，发售企业债券和偿还债券本息，购买其他单位股票、债券和分得股利，到期收回债权本息，向其他单位投出固定资产、材料、货币资金，分得其他单位利润和收回其他单位投资等业务，这些也是会计核算的对象

资料来源：作者整理。

（四）会计要素

会计要素是对会计对象的具体内容所做的基本分类，是会计对象的具体化。会计要素是构成会计报表的基本因素，也是设置账户的基本依据。我国企业会计准则将对外报告会计要素划分为 6 项：反映企业财务状况的静态要素——资产、负债、所有者权益；反映企业经营成果的动态要素——

收入、费用、利润。

1. 资产

（1）资产的定义和确认条件

资产的定义和确认条件如表 2-6 所示。

表 2-6　资产的定义和确认条件

项目	具体内容
定义	资产是指由企业过去的交易或事项形成的、由企业拥有或者控制的、预期会给企业带来经济利益的资源
	特征：
	①应为企业拥有或者控制的资源；
	②预期会给企业带来经济利益；
	③是由企业过去的交易或者事项形成的
确认条件	将一项资源确认为资产，不仅要符合资产的定义，还应同时满足以下两个条件：
	①与该资源有关的经济利益很可能流入企业；
	②该资源的成本或者价值能够可靠地计量

资料来源：作者整理。

（2）资产按流动性分类

资产按流动性可分为流动资产、非流动资产，两种资产的定义及具体内容如表 2-7 所示。

表 2-7　资产按流动性分类表

分类	定义及具体内容
流动资产	是指可以在 1 年内或者超过 1 年的一个营业周期内变现或者耗用的资产
	包括：货币资金、交易性金融资产、衍生金融资产、应收票据、应收账款、预付款项、其他应收款、存货、合同资产、持有待售资产、1 年内到期的非流动资产、其他流动资产等
非流动资产	是指除流动资产以外的资产
	包括：债权投资、其他债权投资、长期应收款、长期股权投资、其他权益工具投资、其他非流动金融资产、投资性房地产、固定资产、在建工程、生产性生物资产、使用权资产、无形资产、开发支出、长期待摊费用、递延所得税资产、其他非流动资产等

资料来源：作者整理。

2. 负债

（1）负债的定义和确认条件

负债的定义和确认条件如表2-8所示。

表2-8　负债的定义和确认条件

项目	具体内容
定义	负债是指企业由过去的交易或事项形成的，预期会导致经济利益流出企业的现时义务 特征： ①负债是企业承担的现时义务； ②负债预期会导致经济利益流出企业； ③负债是由企业过去的交易或者事项形成的
确认条件	将一项现时义务确认为负债，不仅要符合负债的定义，还应当同时满足以下两个条件： ①与该义务有关的经济利益很可能流出企业； ②未来流出的经济利益的金额能够可靠地计量

资料来源：作者整理。

（2）负债的分类

负债分为流动负债、非流动负债，两种负债的定义及具体内容如表2-9所示。

表2-9　负债的分类

分类	定义及具体内容
流动负债	指将在1年（含1年）或超过1年的一个营业周期内偿还的债务 包括：短期借款、交易性金融负债、衍生金融负债、应付票据、应付账款、预收款项、合同负债、应付职工薪酬、应交税费、其他应付款、持有待售负债、1年内到期的非流动负债、其他流动负债
非流动负债	指除流动负债以外的债务 包括：长期借款、应付债券、租赁负债、长期应付款、预计负债、递延收益、递延所得税负债、其他非流动负债

资料来源：作者整理。

3. 所有者权益

所有者权益的定义及确认条件如表2-10所示。

表 2-10　所有者权益的定义及确认条件

项目	具体内容
定义	所有者权益是指企业资产扣除负债后，由所有者享有的剩余权益。公司的所有者权益又称为股东权益
	所有者权益的来源包括所有者投入的资本、其他综合收益、留存收益等，通常由股本（或实收资本）、资本公积（包含股本溢价或资本溢价、其他资本公积）、其他综合收益、盈余公积和未分配利润等构成
	①所有者投入的资本，是指所有者投入企业的资本部分，既包括构成企业注册资本或者股本部分的金额，又包括投入资本超过注册资本或股本部分的金额，即资本溢价或者股本溢价；
	②留存收益，是指企业从历年实现的利润中提取或形成的留存于企业的部分，包括盈余公积和未分配利润；
	③其他综合收益，是指企业根据会计准则规定未在当期损益中确认的各项利得与损失
确认条件	所有者权益的确认与计量主要依赖于资产和负债的确认与计量

资料来源：作者整理。

4. 收入

收入的定义、分类及确认条件如表 2-11 所示。

表 2-11　收入的定义、分类及确认条件

项目	具体内容
定义	收入是指企业在日常活动中形成的、会导致所有者权益增加的、与所有者投入资本无关的经济利益的总流入
	特征：
	①企业在日常活动中形成的；
	②是与所有者投入资本无关的经济利益的总流入；
	③会导致所有者权益增加
分类	按经营业务的主次可分为主营业务收入和其他业务收入，主营业务收入和其他业务收入合计为营业收入
	①主营业务收入指企业日常经营活动的主要业务活动所取得的收入，如建筑企业的工程结算收入；
	②其他业务收入指企业除主营业务以外的其他日常业务活动所取得的收入，如建筑企业的原材料销售收入
确认条件	企业应当在实现了合同中的履约义务，即在客户取得相关商品控制权时确认收入，取得相关商品控制权，即能够主导该商品的使用并从中获得几乎全部的经济利益

资料来源：作者整理。

5. 费用

费用的定义、分类及确认条件如表 2-12 所示。

表 2-12 费用的定义、分类及确认条件

项目	具体内容
定义	费用是指企业在日常活动中形成的、会导致所有者权益减少的、与向所有者分配利润无关的经济利益的总流出 特征： ①是企业在日常活动中形成的； ②是与向所有者分配利润无关的经济利益的总流出； ③会导致所有者权益减少
分类	费用按经济用途可分为生产成本和期间费用： ①生产成本是指企业为生产一定种类和数量的产品所发生的费用，即直接材料、直接人工和制造费用的总和； ②期间费用是指不计入产品成本、直接计入当期损益的费用，包括管理费用、财务费用和销售费用
确认条件	费用的确认除了应当符合其定义外，还应当至少符合以下 3 个条件： ①与费用相关的经济利益很可能流出企业； ②经济利益流出企业的结果会导致资产减少或者负债增加； ③经济利益的流出额能够可靠计量

资料来源：作者整理。

6. 利润

利润的定义及确认条件如表 2-13 所示。

表 2-13 利润的定义及确认条件

项目	具体内容
定义	利润是指企业在一定期间的经营成果，包括收入减去费用后的净额、直接计入当期利润的利得和损失等。通常情况下，如果企业实现了利润，表明企业所有者的权益将增加
确认条件	利润的确认主要依赖于收入和费用，以及利得和损失的确认，其金额的确定也主要取决于收入、费用、利得、损失金额的计量

资料来源：作者整理。

（五）会计基本假设

会计基本假设，即会计核算的基本前提，是对会计核算时间和空间、所采用的主要计量单位、企业所处经营状况等做出的合理假定，是企业会

计确认、计量、记录和报告的前提，也是建立会计原则的基础。会计基本假设包括会计主体、持续经营、会计分期和货币计量4个基本前提（见表2-14）。

表 2-14　会计基本假设

基本前提	概念及要点
会计主体	是指会计工作服务的特定对象，是会计确认、计量、记录和报告的空间范围。在会计主体假设下，企业应当对其本身发生的交易或事项进行会计确认、计量、记录和报告。会计主体反映了企业本身所从事的各项生产经营活动和其他相关活动 要点： ①会计人员只能核算和监督所在主体的经济活动； ②法律主体必然是会计主体，但会计主体不一定是法律主体
持续经营	是指在可以预见的将来，企业会按当前的规模和状态继续经营下去，不会停业，也不会大规模削减业务。在持续经营的假设下，会计核算应当以持续、正常的经营活动为前提 要点： ①持续经营是会计分期的前提； ②当有确凿证据表明企业无法持续经营，该假设自动失效，此时企业由清算小组接管，会计核算方法改为破产清算会计
会计分期	是指将一个企业持续经营的生产经营活动划分为一个个连续的、长短相同的期间，据以结算盈亏，以便及时提供有关企业财务状况和经营成果的信息。会计期间通常分为会计年度和中期。中期，是指短于一个完整的会计年度的报告期间，比如月度、季度、半年度等 要点：由于会计分期这一假设，才产生了当期与以前期间、以后期间的差别，才使不同类型的会计主体有了记账的基准，进而出现了折旧、摊销等会计处理方法，并形成了权责发生制和收付实现制两种会计基础
货币计量	是指会计主体在会计确认、计量、记录和报告时主要以货币作为计量单位，记录、反映会计主体的生产经营活动过程及其结果，并假设一般情况下币值稳定不变 要点：我国会计核算以人民币为记账本位币。业务收支以外币为主的企业，可以选定某种外币作为记账本位币，但是编报的财务报告应折算为人民币

资料来源：作者整理。

（六）会计基础

会计基础是指会计确认、计量、记录和报告的基础，包括权责发生制和收付实现制（见表2-15）。

表2-15 会计基础

会计基础	概念及要点
权责发生制	又称为"应计制"，是指以取得收取款项的权利或支付款项的义务为标志来确定本期收入和费用的会计基础
	①凡是当期已经实现的收入和已经发生或应当负担的费用，无论款项是否收付，都应当作为当期的收入和费用，计入利润表；
	②凡是不属于当期的收入和费用，即使款项已在当期收付，也不应当作为当期的收入和费用
	要点：企业会计、政府会计中的财务会计、民间非营利组织会计均采用权责发生制
收付实现制	与权责发生制对应，是指以款项的实际收付为标准来确定本期收入和费用的一种会计基础
	要点：我国政府会计中的预算会计采用收付实现制，国务院另有规定的，从其规定

资料来源：作者整理。

（七）会计信息质量要求

1. 会计信息

会计信息的主要作用包括：帮助企业及其管理者完成受托责任，降低企业和外部利益相关者之间的信息不对称；有效约束公司管理层的行为，提高公司治理的效率；帮助投资者做出投资决策；有利于债权人做出授信决策；维护资本市场秩序、提高经济运行效率等。

会计信息质量，是指会计信息符合会计法律、会计准则等规定要求的程度，是满足企业利益相关者需要的能力和程度。

2. 会计信息的使用者（见表2-16）

表2-16 会计信息的使用者

分类	解释
投资者	投资者通常关心企业的盈利能力和发展能力，他们需要借助会计信息等相关信息来决定是否调整、更换管理层和加强企业的内部控制等
债权人	债权人关心企业能否如期还本付息。基于此，他们需要了解企业资产与负债的总体结构、分析企业资产的流动性、评价企业的盈利能力及产生现金流量的能力，进而衡量贷款风险，做出贷款决策

分类	解释
企业管理者	企业管理当局是会计信息的内部使用者。企业要完成既定的经营目标，就必须对经营过程中遇到的各种重大问题进行决策，而正确的决策必须以相关的、可靠的信息为基础
政府及其相关部门	政府及其相关部门需要通过企业会计信息来监管企业的有关活动（尤其是经济活动）、制订国家税收政策、进行税收征管和国民经济统计等，以便有效地实现其经济监管职能
社会公众	社会公众关心企业的生产经营活动，包括企业对其所在地经济发展的贡献，如增加就业、刺激消费、提供社区服务等

资料来源：作者整理。

3. 会计信息质量要求

会计信息质量要求是使财务报告所提供会计信息对投资者等信息使用者决策有用应具备的基本特征。其特点包括可靠性、相关性、可理解性、可比性、实质重于形式、重要性、谨慎性和及时性等（见表 2-17）。

表 2-17　会计信息质量要求

特点	具体内容
可靠性	可靠性要求企业应当以实际发生的交易或者事项为依据进行确认、计量、记录和报告，如实反映符合确认和计量要求的各项会计要素及其他相关信息，保证会计信息真实可靠、内容完整。可靠性要求是对会计工作的基本要求
相关性	相关性要求是指企业提供的会计信息应当与财务会计报告使用者的经济决策需要相关，有助于财务会计报告使用者对企业过去、现在或者未来的情况做出评价或者预测。会计信息是否有用是会计信息质量的重要标志和基本特征之一
可理解性	可理解性要求是指企业提供的会计信息应当清晰明了，便于投资者等财务报告使用者理解和使用。会计记录应当准确、清晰，填制会计凭证、登记会计账簿必须做到科目准确、关系清楚、文字完整，编制会计报表要做到勾稽关系清楚、项目完整、数字准确
可比性	①同一企业不同时期可比（纵向可比）：同一企业不同时期发生的相同或者相似的交易或者事项，应当采用一致的会计政策，不得随意变更。确实需要变更的，应当在附注中说明； ②不同企业相同会计期间可比（横向可比）：不同企业同一会计期间发生的相同或者相似的交易或者事项，应当采用同一会计政策，确保会计信息口径一致、相互可比，以使不同企业按照一致的确认、计量、记录和报告要求提供有关会计信息

特点	具体内容
实质重于形式	实质重于形式是指企业应当按照交易或者事项的经济实质进行会计确认、计量和报告,其不应仅以交易或者事项的法律形式为依据
重要性	重要性要求是指企业提供的会计信息应当反映与企业财务状况、经营成果和现金流量等有关的所有重要交易或者事项
谨慎性	要求企业对交易或者事项进行会计确认、计量、记录和报告时须保持应有的谨慎,不应高估资产或者收益,低估负债或者费用
及时性	要求企业对于已经发生的交易或者事项,应当及时进行确认、计量、记录和报告,不得提前或者延后

资料来源:作者整理。

第二节　建筑企业涉税管理的内涵及特点

建筑企业涉税管理是指建筑企业依据税收法律法规政策对其涉税业务和纳税实务所实施的全过程管理,贯穿于企业生产经营管理的各个环节,具有跨区域涉税事项普遍、个人所得税代扣代缴难度大、增值税管理风险密集等特点。建筑企业经营活动主要涉及增值税、企业所得税、土地增值税、城镇土地使用税、城市维护建设税、房产税、印花税、环境保护税等。

一、建筑企业涉税管理的特点及目标

建筑企业的涉税管理是指建筑企业以税法规定为依据,对其涉税业务和纳税实务展开税务计划、分析与决策的全过程管理,贯穿于企业设立和生产经营管理的各个环节,可以帮助企业有效降低税务风险、实现税务遵从。

(一)建筑企业涉税管理的特点

建筑企业与工业类、制造类等企业有明显差异,如建设项目地点不固定、建设周期长、劳动力密集、人员流动性大、参与单位多、物资设备繁多、资金投入大、建设模式多元化等,因此其税务管理也呈现出以下显著的特点。

1. 跨区域涉税事项普遍

由于建筑企业承建项目地点不固定且普遍具有流动性,项目通常跨区域甚至跨国界，如果纳税人跨区提供建筑服务的过程中未掌握好预缴增值税、企业所得税等的计税征收方式，则会面临一定的税务风险。

2. 个人所得税代扣代缴难度大

建筑企业承建项目劳动力密集且进出场人员不稳定，建筑工人频繁跨地区、跨单位、跨项目作业，劳动力成本核算和个人所得税代扣代缴难度较其他行业要大，建筑业的个税申报基本都根据工程项目所在地、工程项目总金额核定征收。

3. 增值税管理风险密集

建筑企业承建项目所需物资设备的种类繁多，涉及的增值税进项税额抵扣税率和税收优惠政策有所不同。建筑企业承建项目涉及参建单位较多，不同单位的税务管理水平、纳税情况不一，发票风险相对较高。除此之外，增值税管理风险还有纳税时间节点、价外费用的确认等。

（二）建筑企业涉税管理的目标

建筑企业涉税管理的目标主要分为三个方面：合规性目标、效率性目标和战略性目标。

1. 合规性目标

是指企业的各种涉税事项能够符合税法的相关规定，这是企业税务管理的首要目标，是企业遏制税务风险而免受处罚的有力手段。要达到这一目标，就要对经营所在地相关的税务法规有充分了解，熟悉各项纳税义务，在税务登记、设置保管账簿、发票管理、税务申报、税款缴纳、代扣代缴税款、接受税务检查及提供税务信息这 8 个环节严格按照税法相关规定执行。同时，企业应建立与自身情况相适应的税务内控管理制度，税务登记、账簿凭证管理、税务档案管理，以及税务资料的准备和报备等涉税事项须符合税法规定。

2. 效率性目标

是指企业的税务管理能有效降低税务成本，创造税务价值。在合法、合规的前提下，建筑企业应通过对涉税经营行为的事先筹划、事中管理，对企业纳税的所有环节进行逐一分析，以发现潜在的税收风险，加强内部管理体系建设，优化职能分工和权责分配，完善各项制度，制订并落实措施，合理利用税收优惠、鼓励政策和各税种的税率差进行税务筹划，增加企业的节税收益。

3. 战略性目标

是指企业的税务管理目标与企业各阶段的战略目标相匹配。企业应根据战略发展目标制订税务管理子目标，使涉税活动围绕子目标展开，不背离企业战略目标。企业在做经营、投资、筹资等决策时应考虑税务约束，警惕税收陷阱，合理争取税收利益，警惕税务风险对企业声誉和形象的损害，重视对税务风险的识别、评估和应对，树立良好的市场形象。

二、纳税基础知识

（一）税法要素（见表 2-18）

表 2-18　税法要素

税法要素	内容要点
征税对象 （课税对象）	①是税收法律关系中权利义务所指向的对象，是税收法律关系的客体； ②不同的征税对象是区别不同税种的重要标志； ③税目，是征税对象的具体化
税率	①比例税率； ②累进税率，包括 a. 全额累进税率（我国不采用） b. 超额累进税率 c. 超率累进税率 ③定额税率
计税依据	①从价计征：以计税金额（又称"计税价格""计税销售额"）为计税依据； ②从量计征：以征税对象的体积、数量等为计税依据
纳税环节	指税法规定的征税对象在从生产到消费的流转过程中应缴纳税款的环节，有些税种仅在某一环节缴纳税款，有些税种在数个或全部流转环节缴纳税款
纳税期限	指纳税人产生纳税义务后应依法缴纳税款的期限
纳税地点	指税法规定的纳税人，以及代扣、代缴、代征义务人的具体申报缴纳税款的地点
税收优惠	税收优惠的主要形式如下： ①减税或者免税； ②起征点或者免征额 a. 起征点：如果征税对象的数额未达到法定起征点，不征税；达到或超过法定起征点的，就其全部数额征税 b. 免征额：对纳税对象中的一部分给予减免，仅就超过免征额的部分计征税款
法律责任	税法中的法律责任主要包括行政责任和刑事责任

资料来源：作者整理。

（二）现行税种

我国目前现行税种共 18 类，分为流转税、财产税和行为税、所得税三大类。

（1）流转税。包括增值税、消费税、城建税、关税。

（2）财产税和行为税。包括房产税、车船税、城镇土地使用税、印花税、资源税、土地增值税、烟叶税、契税、环境保护税、车辆购置税、耕地占用税、船舶吨税。

（3）所得税。包括企业所得税和个人所得税。

建筑企业经营活动主要涉及增值税、企业所得税、土地增值税、城镇土地使用税、城市维护建设税、房产税、印花税、环境保护税等。

（三）征税机关

（1）海关。关税、船舶吨税由海关负责征收和管理；进口货物的增值税、消费税由海关代征。

（2）税务机关。除由海关征收和委托海关代征的税种外，其他税种由税务机关负责征收和管理；因出口产品退还增值税、消费税，由税务机关负责办理；部分非税收入和社会保险费的征收也由税务机关负责。

第三节　建筑企业会计处理基础理论

建筑企业建筑工期较长，且涉及的科目比较烦琐，因此企业采用有效的会计核算方法能够提高工程质量与速度。会计核算是整个工程从无到有的过程，能够以有限的资金创造出更多的价值。建筑企业会计核算方法有专门的条文规定，这些规定一方面能够为建筑企业进行会计核算提供理论依据，另一方面促进了企业会计核算高质量、高效率完成。

一、会计等式

（一）会计等式的含义

会计等式，又称为会计恒等式、会计方程式或会计平衡公式，是表明会计要素之间基本关系的等式。会计等式是会计对象资金运动的一种形象化反映，架起了会计要素的桥梁。其可以将会计科目财务活动中所记录的各个项目联系在一起，体现了会计中的资金流动流向，也是复式记账法与编制财务报表的理论基础。

（二）会计等式的表现形式

根据会计要素所表现的资金运动状态，可以将会计等式的表现形式划分为财务状况等式（静态等式）、经营成果等式（动态等式）、财务状况与经营成果相结合的等式（动静结合等式），三个等式的具体内容及主要特点如表 2-19 所示。

表 2-19 会计等式的表现形式

会计等式	具体内容	主要特点
资产=负债+所有者权益（静态等式）	建筑企业进行正常经营，必须拥有一定数量的资产。资产体现了企业所拥有经济资源的种类与数量。资产一方面可以从外部借入，债权人对该资产拥有索偿权，会计上将这种权利描述为负债，即债权人权益；资产另一方面来源于投资人投入的资本，投资人一旦把资产投入企业，便对企业的资产拥有要求权，形成所有者权益	该等式反映了企业在某一特定时点资产、负债和所有者权益三者之间的平衡关系，被称为财务状况等式、基本会计等式或静态会计等式。该等式是复式记账法的理论基础，也是编制资产负债表的依据
收入−费用=利润（动态等式）	企业在取得收入的同时，必然要发生相应的费用。通过对收入与费用进行比较，才能确定一定期间的盈利水平，确定实现的利润总额	该等式反映了企业利润的实现过程，被称为经营成果等式或动态会计等式。收入、费用和利润之间的关系是编制利润表的依据
资产+费用=负债+所有者权益+收入	收入可导致资产增加或负债减少，最终会导致所有者权益增加；费用可导致资产减少或负债增加，最终会导致所有者权益减少	在一定会计期间的经营成果必然会影响一定时点的财务状况

资料来源：作者整理。

（三）经济业务对会计等式的影响

经济业务又称为会计事项，是指在经济活动中使会计要素发生增减变动的交易或者事项。企业经营活动中发生的各种经济业务都会引起会计要素的增减变动，但是对于任何一个企业来说，任何一项经济业务都不会影响资产与权益的恒等关系，都不会打破"资产=负债+所有者权益"这一恒等式。

企业经济业务按其对财务状况的影响不同，可以分为以下 9 种基本类型，如图 2-1 所示。

①一项资产增加，另一项资产减少；②一项负债增加，一项负债减少；③一项所有者权益增加，一项所有者权益减少；④一项资产增加，一项负债增加；⑤一项资产减少，一项负债减少；⑥一项负债增加，一项所有者权益减少；⑦一项负债减少，一项所有者权益增加；⑧一项资产增加，一项所有者权益增加；⑨一项资产减少，一项所有者权益减少。

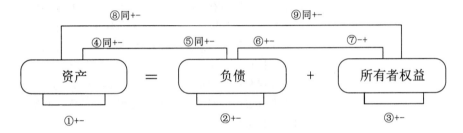

图 2-1 经济业务对会计等式的影响

资料来源：作者整理。

（四）经济业务对会计等式影响的案例分析

假设建筑企业 2022 年 7 月初发生的经济业务如表 2-20 所示。

表 2-20 经济业务对会计等式的影响

经济业务	经济业务对会计等式的影响
收到天洋公司投入资本 80 000 元存入银行	该笔经济业务的发生，使企业中的"银行存款"增加 80 000 元，同时使企业所有者权益中的"实收资本"增加 80 000 元，引起的是资产和所有者权益的等额增加，会计等式保持平衡
以银行存款偿还欠公司材料款 40 000 元	该笔经济业务的发生，使企业资产中的"银行存款"减少 40 000 元，同时使"负债"中的应付账款减少 40 000 元，引起的是资产与负债的等额减少，会计等式保持平衡
从银行提取现金 10 000 元	该笔经济业务的发生，使企业资产中的"银行存款"减少 10 000 元，同时也使得企业资产中"库存现金"增加 10 000 元，引起的是资产之间同时等额的一减一增，会计等式保持平衡

资料来源：作者自制。

二、会计科目与账户

（一）会计科目

1. 会计科目的概念

会计科目，简称科目，是按照经济业务的内容和经济管理的要求，对会计要素的具体内容进行分类核算的科目，是进行会计核算和提供会计信息的基础。经济业务的发生必然会导致会计要素的增减变动，且同一种会计要素会由于经济业务的不同而具有不同的性质和内容。会计要素仅仅是对会计对象的基本分类，不能满足经济业务各方面对会计信息的需要。因此，对会计要素进行更具体的分类具有重要意义。

2. 会计科目的设置

（1）会计科目设置的意义

企业发生的经济业务错综复杂，即使涉及同一项会计要素，也具有不同的性质和内容。例如，固定资产和存货，虽然都属于资产，但它们的经济内容及在经济活动中的周转方式所起的作用不同。为了具体、详细地反映经济业务的全貌，说明企业资金运动的变化规律，从量上核算和监督会计要素的增减变化，就要对各项会计要素进行具体的分类。这种具体分类在会计上称为会计科目。在我国现行的会计模式下，主要会计科目是由国家统一规定的，这些会计科目要根据企业管理的基本要求来选定。由于管理要求不同，就形成了不同级别的会计科目。

合理设置会计科目在会计核算和经济管理中具有重要意义。会计科目不仅可以分类反映企业的资金运动，还是组织会计核算和设置账户的依据和手段，可为经济管理提供总括和详细的会计信息。

（2）会计科目设置的原则

企业由于经济活动的具体内容、规模大小与业务繁简程度不尽相同，在具体设置会计科目时，应考虑其自身特点和具体情况，努力做到科学、合理、实用。设置会计科目一般应遵循的原则如表 2-21 所示。

表 2-21　会计科目的设置原则

原则	内容
合法性原则	合法性原则是指所设置的会计科目应当符合国家统一的会计制度的规定。我国现行的统一会计制度中均对企业设置的会计科目做出规定，以保证不同企业对外提供的会计信息具有可比性

原则	内容
相关性原则	相关性原则是指所设置的会计科目应当为有关各方提供所需要的会计信息服务,满足对外报告与对内管理的要求。根据企业会计准则的规定,企业财务报告提供的信息必须满足对内对外各方面的需要,而设置会计科目必须服务于会计信息的提供,必须与财务报告的编制相协调、相关联
实用性原则	实用性原则是指所设置的会计科目应符合单位自身特点,满足单位实际需要。由于企业的组织形式、所处行业、经营内容及业务种类等不同,在会计科目的设置上亦应有所区别。在合法性的基础上,企业应根据自身特点,设置符合企业需要的会计科目
清晰性原则	会计科目作为对会计要素分类核算的项目,要求简单明确、字义相符、通俗易懂。同时,企业对每个会计科目所反映的经济内容也必须做到界限明确,既要避免不同会计科目所反映的内容重叠,也要防止全部会计科目未能涵盖企业某些经济内容

资料来源:作者整理。

3. 会计科目的分类

《企业会计准则——应用指南》规定,会计科目分为资产类、负债类、共同类、所有者权益类、成本类、损益类。会计核算的七大方法之首即设置会计科目与账户,只有在这一划分基础上,才能对企业所发生的经济业务进行全面、连续、系统的核算与监督。会计科目可按反映的经济内容(即所属的会计要素)、提供信息的详略程度及其统驭关系进行分类。

(1)按反映的经济内容分类(见图2-2)

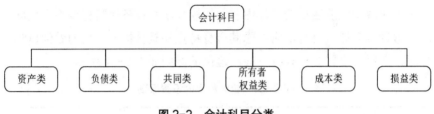

图 2-2　会计科目分类

资料来源:作者整理。

（2）按提供信息的详略程度及其统驭关系分类（见表2-22）

表2-22 按信息详略程度及其统驭关系分类

总分类科目	总分类科目又称为总账科目或一级科目，是指对会计要素具体内容所做的总括分类，是提供总括信息的会计科目
明细分类科目	明细分类科目又称为明细科目，是指对总分类科目进行进一步分类，提供了更为详细、具体的会计信息。它是反映会计要素的具体内容的科目
关系	统驭与控制 总分类科目 ⇄ 明细分类科目 补充和说明

资料来源：作者整理。

4. 常用会计科目表

会计科目表应满足会计核算的要求，并符合企业会计管理的需要。2006年财政部颁布的《企业会计准则——应用指南》规定了适用于各行业的企业会计科目表，各行业在不违反会计准则中确认、计量和报告相关规定的前提下，可以根据本单位的实际情况自行增设、分拆、合并会计科目。对于企业不存在的交易或事项，可不设置相关会计账户。企业可以自行设置明细账户，会计科目编号供企业填制会计凭证、登记会计账簿、查阅会计科目、使用会计软件系统参考。企业可结合实际情况自行确定会计科目编号。建筑企业会计核算的主要会计科目如表2-23所示。

表2-23 建筑企业主要会计科目

序号	科目编号	一级科目
		（一）资产类科目
1	1001	库存现金
2	1002	银行存款
3	1015	其他货币资金
4	1101	交易性金融资产
5	1111	衍生金融资产
6	1121	应收票据
7	1122	应收账款
8	1123	预付账款
9	1124	合同资产
10	1125	合同资产减值准备

序号	科目编号	一级科目
11	1131	应收股利
12	1132	应收利息
13	1233	其他应收款
14	1241	坏账准备
15	1401	材料采购
16	1402	在途物资
17	1403	原材料
18	1404	材料成本差异
19	1406	库存商品
20	1407	周转材料
21	1408	委托加工物资
22	1471	存货跌价准备
23	1481	持有待售资产
24	1482	持有待售资产减值准备
25	1501	债权投资
26	1502	债权投资减值准备
27	1503	其他债权投资
28	1504	其他权益工具投资
29	1506	临时设施
30	1507	临时设施摊销
31	1508	临时设施清理
32	1511	长期股权投资
33	1512	长期股权投资减值准备
34	1521	投资性房地产
35	1522	投资性房地产累计折旧（摊销）
36	1523	投资性房地产减值准备
37	1531	长期应收款
38	1541	未实现融资收益
39	1601	固定资产
40	1602	固定资产累计折旧
41	1603	固定资产减值准备
42	1604	在建工程
43	1605	在建工程减值准备
44	1606	工程物资
45	1607	固定资产清理
46	1631	使用权资产
47	1632	使用权资产累计折旧
48	1633	使用权资产减值准备

序号	科目编号	一级科目
49	1701	无形资产
50	1702	累计摊销
51	1703	无形资产减值准备
52	1711	商誉
53	1712	商誉减值准备
54	1801	长期待摊费用
55	1811	递延所得税资产
56	1901	待处理财产损溢
		（二）负债类科目
57	2001	短期借款
58	2101	交易性金融负债
59	2111	衍生金融负债
60	2201	应付票据
61	2202	应付账款
62	2203	预收账款
63	2204	合同负债
64	2211	应付职工薪酬
65	2221	应交税费
66	2231	应付股利
67	2232	应付利息
68	2241	其他应付款
69	2242	持有待售负债
70	2243	预计负债
71	2401	递延收益
72	2501	长期借款
73	2502	应付债券
74	2701	长期应付款
75	2702	未确认融资费用
76	2703	租赁负债
77	2711	专项应付款
78	2801	预计负债
79	2901	递延所得税负债
		（三）共同类科目
80	3101	衍生工具
81	3201	套期工具
82	7201	被套期项目
		（四）所有者权益类
83	4001	实收资本

序号	科目编号	一级科目
84	4002	资本公积
85	4003	其他综合收益
86	4004	其他权益工具
87	4101	盈余公积
88	4103	本年利润
89	4104	利润分配
90	4201	库存股
		（五）成本类
91	5001	合同履约成本
92	5101	合同履约成本减值准备
93	5111	合同取得成本
94	5112	合同取得成本减值准备
95	5201	劳务成本
96	5301	研发支出
97	5401	合同结算
98	5402	机械作业
		（六）损益类
99	6001	主营业务收入
100	6051	其他业务收入
101	6061	汇兑损益
102	6101	公允价值变动损益
103	6111	投资收益
104	6115	资产处置损益
105	6117	其他收益
106	6301	营业外收入
107	6401	主营业务成本
108	6402	其他业务成本
109	6405	税金及附加
110	6601	销售费用
111	6602	管理费用
112	6603	财务费用
113	6701	资产减值损失
114	6702	信用减值损失
115	6711	营业外支出
116	6801	所得税费用
117	6901	以前年度损益调整

资料来源：作者整理。

（二）账户

1. 账户的概念

会计科目是对会计要素的具体内容进行的分类，但它只能在静态上体现出所需要核算的经济业务的名称、经济业务的方式，不能把发生的经济业务连续、系统地记录下来，以取得经营管理所需的信息资料。根据系统论的观点，账户可以被看作一个系统，是由若干要素组成的统一整体。账户是根据会计科目设置的，具有一定格式和结构，是用于分类反映会计要素的增减变动情况及其结果的载体。利用具有一定结构的账户记录交易或事项，有利于分门别类，连续、系统地记录和反映各项经济业务及其所引起的有关会计要素内容的增减变化和结果。

2. 账户的分类

各单位的经济活动是一个错综复杂的整体，其发生的经济业务相对来说比较复杂，且难以分类与统计。并且一个具体的账户只能记录各单位经济活动的某一方面，不能够反映经济活动的全貌，因此需要设置比较系统的账户体系。账户可按其核算的经济内容、提供信息的详细程度及其统驭关系进行分类，具体如表 2-24 所示。

表 2-24 账户的分类

分类标准	账户类别
按照核算的经济内容	资产类账户、负债类账户、共同类账户、所有者权益类账户、成本类账户和损益类账户
按照提供信息的详细程度及其统驭关系	总分类账户和明细分类账户

资料来源：作者整理。

3. 会计科目与会计账户的联系与区别

会计科目与会计账户的区别与联系一直以来都是会计学术领域的讨论热点。从理论上来讲，会计科目和账户既有联系，又有区别。会计科目与账户都是对会计对象的具体内容的分类，两者核算的内容一致、性质相同。会计科目是账户的名称，也是设置账户的依据；账户是会计科目的具体运用，具有一定的结构和格式，并通过其结构反映某项经济业务的增减变动及其余额。

三、复式记账法

（一）复式记账法的概念

复式记账法是指对发生的每一项经济业务，都必须用相等的金额在两个或两个以上相互联系的账户中进行登记，全面系统地反映会计要素增减变化的一种记账方法。

由于任何一项经济业务的发生都会引起会计要素的至少两个具体项目的增减变化，而且为了全面、系统地核算和监督经济活动过程，对发生的每一笔经济业务，都应该以相同的金额同时在两个或两个以上的账户中进行登记，复式记账正好满足了这一要求。复式记账法按记账符号的不同，可分为借贷记账法、增减记账法和收付记账法。

（二）借贷记账法

借贷记账法是目前国际通用的记账方法，我国《企业会计准则——基本准则》规定，应当采用借贷记账法记账。

1. 借贷记账法的概念

借贷记账法是以"借"和"贷"作为记账符号来记录经济业务的一种复式记账法。借贷记账法以"借"和"贷"作为记账符号，分别作为账户的左方和右方，其发展至今，"借""贷"两字已失去原有的含义，而演变为纯粹的记账符号，用来标明记账方向。

2. 借贷记账法的基本结构

在借贷记账法下，账户的左方为"借方"，右方为"贷方"。所有账户的借方和贷方按相反方向记录增加数和减少数，即一方登记增加额，另一方就登记减少额。至于是"借方"表示增加，还是"贷方"表示增加，则取决于账户的性质与所记录经济业务的性质。

通常而言，资产、成本和费用类账户的增加用"借"表示，减少用"贷"表示；负债、所有者权益和收入类账户的增加用"贷"表示，减少用"借"表示。备抵账户的结构与所调整的账户正好相反。借贷记账法的账户结构如图 2-3 所示。

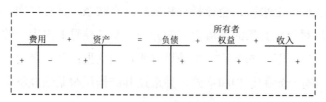

图 2-3　借贷记账法的账户结构

资料来源：作者整理。

3. 借贷记账法的基本规则

运用借贷记账法记账，要求对发生的每笔经济业务都要以相等的金额、相反的借贷方向，在两个或两个以上相互联系的账户中进行登记，即在一个账户中记借方，必须同时在一个或几个账户中记入贷方；若在一个账户中记贷方，必须同时在另一个或几个账户中记入借方。记入借方的金额必须等于记入贷方的金额。记账规则归纳起来就是"有借必有贷，借贷必相等"，它是借贷记账方法在账户中记录经济业务的基本规律，也是会计账务处理必须遵循的依据。

4. 借贷记账法下的账户对应关系与会计分录

（1）账户对应关系

账户的对应关系是指采用借贷记账法对每笔交易或事项进行记录时，相关账户之间形成的应借、应贷的相互关系。存在对应关系的账户被称为对应账户。

（2）会计分录的概念与类型

会计分录，简称分录，是对每项经济业务列示出应借、应贷的账户名称及其金额的一种会计记录。会计分录由应借应贷方向、相互对应的科目及金额 3 个要素构成。按照所涉及账户的多少，会计分录分为简单会计分录和复合会计分录，如表 2-25 所示。

表 2-25　会计分录的分类

分类	内容	举例
简单会计分录	只涉及一个账户借方和另一个账户贷方的会计分录，即一借一贷的会计分录	甲建筑企业将 100 000 元存入银行，会计分录如下： 借：银行存款 100 000 　　贷：库存现金 100 000
复合会计分录	两个以上（不含两个）对应账户的会计分录，即一借多贷、多借一贷或多借多贷的会计分录	甲建筑企业购入原材料一批，价款 10 000 元，其中 6000 元用于支付银行存款，4000 元尚未支付。假定不考虑增值税因素，会计分录如下： 借：原材料 10 000 　　贷：银行存款 6000 　　　　应付账款 4000

资料来源：作者整理。

（3）会计分录的编制步骤

会计分录的编制如图2-4所示。

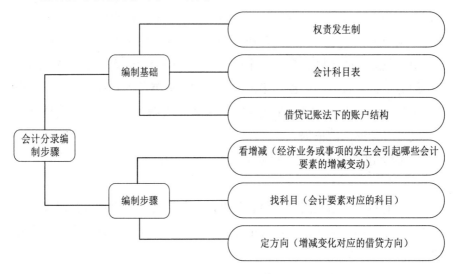

图2-4　会计分录的编制

资料来源：作者整理。

四、会计凭证与账簿

（一）会计凭证

1. 会计凭证的概念

会计凭证，是指记录经济业务发生或者完成情况的书面证明，是登记账簿的依据，有纸质会计凭证与电子会计凭证两种形式。填制和审核会计凭证是会计核算的一种专门的方法，是会计工作的基础与依据。会计凭证的主要作用体现在以下三个方面：①记录经济业务，提供记账依据；②明确经济责任，强化内部控制；③监督经济活动，控制经济运行。

2. 会计凭证的分类

（1）原始凭证

原始凭证又称单据，是指在经济业务发生和完成时，用于记录或证明经济业务的发生或完成情况的凭据。原始凭证的具体分类如图2-5所示。

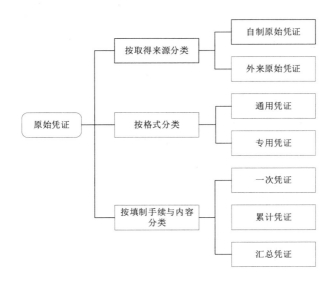

图 2-5　原始凭证分类

资料来源：作者整理。

（2）记账凭证

记账凭证又称为记账凭单，是指会计人员根据审核无误的原始凭证，按照经济内容分类，并据以确定会计分录后填制的会计凭证。它是登记账簿的直接依据。记账凭证主要按照其反映的经济业务的内容来划分，具体如表 2-26 所示。

表 2-26　记账凭证分类表

类别	含义	填制依据	用途
收款凭证	用来记录现金和银行存款等货币资金收款业务的记账凭证	收款凭证根据相关库存现金和银行存款收款业务的原始凭证填制	是登记库存现金日记账、银行存款日记账及相关明细分类账与总分类账等账簿的依据
付款凭证	用来记录现金和银行存款等货币资金支付的记账凭证	付款凭证根据相关库存现金和银行存款支付业务的原始凭证填制	是登记库存现金日记账、银行存款日记账及相关明细分类账与总分类账等账簿的依据
转账凭证	用于记录不涉及现金和银行存款业务的记账凭证	转账凭证根据相关转账业务的原始凭证填制	是登记相关明细分类账和总分类账簿的依据

资料来源：作者整理。

（二）会计账簿

1. 会计账簿的概念与基本内容

会计账簿，简称账簿，是指由一定格式的账页组成的，以经过审核的凭证为依据，全面、系统、连续地记录各项经济业务和会计事项的簿籍。会计账簿的基本内容如表 2-27 所示。

表 2-27　会计账簿的基本内容

项目	具体内容
封面	主要用来表明账簿的名称，如库存现金日记账、银行存款日记账、各种明细分类账
扉页	主要用来列示会计账簿的使用信息，如科目索引、账簿启用和经管人员一览表
账页	是会计账簿用来记录经济业务的主要载体，包括账户名称、日期栏、凭证种类和编号栏、摘要栏、金额栏，以及总页次和分页次

资料来源：作者整理。

2. 会计账簿的种类

会计账簿的种类很多，不同类别的会计账簿可以提供不同的信息，满足不同的需要。会计账簿的具体分类如图 2-6 所示。

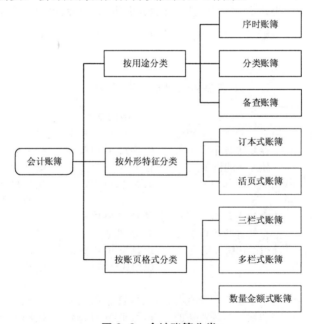

图 2-6　会计账簿分类

资料来源：作者整理。

3. 会计账簿的格式与登记方法

（1）日记账的格式与登记方法

日记账是按照经济业务发生或完成的时间顺序逐日逐笔进行账簿登记，设置日记账的目的是使经济业务的时间顺序清晰地反映在账簿中。日记账按其核算和监督经济业务的范围可分为特种日记账和普通日记账。在我国，大多数企业只设置现金日记账和银行存款日记账。日记账的登记格式与方法如表2-28所示。

表2-28　日记账的登记格式与方法

账簿名称	账簿分类	登记方法
日记账	库存现金日记账	①三栏式库存现金日记账由出纳人员根据库存现金收款凭证、库存现金付款凭证，按照业务发生的先后顺序逐日逐笔登记；②每日终了，结出收支合计和余额，与库存现金核对库存现金日记账
	银行存款日记账	①银行存款日记账应按企业在银行开立的账户和币种分别设置，每个银行账户设置一本日记账。由出纳人员根据与银行存款收付业务有关的记账凭证，按时间先后顺序逐日逐笔进行登记；②每日结出存款余额

资料来源：作者整理。

（2）总分类账的登记格式与方法

总分类账是按照总分类账户分类登记，以提供总括会计信息的账簿。最常用的格式为三栏式。总分类账的登记方法因登记的依据不同而有所不同。经济业务少的小型单位的总分类账，可以根据记账凭证逐笔登记；经济业务多的大中型单位的总分类账，可以根据记账凭证汇总表（又称为科目汇总表）或汇总记账凭证等定期登记。

（3）明细分类账的登记格式与方法

明细分类账是根据有关明细分类账设置并登记的账簿。它能提供交易或事项较详细、具体的核算资料，并补充总账所提供核算资料的不足，因此，各企事业单位设置总账的同时，还应设置必要的明细账。明细分类账一般采用活页式账簿。明细分类账常用格式主要有三栏式、多栏式、数量金额式、横线登记式 4 种类型。

（4）总分类账与明细分类账的平行登记

平行登记，是指对所发生的每项经济业务都要以会计凭证为依据，一方面记入有关总分类账户，另一方面记入所辖明细分类账户。总分类账户与明细分类账户平行登记的要点包括方向相同、期间一致、金额相等。

五、财产清查

（一）财产清查的概念

财产清查，是指通过对货币资金、实物资产和往来款项等财产物资进行盘点或核对，确定实存数，查明账存数与实存数是否相符的一种专门方法。企业在进行财产清查时主要从范围、时间、执行系统三方面展开。

（二）财产清查的种类（见图 2-7 和表 2-29）

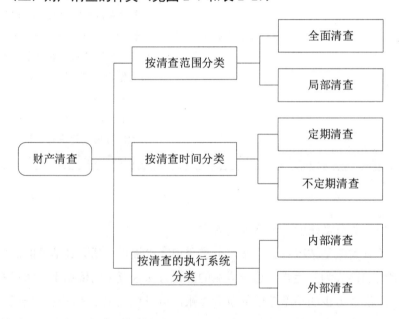

图 2-7　财产清查的种类

资料来源：作者整理。

表 2-29　各类财产清查的含义

类别	含义
全面清查	对所有的财产进行全面盘点与核对
局部清查	根据需要，只对部分财产进行盘点与核对
定期清查	按照预先计划安排的时间，对财产进行盘点与核对
不定期清查	事前不规定清查日期的盘点与核对
内部清查	由单位内部自行组织清查工作小组所进行的财产清查工作
外部清查	由上级主管部门、审计机关、司法部门、注册会计师等根据国家有关规定或情况需要，对单位进行的财产清查

资料来源：作者整理。

第四节　建筑企业涉税管理基础理论

建筑企业不同业务阶段的涉税事项指的是建筑企业自身在开展业务的过程中所涉及的与税收相关联的工作内容。建筑企业所开展的相关管理工作主要包括税收申报、税收登记、合法避税及税款缴纳等。通过科学、合理的组织控制，可以极大地提升对相关业务的管理与控制。

一、建筑企业涉税管理基础理论

（一）税务筹划理论

税务筹划是企业财务管理活动延伸出的一种经济管理活动，纳税人按照所涉及的现行税法，在不违背税法的情况下，利用自己的合法权益，对企业的经营或投资活动等进行科学合理的规划，以减轻税负，为实现企业财务目标打下良好的基础。税务筹划包括节税筹划、转退筹划和游税筹划等，税务筹划一般由财务部门牵头，需要公司其他部门配合。对企业整体的经济行为在税务方面进行控制，会对企业具体的经营行为产生影响，通过财务管理和投资等方式进行税务筹划，可以有效地降低税收成本。因此税务筹划是企业经营管理的重要内容，是企业实现长效、健康发展的关键措施。而税务筹划是一种专业性高、工作复杂性高的工作，在实际操作过程中也会存在一定的风险，因此企业在进行税收筹划的各项工作之前，需要设立正确、全面的涉税风险防范机制，并根据企业的实际情况建立合理的财务制度、会计工作制度等，使企业税收筹划更加标准化和流程化。

（二）税务管理理论

税务管理是税务机关对税收征收过程的管理手段，内容有税务登记、账簿管理、发票管理和凭证管理等。税务管理工作是一项系统性、程序性较强的工作，税务管理人员要面对的是动态复杂的管理环境，要深入企业财务决策工作的每一个环节、每一个领域。而伴随着国内企业的不断发展，财务决策工作的涵盖范围也在不断地扩展，不仅涵盖了最基本的生产经营决策和企业投资决策，还包括了更深层次的企业筹资决策和核心利润分配决策。在现代企业中，资金管理、成本管理、预约利润管理是进行财务管理工作的核心要素，而税务管理作为企业理财工作的核心组成部分，属于资金管理范畴，与企业的资本运作相结合，展开一系列的税收管理工作，能够有效地保障企业的利润和价值最大化。通过科学开展税务管理工作，国内企业整体的经济收益、社会收益和管理水平将得到显著提升，税务风险显著降低，企业的经营行为将得到规范，企业的核心竞争力得到明显提高，从而保证了企业在激烈的行业竞争中能够获得先机，赢得更加广阔的发展前景和发展空间。

（三）税收成本理论

税收征管效率是评价一个地区税务机关税款征收管理质量的一项重要指标。从宏观角度来看，税收征收效率能够体现出税收征收管理效率的高低；从微观角度来看，则是一种在税收征收管理中所取得的成果与所需的税收成本投入之间的数量对比关系。效率的评估就是效益和成本的比较，付出的成本越多，效益越大，效率就越高。就税收征收效率而言，其"收益"可以被认为是通过课税获得的税收收入，也可以被认为是通过税收政策达到了预期的目标。税收成本的界定有广义与狭义之分。狭义的税收成本是指国家为了完成税收职能所消耗的费用，广义的税收成本是征纳双方在征税与纳税的过程中所付出的所有费用。

（四）业务流程再造理论

业务流程再造理论是一种对管理理念的创新，其最初目的是提升企业的运营效率，但后来也逐步被拓展到其他领域的业务流程改造中，顺应了时代发展的需要。随着新兴技术不断涌现，尤其是在国地税合并的情况下，对企业经营过程中的业务流程进行改造就变得尤为重要。在业务流程上，进行流程再造可以节省征税成本，从而提高税收征管效率，还可以为税务机关的业务创新能力提供更多的可能。通过对业务流程进行优化，还能够提高纳税服务的质量，提高纳税人的税收满意度和纳税遵从度，减少税收负担。因此，税务部门要尽快适应新形势和新变化，不能将业务流程固化，而是要随着技术的发展和根据纳税人的需要，对业务流程进行持续改进，使新时代的税收征管工作更加便民、利民。

二、建筑企业涉税基础知识

（一）增值税

按照我国增值税法的规定，增值税是指对在我国境内销售货物或者加工、修理修配劳务（简称"劳务"），销售服务、无形资产、不动产，以及进口货物的单位和个人，以其销售货物、劳务、服务、无形资产、不动产（统称"应税销售行为"）的增值额和货物进口金额为计税依据而课征的一种流转税。建筑企业开展增值税管理和核算工作有以下两点优势：①有利于提高建筑企业的经济效益。随着营改增政策的实施，可以避免企业出现重复纳税的现象，从而为企业获取更多的经济利润，同时还能为建筑企业创建良好的税收环境，提高整个建筑行业的经济利润。②有利于创建规范健康的市场环境。建筑企业通过加强增值税管理和核算，可以创建规范健康的市场环境。建筑企业为了降低增值税额，大多会将工程实施分包，或者与信誉良好的合作商建立长久的合作关系，这样就为建筑企业的发展创建了积极、健康、规范的发展环境。

1. 纳税义务人

在中华人民共和国境内（简称"境内"）销售货物、劳务、服务、无形资产、不动产的单位和个人，为增值税纳税人。单位是指企业、行政单位、事业单位、军事单位、社会团体及其他单位。个人是指个体工商户和其他个人。单位以承包、承租、挂靠方式经营的，承包人、承租人、挂靠人（统称"承包人"）以发包人、出租人、被挂靠人（统称"发包人"）名义对外经营并由发包人承担相关法律责任的，以该发包人为纳税人；否则，以承包人为纳税人。采用承包、承租、挂靠经营方式的，区分以下两种情况界定纳税人：①以发包人名义对外经营；②由发包人承担相关法律责任。

2. 征税范围

现行增值税的征税范围包括在境内发生的应税销售行为和进口的货物，具体规定如下：

①销售或进口的货物。货物，即有形动产，包括电力、热力、气体。

②销售加工、修理修配劳务。加工，是指受托加工货物，即委托方提供原料及主要材料，受托方按照委托方的要求，制造货物并收取加工费的业务。修理修配，是指受托对损伤和丧失功能的货物进行修复，使其恢复原状和功能的业务。

③销售服务，包括交通运输服务、邮政服务、电信服务、建筑服务、金融服务、现代服务、生活服务。

④销售无形资产。销售无形资产，是指转让无形资产的所有权或者使用权的业务活动。无形资产是指不具有实物形态，但能带来经济利益的资产。

⑤销售不动产。销售不动产，是指转让不动产所有权的业务活动。不动产，是指不能移动或者移动后会引起性质、形状改变的财产。

3. 税率与征收率

（1）增值税税率

增值税税率分别为13%、9%、6%和零税率，具体如表2-30所示。

表2-30　增值税税率

项目	业务	税率
基本税率	销售或进口有形动产、加工修理修配劳务、有形动产租赁服务	13%
低税率1	交通运输服务、邮政、基础电信、建筑、不动产租赁服务、销售不动产、转让土地使用权	9%
低税率2	增值电信、金融、现代服务（租赁服务除外）、生活服务、销售无形资产（土地使用权除外）	6%
零税率	出口货物、单位和个人销售的部分境外服务和无形资产	0

资料来源：作者整理。

（2）增值税征收率

增值税征收率是指特定纳税人发生应税销售行为，在某一生产流通环节应纳税额与销售额的比率。增值税征收率适用于两种情况：一是小规模纳税人；二是一般纳税人发生应税销售行为，按规定可以选择简易计税方法计税的情况。与增值税税率不同，征收率只是计算纳税人应纳增值税税额的一种尺度，不能体现货物或劳务的整体税收负担水平。适用征收率的货物和劳务，应纳增值税税额计算公式为：应纳税额=销售额×征收率。应纳增值税不得抵扣进项税额。

4. 计税依据

我国采用的一般计税方法是间接计算法，即先按当期销售额和适用税率计算出销项税额，然后将当期准予抵扣的进项税额进行抵扣，从而间接计算出当期增值额部分的应纳税额。增值税一般纳税人发生应税销售行为的应纳税额，除适用简易计税方法外，均应等于当期销项税额抵扣当期进项税额后的余额。销项税额是指纳税人发生应税销售行为时，按照销售额与规定税率计算，并向购买方收取的增值税税额。进项税额是指纳税人购进货物、劳务、服务、无形资产、不动产所支付或者负担的增值税税额。进项税额是与销项税额相对应的一个概念。在开具增值税专用发票的情况下，它们之间的对应关系是，销售方收取的销项税额就是购买方支付的进项税额。

当期应纳税额的计算公式为：当期应纳税额=当期销项税额-当期进项税额

销项税额的计算公式为：销项税额=销售额×适用税率

（二）企业所得税

企业所得税是对我国境内的企业和其他取得收入的组织的生产经营所得和其他所得征收的一种税。企业的生产经营所得及其他所得包括来源于中国境外、境内的所得，体现了国家和企业的分配关系，是国家参与企业利润分配并调节其收益水平的手段。企业所得税的作用主要包括：①促进企业改善经营管理活动，提升企业的盈利能力；②调节产业结构，促进经济发展；③为国家建设筹集财政资金。

1. 纳税义务人

企业所得税的纳税义务人，是指在中华人民共和国境内的企业和其他取得收入的组织。《中华人民共和国企业所得税法》（简称《企业所得税法》）第一条规定：在我国境内除个人独资企业、合伙企业不适用《企业所得税法》外，企业和其他取得收入的组织（统称"企业"）为企业所得税的纳税人，依照《企业所得税法》规定缴纳企业所得税。企业所得税的纳税人分为居民企业和非居民企业,这是根据企业纳税义务范围的宽窄进行的分类，不同的企业在向中国政府缴纳所得税时，纳税义务不同。把企业分为居民企业和非居民企业，是为了更好地保障我国税收管辖权的有效行使。

2. 征税范围

居民企业与非居民企业征税范围的区别如表2-31所示。

表 2-31　居民企业与非居民企业征税范围的区别

纳税企业	征税范围
居民企业	依照中国法律、法规在中国境内成立的企业或依照外国法律成立但实际管理机构在中国境内的企业，应将其来源于中国境内、境外的所得作为征税对象。所得包括销售货物所得，提供劳务所得，转让财产所得，股息、红利等权益性投资所得，利息所得，租金所得，特许权使用费所得，接受捐赠所得和其他所得
非居民企业	依照外国法律成立且实际管理机构不在中国境内的企业，若在中国境内设立了机构与场所，应就其所设机构、场所取得的来源于中国境内的所得作为征税对象；在中国未设立机构场所或取得所得与所设立机构场所无关，仅就来源于中国境内所得纳税

资料来源：中国注册会计师协会. 税法[M]. 北京：中国财政经济出版社，2023.

3. 税率

企业所得税税率是体现国家与企业分配关系的核心要素。税率设计的原则是兼顾国家、企业、职工三者利益，既要保证财政收入的稳定增长，又要使企业在发展生产经营方面有一定的财力保证；既要考虑到企业的实际情况和负担能力，又要维护税率的统一性。企业所得税实行比例税率。比例税率简便易行、透明度高，不会因征税而改变企业间收入分配比例，有利于效率的提高。就目前来说，我国企业所得税基本税率为 25%，优惠税率分为 20% 和 15% 两档（见表 2-32）。

表 2-32　企业所得税税率

基本税率	25%	①居民企业；②在中国设有机构、场所且所得与机构、场所有实际联系的非居民企业
优惠税率	20%（执行 10%）	①在中国境内未设立机构、场所的非居民企业；②虽然设立机构、场所，但所得与机构、场所没有实际联系的非居民企业
	20%	符合条件的小型微利企业
	15%	①重点扶持的高新技术企业和技术先进型服务企业（服务贸易类）；②设在西部地区，以《鼓励类产业目录》项目为主营业务，主营业务收入占总收入的 60% 以上的企业；③注册在海南自由贸易港并实质性运营的以《鼓励类产业目录》项目为主营业务，主营业务收入占总收入的 60% 以上的企业

资料来源：作者整理。

4. 计税依据

应纳税所得额是企业所得税的计税依据。按照《企业所得税法》的规定，应纳税所得额为企业每一个纳税年度的收入总额，减除不征税收入、免税收入、各项扣除及允许弥补的以前年度亏损后的余额。企业的收入主要包括销售货物收入、提供劳务收入、转让财产收入、股息红利等权益性投资、利息收入、租金收入等。

应纳税所得额的基本公式为：应纳税所得额=收入总额-不征税收入-免税收入-各项扣除-允许弥补的以前年度亏损

应纳税额=应纳税所得额×适用税率-减免税额-抵免税额

（三）个人所得税

个人所得税主要是以自然人取得的各类应税所得为征税对象而征收的一种所得税，是政府利用税收对个人收入进行调节的一种手段。个人所得税的纳税人不仅包括个人，还包括具有自然人性质的企业。个人所得税是国家对本国公民、居住在本国境内的个人的所得和境外个人来源于本国的所得征收的一种所得税。在财政收入中，个人所得税占较大比重，对经济的影响较大。个人所得税是调整征税机关与自然人（居民、非居民个人）之间在个人所得税的征纳与管理过程中所发生的社会关系的法律规范的总称。个人所得税可以分为劳务所得、经营所得、其他所得三大类，细分下来有九小类，分别是工资薪金所得、经营所得、劳务报酬所得、稿酬所得、特许权使用费所得、利息股息红利所得、财产租赁所得、财产转让所得、偶然所得。

1. 纳税义务人

个人所得税的纳税义务人，包括中国公民、个体工商户、个人独资企业投资者、合伙企业合伙人、在中国有所得的外籍人员（包括无国籍人员）和中国香港、澳门、台湾同胞。上述纳税义务人依据住所和居住时间两个标准，区分为居民个人和非居民个人，分别承担不同的纳税义务。居民个人承担无限纳税义务，其所取得的应纳税所得，无论来源于中国境内还是中国境外，都要在中国缴纳个人所得税。根据《个人所得税法》规定，居民个人是指在中国境内有住所，或者无住所而一个纳税年度在中国境内居住累计满183天的个人。非居民个人，是指不符合居民个人判定标准（条件）的纳税义务人。非居民个人承担有限纳税义务，即仅就其来源于中国境内的所得向中国缴纳个人所得税。《个人所得税法》规定：非居民个人是

"在中国境内无住所又不居住，或者无住所而一个纳税年度内在境内居住累计不满 183 天的个人"。

2. 征税范围

居民个人取得的综合所得，包括工资薪金所得、劳务报酬所得、稿酬所得、特许权使用费所得。按纳税年度合并计算个人所得税；非居民个人取得上述所得按月或者按次分项计算个人所得税。纳税人取得经营所得，利息、股息、红利所得，财产租赁、财产转让所得，偶然所得，分别计算个人所得税。

3. 税率

个人综合所得适用七级超额累进税率，税率为 3%～45%（见表 2-33）。

表 2-33　个人所得税税率表（综合所得适用）

级数	全年应纳税所得额	税率（%）	速算扣除数（元）
1	不超过 36 000 元的	3	0
2	超过 36 000 元至 144 000 元的部分	10	2520
3	超过 144 000 元至 300 000 元的部分	20	16 920
4	超过 300 000 元至 420 000 元的部分	25	31 920
5	超过 420 000 元至 660 000 元的部分	30	52 920
6	超过 660 000 元至 960 000 元的部分	35	85 920
7	超过 960 000 元的部分	45	181 920

资料来源：中国注册会计师协会. 税法[M]. 北京：中国财政经济出版社，2023.

经营所得适用五级超额累进税率，税率为 5%～35%（见表 2-34）。

表 2-34　经营所得个人所得税税率表

级数	全年应纳税所得额	税率（%）	速算扣除数（元）
1	不超过 30 000 元的	5	0
2	超过 30 000 元至 90 000 元的部分	10	1500
3	超过 90 000 元至 300 000 元的部分	20	10 500
4	超过 300 000 元至 500 000 元的部分	30	40 500
5	超过 500 000 元的部分	35	65 500

资料来源：中国注册会计师协会. 税法[M]. 北京：中国财政经济出版社，2023.

利息、股息、红利所得，财产租赁所得，财产转让所得和偶然所得适用比例税率，税率为 20%。

4. 计税依据

居民个人综合所得应纳税额=全年应纳税所得额×适用税率-速算扣除数=（每一纳税年度收入额-费用 6 万元-专项扣除-专项附加扣除-依法确定的其他扣除）×适用税率-速算扣除数

当每次（月）收入不超过 4000 元时，财产租赁所得应纳税所得额=[每次（月）收入额-准予扣除项目-修缮费用（800 元为限）]-800 元

当每次（月）收入超过 4000 元时，财产租赁所得应纳税所得额=[每次（月）收入额-准予扣除项目-修缮费用（800 元为限）]×（1-20%）

财产转让所得应纳税额=应纳税所得额×适用税率=（收入总额-财产原值-合理费用）×20%

利息、股息、红利所得和偶然所得应纳税额=应纳税所得额×适用税率=每次收入额×20%

（四）土地增值税

土地增值税是对有偿转让国有土地使用权及地上建筑物和其他附着物产权，取得增值收入的单位和个人征收的一种税。征收土地增值税增强了政府对房地产开发和交易市场的调控，有利于抑制炒买炒卖土地、获取暴利的行为，也增加了国家财政收入。

1. 纳税义务人

土地增值税的纳税义务人为转让国有土地使用权、地上建筑及其附着物（简称"转让房地产"）并取得收入的单位和个人。单位包括各类企业、事业单位、国家机关和社会团体及其他组织；个人包括个体经营者和其他个人。

2. 征税范围

土地增值税只对转让土地使用权的行为征税，对出让土地使用权的行为不征税。土地增值税既对转让土地使用权的行为征税，也对转让地上建筑物及其附着物产权的行为征税。土地增值税只对有偿转让的房地产征税，对以继承、赠与等方式无偿转让的房地产不予征税。

3. 税率

土地增值税实行四级超率累进税率，税率为30%~60%（见表2-35）。

表 2-35   土地增值税四级超率累进税率表

级数	增值额与扣除项目金额的比率	税率（%）	速算扣除系数（%）
1	不超过 50%的部分	30	0
2	超过 50%未超过 100%的部分	40	5
3	超过 100%未超过 200%的部分	50	15
4	超过 200%的部分	60	35

资料来源：中国注册会计师协会. 税法[M]. 北京：中国财政经济出版社，2023.

4. 计税依据

应纳税额=土地增值额×适用税率-扣除项目金额×速算扣除系数

（五）城镇土地使用税

城镇土地使用税是指国家在城市、县城、建制镇、工矿区范围内，对使用土地的单位和个人，以其实际占用的土地面积为计税依据，按照规定的税额计算征收的一种税。开征城镇土地使用税，有利于通过经济手段，加强对土地的管理，变土地的无偿使用为有偿使用，合理、节约使用土地，提高土地使用效益；有利于适当调节不同地区、不同地段之间的土地级差收入，促使企业加强经济核算，理顺国家与土地使用者之间的分配关系。

1. 纳税义务人

纳税义务人主要是指在城市、县城、建制镇、工矿区范围内（不包括农村）使用土地的单位和个人。上述所称单位，包括国有企业、集体企业、私营企业、股份制企业、外商投资企业、外国企业，以及其他企业和事业单位、社会团体、国家机关、军队及其他单位；所称个人，包括个体工商户及其他个人。

2. 征税范围

城镇土地使用税的征税范围，包括在城市、县城、建制镇和工矿区内的国家所有和集体所有的土地。

上述城市、县城、建制镇和工矿区分别按以下标准确认：

①城市是指经国务院批准设立的市。

②县城是指县人民政府所在地。

③建制镇是指经省、自治区、直辖市人民政府批准设立的镇。

④矿区是指工商业比较发达，人口比较集中，符合国务院规定的建制镇标准，尚未设立建制镇的大中型工矿企业所在地。开征房产税的工矿区，

须经省、自治区、直辖市人民政府批准。

上述城镇土地使用税的征税范围中，城市的土地包括市区和郊区的土地，县城的土地是指县人民政府所在地的城镇的土地，建制镇的土地是指镇人民政府所在地的土地。建立在城市、县城、建制镇和工矿区以外的企业不需要缴纳城镇土地使用税。

3. 税率

城镇土地使用税采用定额税率，即采用有幅度的差别税额，按大、中、小城市和县城、建制镇、工矿区分别规定每平方米城镇土地使用税年应纳税额，具体标准如表 2-36 所示。

表 2-36　城镇土地使用税率

级别	人口（人）	每平方税额（元）
大城市	50 万以上	1.5～30
中等城市	20 万～50 万	1.2～24
小城市	20 万以下	0.9～18
县城、建制镇、工矿区	—	0.6～12

资料来源：中国注册会计师协会. 税法[M]. 北京：中国财政经济出版社，2023.

4. 计税依据

城镇土地使用税以纳税人实际占用的土地面积为计税依据，土地面积计量标准为每平方米，即税务机关根据纳税人实际占用的土地面积，按照规定的税额计算应纳税额，向纳税人征收城镇土地使用税。

全年应纳税额=实际占用应税土地面积（平方米）×适用税额。

（六）城市维护建设税

城市维护建设税，又称城建税，是以纳税人实际缴纳的增值税、消费税税额为计税依据，依法计征的一种税。城市维护建设税的特征包括：①以纳税人实际缴纳的消费税、增值税税额为计税依据，分别与消费税、增值税同时缴纳；②加强城市的维护建设，扩大和稳定城市维护建设资金的来源。

1. 纳税义务人

在中华人民共和国境内缴纳增值税、消费税的单位和个人，为城市维护建设税的纳税人，应当依照规定缴纳城市维护建设税。对进口货物或者境外单位和个人向境内销售劳务、服务、无形资产缴纳的增值税消费税税额，不征收城市维护建设税。采用委托代征、代扣代缴、代收代缴、预缴、补缴等方式缴纳两税的，应当同时缴纳城市维护建设税。

2. 税率

城市维护建设税根据纳税人所在地的不同，设置以下三档地区差别比例税率：

①纳税人所在地为市区的，税率为 7%。

②纳税人所在地为县城、镇的，税率为 5%。

③纳税人所在地不在市区、县城或者镇的，税率为 1%。

3. 计税依据

城市维护建设税的计税依据，是纳税人依法实际缴纳的增值税、消费税税额（简称"两税税额"）。依法实际缴纳的两税税额，是指纳税人依照增值税、消费税相关法律法规和税收政策规定计算的应当缴纳的两税税额（不含因进口货物或境外单位和个人向境内销售劳务服务、无形资产缴纳的两税税额），加上增值税免抵税额，扣除直接减免的两税税额和期末留抵退税退还的增值税税额后的金额。具体计算公式如下：

城市维护建设税应纳税额=纳税人实际缴纳的消费税、增值税税额×适用税率

（七）房产税

1. 纳税义务人

房产税是以房屋为征税对象，按照房屋的计税余值或租金收入，向产权所有人征收的一种财产税。房产税以在征税范围内的房屋产权所有人为纳税人。其中产权属国家所有的，由经营管理单位纳税；产权属集体和个人所有的，由集体单位和个人纳税。产权出典的，由承典人纳税。无偿使用其他单位房产的应税单位和个人，依照房产余值代缴纳房产税。所称单位，包括国有企业、集体企业、私营企业、股份制企业、外商投资企业、外国企业，以及其他企业和事业单位、社会团体、国家机关、军队及其他单位；所称个人，包括个体工商户及其他个人。

2. 征税范围

房产税以房产为征税对象。所谓房产，是指有屋面和围护结构（有墙或两边有柱），能够遮风避雨，可供人们在其中生产、学习、工作、娱乐、居住或储藏物资的场所。房产税的征税范围为城市、县城、建制镇和工矿区。具体规定如下：

①城市是指国务院批准设立的市。

②县城是指县人民政府所在地的地区。

③建制镇是指经省、自治区、直辖市人民政府批准设立的镇。

④工矿区是指工商业比较发达、人口比较集中、符合国务院规定的建制镇标准，但尚未设立建制镇的大中型工矿企业所在地。开征房产税的工矿区，须经省、自治区、直辖市人民政府批准。

房产税的征税范围不包括农村，主要是因为农村的房屋，除农副业生产用房外，大部分是农民居住用房。不将农村房屋纳入房产税征税范围，有利于减轻农民负担，繁荣农村经济，促进农业发展和社会稳定。

3. 税率

我国现行房产税采用的是比例税率。由于房产税的计税依据分为从价计征和从租计征两种形式，所以房产税的税率也分为两种：一种是按房产原值一次减除 10% ～30%后的余值计征，税率为 1.2%；另一种是按房产出租的租金收入计征，税率为 12%。自 2008 年 3 月 1 日起，对个人出租住房，不区分用途，均按 4%的税率征收房产税。对企事业单位、社会团体及其他组织向个人、专业化规模化住房租赁企业出租住房的，减按 4%的税率征收房产税。

4. 计税依据

房产税的计税依据是房产的计税余值或房产的租金收入。按照房产计税余值征税的，称为从价计征；按照房产租金收入计征的，称为从租计征。

从价计征的计算：应纳税额=房产原值×（1-扣除比例）×1.2%

从租计征的计算：应纳税额=租金收入×12%（或 4%）

（八）印花税

印花税是对在经济活动和经济交往中书立、领受应税凭证的行为征收的一种税。印花税因其采用在应税凭证上粘贴印花税票的方法缴纳税款而得名。征收印花税有利于增加财政收入，有利于配合和加强经济合同的监督管理，有利于培养纳税意识，有利于配合对其他应纳税种的监督管理。在中华人民共和国境内书立应税凭证、进行证券交易的单位和个人，为印花税的纳税人，应当依照本法规定缴纳印花税。在中华人民共和国境外书立在境内使用的应税凭证的单位和个人，应当依照《印花税法》规定缴纳印花税。应税凭证，是指《中华人民共和国印花税法》（简称《印花税法》）所附《印花税税目税率表》列明的合同、产权转移书据和营业账簿。证券交易，是指转让在依法设立的证券交易所、国务院批准的其他全国性证券交易场所交易的股票和以股票为基础的存托凭证。

1. 纳税义务人

①在中华人民共和国境内书立应税凭证（法定种类的合同、产权转移书据和营业账簿）的单位和个人，又称立合同人、立账簿人、立据人。

②在中华人民共和国境内进行证券交易的单位和个人。证券交易印花税对证券交易的出让方征收，不对受让方征收。

③在中华人民共和国境外书立在境内使用的应税凭证的单位和个人，又称使用人。

2. 税目和税率

现行印花税只对《印花税法》中列举的凭证征收印花税，不对没有列举的凭证征收印花税。列举的凭证主要分为 4 类：书面合同、产权转移书据、营业账簿、证券交易。

现行印花税税率分为比例税率和定额税率。比例税率一共分为四档，分别为 1‰、0.5‰、0.3‰、0.05‰，主要以凭证载明的金额为计征基数；定额税率主要适用于权利、许可证照、营业账簿中的其他账簿，因为这类凭证没有金额记载，采取按件规定固定税额，单位税额均为每件 5 元。具体税目、税率见表 2-37。

表 2-37　印花税税目与税率表

税目		计税依据	税率
书面合同	借款合同	借款金额	0.05‰
	融资租赁合同	租金	
	买卖合同	价款	0.3‰
	承揽合同	报酬	
	建设工程合同	价款	
	运输合同	运输费用	
	技术合同	价款、报酬或使用费	
	租赁合同	租金	1‰
	保管合同	保管费	
	仓储合同	仓储费	
	财产保险合同	保险费	

续表

税目		计税依据	税率
产权转移书据	土地使用权出让书据	价款	0.5‰
	土地使用权、房屋等建筑物和构筑物所有权转让书据		
	股权转让书据（不包括应缴纳证券交易印花税的）		
	商标专用权、著作权、专利权、专有技术使用权转让书据	价款	0.3‰
营业账簿		实收资本（股本）资本公积合计金额	0.25‰
证券交易		成交金额	1‰

资料来源：中国注册会计师协会. 税法[M]. 北京：中国财政经济出版社，2023.

3. 计税依据

印花税的应纳税额，根据应纳税凭证的性质，分别按照比例税率或者定额税率计算，计算公式如下：

应纳税额=应税凭证计税金额（或应税凭证件数）×适用税率

（九）车船税

1. 纳税义务人

车船税是指在中华人民共和国境内的车辆、船舶的所有人或者管理人按照《中华人民共和国车船税法》（简称《车船税法》）应缴纳的一种税。车船税的纳税义务人，是指在中华人民共和国境内，车辆、船舶（简称"车船"）的所有人或者管理人。车船税的纳税义务人应当依照《车船税法》的规定缴纳车船税。

2. 征税范围

车船税的征税范围是指在中华人民共和国境内属于《车船税法》所附《车船税税目税额表》规定的车辆、船舶。车辆、船舶的定义如下：

（1）依法应当在车船登记管理部门登记的机动车辆和船舶。

（2）依法不需要在车船登记管理部门登记、在单位内部场所行驶或者作业的机动车辆和船舶。

（3）境内单位和个人租入外国籍船的，不对其征收车船税。境内单位和个人将船舶出租到境外的，应依法征收车船税。

3. 税率

车船税采用定额税率，即对征税的车船规定单位固定税额。车船税确定税额的总原则如下：非机动车船的税负轻于机动车船；人力车的税负轻于畜力车；小吨位船舶的税负轻于大船舶。由于车辆与船舶的行驶情况不同，车船税的税额也有所不同。

4. 计税依据

纳税人按照纳税地点所在的省、自治区、直辖市人民政府确定的具体适用税率缴纳车船税。车船税由税务机关负责征收。购置的新车船，购置当年的应纳税额自纳税义务发生的当月起按月计算。

计算公式为：应纳税额=（年应纳税额÷12）×应纳税月份数

应纳税月份数=12-纳税义务发生时间（取月份）+1

（十）车辆购置税

车辆购置税是对在境内购置规定车辆的单位和个人征收的一种税，具有征收范围单一、征收环节单一、税率单一、征收方法单一的特点。车辆购置税具有专门用途，由中央财政根据国家交通建设投资计划统筹安排。这种特定目的的税收，可以保证国家财政支出的需要，既有利于合理地统筹安排资金，又有利于保证特定事业和建设支出的需要。

1. 纳税义务人

车辆购置税的纳税人是指在中华人民共和国境内购置汽车、有轨电车、汽车挂车、排气量超过150毫升的摩托车（统称为"应税车辆"）的单位和个人。其中购置是指以购买、进口、自产、受赠、获奖或者其他方式取得并自用应税车辆的行为。车辆购置税实行一次性征收。购置已征车辆购置税的车辆，不再征收车辆购置税。

2. 征税范围

车辆购置税以列举的车辆作为征税对象，未列举的车辆不纳税。其征税范围包括汽车、有轨电车、汽车挂车、排气量超过150毫升的摩托车。地铁、轻轨等城市轨道交通车辆，装载机、平地机、挖掘机、推土机等轮式专用机械车，以及起重机（吊车）、叉车、电动摩托车，不属于应税车辆。纳税人进口自用应税车辆，是指纳税人直接从境外进口或者委托代理进口自用的应税车辆，不包括在境内购买的进口车辆。为了体现税法的统一性、固定性、强制性和法律的严肃性特征，对车辆购置税征收范围的调整由国务院决定，其他任何部门、单位和个人无权擅自扩大或缩小。

3. 税率与计税依据

车辆购置税实行统一的比例税率，税率为10%。

计税依据：计税依据为应税车辆的计税价格。纳税人购置应税车辆，以发票电子信息中的不含增值税价作为计税价格，纳税人依据相关规定提供其他有效价格凭证的情形除外。纳税人进口自用应税车辆的计税价格，为关税完税价格加上关税和消费税。纳税人进口自用应税车辆，是指纳税人直接从境外进口或者委托代理进口自用的应税车辆，不包括在境内购买的进口车辆。纳税人自产自用应税车辆的计税价格，按照纳税人生产的同类应税车辆（即车辆配置序列号相同的车辆）的销售价格确定，不包括增值税税款。没有同类应税车辆销售价格的，按照组成计税价格确定，组成计税价格计算公式为：组成计税价格=成本×（1+成本利润率）。应纳税额=计税依据×税率。

（十一）资源税

资源税是对在我国领域和管辖的其他海域开发应税资源的单位和个人课征的一种税，属于对自然资源开发课税的范畴。征收资源税的主要作用有两点：①促进对自然资源的合理开发利用。对开发、利用应税资源的行为课征资源税，体现了国有自然资源有偿占用的原则，可以促使纳税人节约、合理地开发和利用自然资源，有利于我国经济可持续发展。②为国家筹集财政资金。随着其课征范围的逐渐扩展，资源税的收入规模及在税收收入总额中所占的比重都相应增加，其财政意义也日渐明显，在为国家筹集财政资金方面发挥着不可忽视的作用。

1. 纳税义务人

资源税的纳税义务人是指在中华人民共和国领域及管辖的其他海域开发应税资源的单位和个人。应税资源的具体范围由《中华人民共和国资源税法》（简称《资源税法》）所附《资源税税目税率表》确定。资源税规定仅对在中国境内开发应税资源的单位和个人征收，因此，对进口的矿产品和盐不征收资源税。由于对进口应税产品不征收资源税，相应地，对出口应税产品也不免征或退还已纳资源税。

2. 税目与税率

资源税税目包括五大类，在 5 个税目下又设有若干个子目。《资源税法》所列的税目有164个，涵盖了所有已经发现的矿种和盐。具体税目和税率见表2-38。

表 2-38　资源税税目与税率表

项目			征税对象	税率
能源矿产		原油	原矿	6%
		天然气、页岩气、天然气水合物	原矿	6%
		煤	原矿或选矿	2%～10%
		煤成（层）气	原矿	1%～2%
		铀、钍	原矿	4%
		油页岩、油砂、天然沥青、石煤	原矿或选矿	1%～4%
		地热	原矿	1%～20%或者每立方米1～30元
金属矿产	黑色金属	铁、锰、铬、钒、钛	原矿或者选矿	1%～9%
	有色金属	铜、铅、锌、锡、镍、锑、镁、钴、铋、汞	原矿或者选矿	2%～10%
		铝土矿	原矿或者选矿	2%～9%
		钨	选矿	6.5%
		钼	选矿	8%
		金、银	原矿或者选矿	2%～6%
		铂、钯、钌、锇、铱、铑	原矿或者选矿	5%～10%
		轻稀土	选矿	7%～12%
		中重稀土	选矿	20%
		铍、锂、锆、锶、铷、铯、铌、钽、锗、镓、铟、铊、铪、铼、镉、锡、镝	原矿或者选矿	2%～10%
非金属矿产	矿石类	高岭土	原矿或者选矿	1%～6%
		石灰岩	原矿或者选矿	1%～6%或者每吨（或者每立方米）1～10元
		磷	原矿或者选矿	3%～8%
		石墨	原矿或者选矿	3%～12%
		萤石、硫铁矿、自然硫	原矿或者选矿	1%～8%
		天然石英砂、脉石英、粉石英、水晶、工业用金刚石、冰洲石、蓝晶石、硅线石（矽线石）、长石、滑石、刚玉、菱镁矿、颜料矿物、天然、芒硝、硝石、明矾石、砷、硼、澳、膨润土、硅藻土、陶瓷土、耐火粘土、铁土、石土、海泡石粘土、伊利石粘土、累托石粘土	原矿或者选矿	1%～12%

续表

项目			征税对象	税率
非金属矿产	矿石类	叶蜡石、硅灰石、透辉石珍珠岩、云母、沸石、重晶石、毒重石、方解石、蛭石、透闪石、工业用电气石、白蜡、石棉、蓝石棉、红柱石、石榴子石、石膏	原矿或者选矿	2%～12%
		其他黏土（铸型用黏土、砖瓦用黏土、陶粒用黏土、水泥配料用黏土、水泥配料用红土、水泥配料用黄土、水泥配料用泥岩、保温材料用黏土）	原矿或者选矿	1%～5%或者每吨（或者每立方米）0.1～5元
	岩石类	大理岩、花岗岩、白云岩石英岩、砂岩、辉绿岩、安山岩、闪长岩、板岩、玄武岩、片麻岩、角闪岩、页岩、浮石、凝灰岩、黑岩、霞石正长岩、蛇纹岩、麦饭石灰岩、含岩石、含砂页岩、天然油石、橄榄岩松脂岩、粗面岩、辉长岩辉石岩、正长岩、火山灰、火山渣、泥炭	原矿或者选矿	1%～10%
		砂石	原矿或者选矿	1%～5%或者每吨（或者每立方米）0.1～5元
	宝玉石类	宝石、玉石、宝石级金刚石、玛瑙、黄玉、碧玺	原矿或者选矿	4%～20%
	水气矿产	二氧化碳气、硫化氢气、氮气、氯气	原矿	2%～5%
		矿泉水	原矿	1%～20%或者每立方米1～30元
	盐	钠盐、钾盐、镁盐、锂盐	选矿	3%～15%
		天然卤水	原矿	3%～15%或者每吨（或者每立方米）1～10元
		海盐		2%～5%

资料来源：中国注册会计师协会.税法[M].北京：中国财政经济出版社，2023.

3. 计税依据

资源税的计税依据为应税产品的销售额或销售量，各税目的征税对象包括原矿、选矿等。资源税适用从价计征为主、从量计征为辅的征税方式。根据（资源税税目税率表）的规定，地热、石灰岩、其他黏土、砂石、矿泉水和天然卤水可采用从价计征或从量计征的方式，其他应税产品统一适用从价定率征收的方式。

从价定率方式应纳税额=销售额×适用税率

从量定额方式应纳税额=课税数量×单位税额

（十二）环境保护税

1. 纳税义务人

在中华人民共和国领域和中华人民共和国管辖的其他海域，直接排放污染物的企业事业单位和其他生产经营者为环境保护税的纳税人，应当依照《中华人民共和国环境保护税法》的规定缴纳环境保护税。建筑企业在工程施工中，若向环境中直接排放了应税污染物，就需要按照规定计算、缴纳相应的环保税。例如，建筑企业在施工过程中产生的扬尘（一般性粉尘）、污水就属于应税污染物，负有纳税义务，需要缴纳环保税。

2. 税目与税率

环境保护税目包括大气污染物、水污染物、固体废物和噪声四大类。大气污染物主要包括二氧化硫、氯气、一氧化碳等，水污染物主要包括汞、铅等，固体废物包括煤矿石、尾矿、危险废物、冶炼渣、粉煤灰、炉渣、其他固体废物（含半固态、液态废物），应税噪声污染目前只包括工业噪声。

环境保护税采用定额税率，其中对应税大气污染物和水污染物规定了幅度定额税率，具体适用税额的确定和调整由省、自治区、直辖市人民政府统筹考虑本地区环境承载能力、污染物排放现状和经济社会生态发展目标要求，在规定的税额幅度内提出，报同级人民代表大会常务委员会决定，并报全国人民代表大会常务委员会和国务院备案。

（十三）契税

契税是指不动产（土地、房屋）产权发生转移变动时，就当事人所订契约按房产价格的一定比例向新业主（产权承受人）征收的一次性税收。契税的特点如下：①征收契税的宗旨是为了保障不动产所有人的合法权益。通过征税，契税征收机关便以政府名义发给契证，作为合法的产权凭证，政府即承担保证产权的责任。纳税人是产权承受人。当发生房屋买卖、典当、赠与或交换行为时，按转移变动的价值，对产权承受人可征一次性契税。②契税采用比例税率，即在房屋产权发生转移变动行为时，对纳税人依一定比例的税率课征。

1. 纳税义务人

契税的纳税义务人是在中华人民共和国境内转移土地、房屋权属单位和个人。境内是指中华人民共和国实际税收行政管辖范围内。土地、房屋权属是指土地使用权和房屋所有权。单位是指企业单位、事业单位、国家机关、军事单位和社会团体及其他组织。个人是指个体工商户及其他个人，包括中国公民和外籍人员。

2. 征税范围

征收契税的土地、房屋权属，具体为土地使用权、房屋所有权。转移土地、房屋权属包括下列行为：①土地使用权出让；②土地使用权转让，包括出售、赠与、互换，不包括土地承包经营权和土地经营权的转移；③房屋买卖、赠与、互换。

3. 税率

契税实行 3%～5% 的幅度税率。具体适用税率，由各省、自治区、直辖市人民政府在 3%～5% 的范围内提出，报同级人民代表大会常务委员会决定，并报全国人民代表大会常务委员会和国务院备案。省、自治区、直辖市可以依照上述规定的程序对不同主体、不同地区、不同类型的住房的权属转移确定差别税率。

4. 计税依据

由于土地、房屋权属转移方式不同、定价方法不同，具体计税依据视不同情况而定。

契税应纳税额的计算公式为：应纳税额=计税依据×适用税率

（十四）耕地占用税

耕地占用税是对占用耕地建房或从事其他非农业建设的单位和个人征收的税，采用定额税率，其标准取决于人均占有耕地的数量和经济发展程度。耕地占用税是国家税收的重要组成部分，具有特定性、一次性、限制性和开发性等不同于其他税收的特点。开征耕地占用税是为了合理利用土地资源，加强土地管理，保护农用耕地。其作用主要表现如下：利用经济手段限制乱占、滥用耕地，促进农业生产的稳定发展；补偿占用耕地所造成的农业生产力的损失；为大规模的农业综合开发提供必要的资金来源。

1. 纳税义务人

耕地占用税是对占用耕地建房或从事其他非农业建设的单位和个人，就其实际占用的耕地面积征收的一种税，它属于对特定土地资源占用课税。耕地是土地资源中最重要的组成部分。未经批准占用耕地的，纳税人为实际用地人。

2. 征税范围

耕地占用税的征税范围包括纳税人占用耕地建设建筑物、构筑物或者从事非农业建设的国家所有和集体所有的耕地。所称耕地，是指用于种植农作物的土地，包括菜地、园地。其中，园地包括花圃、苗圃、茶园、果园、桑园和其他种植经济林木的土地。

3. 税率

我国不同地区人口和耕地资源的分布极不均衡，有些地区人口稠密，耕地资源相对匮乏；而有些地区人烟稀少，耕地资源比较丰富。各地区之间的经济发展水平也有很大差异。考虑到不同地区之间客观条件的差别，以及与此相关的税收调节力度和纳税人负担能力方面的差异，耕地占用税在税率设计上采用了地区差别定额税率。

4. 计税依据

耕地占用税以纳税人实际占用的属于耕地占用税征税范围的土地（简称"应税面积"）为计税依据，按应税土地当地适用税额计税，实行一次性征收。实际占用的耕地面积，包括经批准占用的耕地面积、未经批准占用的耕地面积及临时占用耕地面积，应当依照规定缴纳耕地占用税。纳税人在批准临时占用耕地的期限内恢复所占用耕地原状的，全额退还已经缴纳的耕地占用税。耕地占用税以纳税人实际占用的应税土地面积为计税依据，以每平方米土地为计税单位，按适用的定额税率计税。

耕地占用税应纳税额=实际占用的应税土地面积（平方米）×适用税额

第五节　本章小结

本章主要阐述了会计处理与涉税管理中的主要概念和相关理论，一方面能够为建筑企业进行会计核算提供理论依据，另一方面能够有助于提高建筑企业财税处理的质量和效率。本章梳理了建筑企业的含义，对会计相关概念进行了分析，明确了建筑企业会计的内涵及特点，进而对建筑企业涉税管理及其特点进行了深入探讨。同时，本章分析了建筑企业会计处理与涉税管理方面的基础理论，包括会计处理相关理论、涉税管理相关理论。其中会计处理相关理论主要包括会计等式、会计科目与账户、复式记账法、会计凭证与账簿、财产清查。会计科目与账户主要是对会计对象进行归类与监督；复式记账法重点分析了借贷记账法的原理与基本结构；会计凭证与账簿主要是对经济业务数据进行登记，提供记账依据，以明确经济责任；财产清查主要为了保证信息的真实性、准确性，做到账实相符。涉税管理相关理论主要是对增值税、企业所得税及建筑企业所涉及的小税种进行概述，为本书后续章节"建筑企业不同业务阶段的会计处理与涉税管理"的论述提供理论依据。

第三章 建筑企业设立阶段的会计处理与涉税管理

企业设立阶段是建筑企业开展正常生产经营活动的初始环节，是企业正常运转的重要环节。规范化开展企业设立阶段的会计处理与涉税管理工作，能在国家税法允许的范畴之内，降低企业税务成本，增加企业税收红利，实现财务目标。本章主要从四方面进行阐述：首先在会计处理方面，主要介绍了建筑企业不同出资方式、所有者权益变动和开办费的会计核算；其次在涉税管理方面，分析了印花税的涉税政策及其处理；再次阐述了设立阶段需要关注的热点问题；最后结合案例分析，为建筑企业在实践中更好地把控设立阶段的会计处理与涉税事项提供有益借鉴。

第一节 会计处理

本节对建筑企业（包括有限责任公司和股份有限公司）的设立条件进行概述，同时对企业设立阶段的会计核算进行阐述，并在此基础上为建筑企业设立阶段涉税管理问题处理做铺垫。

一、建筑企业设立阶段概述

（一）有限责任公司的设立条件

根据《中华人民共和国公司法》（简称《公司法》）的规定，设立有限责任公司应当具备以下 5 个条件。

1. 股东符合法定人数

设立有限责任公司的法定人数分两种情况：一是在通常情况下，法定股东数须在 50 人以下；二是在特殊情况下，国家授权投资的机构或国家授权的部门可以单独设立国有独资的有限责任公司。

2. 股东出资达到法定资本最低限额

法定资本是指公司向公司登记机关登记时实缴的出资额，即经法定程序确认的资本。在中国，法定资本又称为注册资本，既是公司成为法人的基本特征之一，又是企业承担亏损风险的资本担保，同时也是股东权益划分的标准。有限责任公司的注册资本为在公司登记机关登记的全体股东认缴的出资额。公司全体股东的首次出资额不得低于注册资本的20%，也不得低于法定的注册资本最低限额，其余部分由股东自公司成立之日起2年内缴足；其中，投资公司可以在5年内缴足。有限责任公司注册资本的最低限额为人民币3万元。法律、行政法规对有限责任公司注册资本的最低限额有较高规定的，从其规定。股东可以用货币出资，也可以用实物、知识产权和土地使用权等可以用货币估价，并可以依法转让的非货币财产作价出资；但是，法律、行政法规规定不得作为出资的财产除外。对作为出资的非货币财产应当评估作价，核实财产，不得高估或者低估作价。法律、行政法规对评估作价有规定的，从其规定。全体股东的货币出资金额不得低于有限责任公司注册资本的30%。

3. 股东共同制订章程

公司章程是关于公司组织及其活动的基本规章。制订公司章程既是公司内部管理的需要，也为了便于外界监督管理。根据《公司法》的规定，公司章程应当载明的事项包括：公司名称和住所，公司经营范围，公司注册资本，股东姓名或名称，股东的权利和义务，股东的出资方式和出资额，股东转让出资的条件，公司的机构及其产生办法、职权及议事的规则，公司的法定代表人，公司的解散事项与清算办法，其他事项。

4. 有公司名称，建立符合有限责任公司要求的组织机构

作为独立的企业法人，公司必须有自己的名称。公司设立名称时还必须符合法律、法规的规定。有限责任公司的组织机构是股东会、董事会或执行董事、监事会或监事。

5. 有固定的生产经营场所和必要的生产经营条件

生产经营场所可以是公司的住所，也可以是其他经营地。生产经营条件是指与公司经营范围相适应的条件。生产经营场所和生产经营条件是公司从事经营活动的物质基础，是设立公司的基本要求。设立公司必须要符合《公司法》的条件，但是设立有限责任公司与股份有限公司在具体要求上却不完全一样。所以，设立不同类型的公司需要注意满足不同的条件，

股东出资总额必须达到法定资本的最低限额。特定行业的有限责任公司注册资本最低限额需高于前款所定限额的，由法律、行政法规另行规定。

（二）股份有限公司的设立条件

根据《公司法》的规定，设立股份有限公司，应当具备以下 7 个条件。

1. 股东符合法定人数

设立股份有限公司，应当有 2 个以上、50 个以下股东，其中 1 人可以作为发起人。

2. 有符合公司章程规定的全体股东认缴的出资额

股份有限公司注册资本的最低限额为人民币 500 万元。

3. 股东共同制订公司章程

公司章程是公司组织和活动的基本准则，由股东共同制定，并报公司登记机关备案。

4. 有公司名称，建立符合股份有限公司要求的组织机构

设立股份有限公司应当有公司名称，并建立股东会、董事会、监事会等组织机构，其中董事会是公司的决策机构，监事会则是公司的监督机构。

5. 有公司住所

设立股份有限公司需要有固定的住所，以便公司进行日常管理和业务活动。

6. 股东共同承担责任

股份有限公司的股东以其认购的股份为限对公司承担责任，公司以其全部财产对公司的债务承担责任。

7. 资产来源合法

设立股份有限公司的资金来源应当合法，不得以欺诈手段筹集资金。

总之，设立股份有限公司需要满足一定的条件和要求，包括股东人数、出资额、公司章程、组织机构、住所、股东责任和资产来源等。在设立过程中，应当遵循相关法律法规，确保合法、规范地完成设立手续。

二、企业设立阶段的会计处理

（一）设立阶段应设置的会计账户

投标阶段应设置的会计账户主要有"实收资本""资本公积""银行存款""原材料""固定资产""无形资产""长期股权投资""管理费用"等。

1. "实收资本" 账户

本账户用于核算企业投资者投入资本的增减变动及其结存情况。贷方登记收到投资者投入的资本，借方登记企业按法定程序报经批准减少的资本，期末余额在贷方，反映企业实有的资本数额。该账户按投资者分别设置明细账进行明细分类核算。股份有限公司应设置 "股本" 账户。"股本" 与 "实收资本" 只是账户名称不同，二者的账户结构是一致的，比照 "实收资本" 账户进行核算。

2. "资本公积" 账户

本账户用于核算企业资本公积增减变动及其结存情况。贷方登记企业收到投资者出资超过其在注册资本或股本中所占份额的部分，以及直接计入所有者权益的利得；借方登记企业以资本公积转增资本及直接计入所有者权益的损失，期末余额在贷方，反映企业资本公积实有数额。该账户设置两个明细账分别进行明细分类核算，分别是 "资本溢价"（或 "股本溢价"）和 "其他资本公积"。

3. "银行存款"

本账户用于核算企业存入银行或其他金融机构的各种款项。银行汇票存款、银行本票存款、信用卡存款、信用证保证金存款、存出投资款、外埠存款等，在 "其他货币资金" 账户核算。企业增加银行存款，借记本账户，贷记 "库存现金" "应收账款" 等账户；减少银行存款做相反的会计分录。本账户期末借方余额，反映企业存在银行或其他金融机构的各种款项。

4. "原材料" 账户

本账户用于核算企业库存的各种材料，包括原料及主要材料、辅助材料、外购半成品（外购件）、修理用备件（备品备件）、包装材料、燃料等的计划成本或实际成本。其借方核算企业因各种途径增加并已验收入库的库存材料成本；贷方核算企业因各种原因减少的库存材料成本。本科目期末借方余额，反映企业库存材料的计划成本或实际成本。本账户应按材料保管地点、类别、品名和规格，设置有数量、金额的明细账进行核算。

5. "固定资产" 账户

本账户用于核算施工企业持有固定资产的原价，借方登记从不同渠道增加的固定资产原价，贷方登记因各种原因而减少的固定资产原价。期末借方余额，反映企业期末固定资产的账面原价。企业应设置 "固定资产登记簿" 和 "固定资产卡片"，按固定资产类别、使用部门和每项固定资产进行明细核算。

6. "无形资产"账户

本账户用于核算企业持有专利权、非专利技术、商标权、著作权、土地使用权等无形资产的成本。借方登记企业以各种方式取得的无形资产的成本；贷方登记无形资产处置时转出的账面余额，期末借方余额反映企业无形资产的成本。本账户应按无形资产项目设置明细账进行核算。

7. "长期股权投资"账户

本账户用来核算企业持有的采用成本法和权益法核算的长期股权投资，属于资产类账户。该账户借方登记取得股权时的初始投资成本。权益法下长期股权投资的初始投资成本小于投资时应享有被投资单位可辨认净资产公允价值份额的差额；权益法下资产负债表日，企业根据被投资单位实现的净利润或经调整的净利润计算享有的份额，以及根据被投资单位实现的净利润和净损益以外的其他所有者权益变动，按持股比例调增的长期股权投资账面价值的金额。贷方登记长期股权投资处置时转销的账面余额。权益法下企业根据被投资单位发生的亏损计算分担的份额，以及根据被投资单位发生的净亏损及净损益以外的其他所有者权益变动，按持股比例调减的长期股权投资账面价值的金额。

8. "管理费用"账户

本账户用于核算企业行政管理部门为组织和管理生产经营活动而发生的各种费用。企业在筹建期间发生的开办费，包括人员工资、办公费、培训费、差旅费、印刷费、注册登记费，以及不计入固定资产成本的借款费用等。在实际发生时，其借方登记本账户，贷方登记"银行存款"等账户。期末，应将本账户的余额转入"本年利润"账户，结转后本账户应无余额。本账户可按费用项目进行明细核算。

（二）建筑企业不同出资方式的会计核算

建筑企业的出资方式包括以货币资金出资、以非货币性资产出资两类，其中以非货币性资产出资又包括接受原材料投资、接受固定资产投资、接受无形资产投资与投资者以股权出资 4 类。

1. 以货币资金出资

出资企业将款项存入银行时，以货币资金出资，借记"银行存款"账户，贷记"实收资本"账户。

【例 3-1】甲建筑企业由 A、B、C 三家企业共同出资组建，注册资本为 3 000 000 元，按照合同约定，各出资 1 000 000 元。现收到 A、B 和 C 投入的款项存入银行，会计分录如下：

借：银行存款		3 000 000
贷：实收资本	——A	1 000 000
	——B	1 000 000
	——C	1 000 000

2. 以非货币性资产出资

（1）接受原材料投资

投入原材料一批，借记"原材料"账户，贷记"实收资本"账户。现举例说明接受原材料投资核算的会计处理。

【例 3-2】甲建筑企业收到乙公司投入的一批原材料，双方协议材料作价为 35 100 元，材料已入库，全部作为实收资本入账，会计分录如下：

借：原材料		35 100
贷：实收资本	——乙公司	35 100

（2）接受固定资产投资

接受固定资产投资，借记"固定资产"账户，贷记"实收资本"账户。现举例说明投入一台全新设备投资核算的会计处理。

【例 3-3】甲建筑企业收到投资者 C 公司投入的 1 台不需要安装的全新设备，投资各方确认的设备价值为 300 000 元，会计分录如下：

借：固定资产		300 000
贷：实收资本	—— C 公司	300 000

（3）接受无形资产投资

接受无形资产投资，借记"无形资产"账户，贷记"实收资本"账户。现举例说明以专利权作为投资核算的会计处理。

【例 3-4】甲建筑企业接受乙公司以一项专利权作为投资，该项专利权经双方商定确认其价值为 100 000 元，会计分录如下：

借：无形资产	——专利权	100 000
贷：实收资本	——乙公司	100 000

（4）投资者以股权出资

投资者以股权出资，借记"长期股权投资"账户，贷记"实收资本"账户。现举例说明以长期股权投资作价出资核算的会计处理。

【例 3-5】甲建筑企业接受丙公司的投资。丙公司以其持有的 A 公司的长期股权投资作价出资，该长期股权投资的账面价值是 6 000 000 元，投资合同约定该长期股权投资作价 5 000 000 元。投资者丙公司投入的长期股权投资按照投资合同或协议约定的价格作为初始入账成本。股权交割手续已办理完成，会计分录如下：

借：长期股权投资	——A 公司	5 000 000
贷：实收资本	——丙公司	5 000 000

（三）建筑企业所有者权益变动的会计核算

建筑企业所有者权益变动分为资本公积转增资本、盈余公积转增资本、建筑企业投资者追加投资三个方面，具体阐述如下。

1. 建筑企业资本公积转增资本的会计核算

资本公积转增资本，借记"资本公积"账户，贷记"实收资本"账户。现举例说明建筑企业资本公积转增资本的会计处理。

【例 3-6】甲建筑企业经营 5 年后，办理了注册资金变更手续，将企业的资本公积 800 000 元转增资本，会计分录如下：

借：资本公积	800 000
贷：实收资本	800 000

2. 建筑企业将盈余公积转增资本的会计核算

将盈余公积转增资本，借记"盈余公积"账户，贷记"实收资本"账户。现举例说明建筑企业将盈余公积转增资本的会计处理。

【例 3-7】甲建筑企业经营 8 年后，办理了注册资金变更手续，将企业的盈余公积 600 000 元转增资本，会计分录如下：

借：盈余公积	600 000
贷：实收资本	600 000

3. 建筑企业投资者追加投资的会计核算

建筑企业投资者追加投资，款项存入银行，则借记"银行存款"账户，贷记"实收公积""资本公积"账户。现举例说明建筑企业投资者追加投资的会计处理。

【例 3-8】续【例 3-1】甲建筑企业现办理注册资本变更手续，注册资本增加到 4 000 000 元，D 作为投资者，出资 1 400 000 元加入甲建筑企业，款项已存入银行。D 与 A、B、C 一样各享有企业净资产 1/4 的份额，会计分录如下：

借：银行存款		1 400 000
贷：实收资本	——D	1 000 000
资本公积	——资本溢价	400 000

（四）建筑企业开办费的会计核算

筹建期是从企业开始筹建之日起到取得营业执照之日止的期间。开办费是指企业在筹建期间发生的各种费用支出。建筑施工企业在筹建期间发生的开办费，包括人员工资、办公费、培训费、差旅费、印刷费、注册登记费，以及不计入固定资产和无形资产购建成本的借款费用等。

按照企业会计准则的规定，企业在筹建期间发生的开办费统一作为企业开业当年的管理费用处理，一次性计入管理费用。借记"管理费用"账户，贷记"库存现金""银行存款"等账户。

【例 3-9】甲建筑企业以现金支付筹建期间注册登记费 5000 元、办公费 10 000 元、工资 4000 元，会计分录如下：

借：管理费用	——开办费	19 000
贷：库存现金		19 000

第二节　涉税管理

本节从涉税政策、涉税处理、税收优惠三个方面对企业设立阶段的涉税问题进行梳理及分析。此阶段涉税问题主要来自注册公司的出资方式，建筑企业设立阶段只有货币出资一种形式，仅涉及印花税一个税种。

一、涉税政策

（一）印花税的含义及特点

印花税，是对经济活动和经济交往中书立、领受具有法律效力的凭证的行为征收的一种税。印花税的特点如下：

1. 征税范围广

印花税的征税对象是经济活动和经济交往中书立、领受应税凭证的行为。其征税范围十分广泛，主要表现在两个方面：一是涉及的应税行为广泛，包括所有书立和领受应税凭证的行为，这些行为在经济生活中是经常发生的；二是涉及的应税凭证范围广泛，包括各类经济活动中具有合同性质的凭证、营业账簿、产权转移书据等，这些凭证在经济生活中被广泛使用。

2. 税负从轻

印花税税负较轻，主要表现在其税率明显低于其他税种，最低比例税率为应税凭证所载金额的 0.25‰，一般都为万分之几或千分之几。

3. 自行贴花纳税

印花税的纳税方法与其他税种完全不同，它采取纳税人自行计算应纳税额、自行购买印花税票、自行贴花、自行在每枚税票的骑缝处盖戳注销或画销的纳税方法。

（二）印花税的纳税方式

1. 自行贴花办法

适用于应税凭证较少或者贴花次数较少的纳税人。纳税人书立、领受或者使用《中华人民共和国印花税暂行条例》列举的应税凭证的同时，纳税义务即已产生，应当根据应纳税凭证的性质和适用的税目税率自行计算应纳税额，自行购买印花税票，自行一次贴足印花税票并加以注销或画销，纳税义务才算全部履行完毕。这就是通常所说的"三自"纳税办法。值得注意的是，纳税人购买了印花税票，支付了税款，国家就取得了财政收入。但就印花税来说，纳税人支付了税款并不等于履行了纳税义务，还必须自行贴花并注销或画销，这样才算完整地履行了纳税义务。

2. 汇贴或汇缴办法

适用于应纳税额较大或者贴花次数较频繁的纳税人。一份凭证应纳税额超过 500 元的，应当向当地税务机关申请填写缴款书或者完税凭证，将其中一联粘贴在凭证上或者由税务机关在凭证上加注完税标记代替贴花。这就是通常所说的"汇贴"办法。对于同一种类应纳税凭证需频繁贴花的，纳税人可以根据实际情况自行决定是否采用按期汇总缴纳印花税的方式，汇总缴纳的期限为1个月。采用按期汇总缴纳方式的纳税人应事先告知主管税务机关。缴纳方式一经选定，1年内不得改变。

3. 扣缴义务人办法

纳税人为境外单位或个人，在境内有代理人的，以其境内代理人为扣缴义务人；在境内无代理人的，由纳税人自行申报缴纳印花税。

（三）印花税的纳税时间

（1）印花税的纳税义务发生时间为纳税人书立应税凭证或者完成证券交易的当日。

（2）证券交易印花税扣缴义务发生时间为证券交易完成的当日。

（3）印花税按季、按年或者按次计征。实行按季、按年计征的，纳税人应当自季度、年度终了之日起15日内申报缴纳税款；实行按次计征的，纳税人应当自纳税义务发生之日起15日内申报缴纳税款。

（4）证券交易印花税按周解缴。证券交易印花税扣缴义务人应当自每周终了之日起5日内申报解缴税款及银行结算的利息。

二、涉税处理

建筑企业设立阶段关于印花税的涉税处理，即建筑企业以房地产作为投资入股的资产时，该行为应认定为财产所有权的转移。根据印花税政策规定，应当按照"产权转移书据"税目征收印花税，投资双方均要按0.5‰的税率缴纳印花税。

【例3-10】A公司为一家建筑企业，该企业为增值税一般纳税人，2022年5月以一栋评估作价4000万元的房产入股增值税一般纳税人B公司，取得B公司30%的股权。双方约定共同承担投资风险，相应的权属变更手续已于当月完成。

【解析】

根据建筑企业以房地产投资入股属于产权转移行为，应当按照"产权转移书据"税目缴纳印花税。具体来说，投资双方均需要按照0.5‰的税率缴纳印花税。假设双方签订的合同未分别注明不含税金额和增值税税额，A公司需缴纳印花税税额=4000×0.05％=2（万元）。

三、税收优惠

在下面几种情况下，可以享受印花税免税待遇：

（1）法定凭证免税。对已缴纳印花税的凭证的副本或者抄本，财产所有人将财产赠给政府、社会福利单位、学校所立的数据，经财政部批准免税的其他凭证，免征印花税。

（2）免税额、应纳税额不足 0.1 元的，免征印花税。

（3）借款展期合同免税。

对办理借款展期业务使用借款展期合同或其他凭证，按规定仅载明延期还款事项的，可暂不贴花。合同、书据免税。出版合同，不属于印花税列举征税的凭证，免征印花税。股权转让免税。对国务院和省级人民政府批准进行政企脱钩、对企业进行改组和改变管理体制、变更企业隶属关系，以及国有企业改制、盘活国有资产，而发生的国有股权无偿转让划转行为，暂不征收证券交易印花税。对上市公司国有股权无偿转让，需要免征证券交易印花税的，须由企业提出申请，报证券交易所所在地税务局审批，并报国家税务总局备案。

第三节　热点问题

税务筹划是企业财务管理的重要组成部分，其在节约税收成本中发挥着重要作用。本节从建筑企业设立阶段税务筹划如何从注册地点展开，以及建筑企业设立阶段税务筹划如何使用税收优惠政策两方面阐述热点问题。

一、建筑企业设立阶段税务筹划如何从注册地点展开

关于建筑企业设立阶段税务筹划从注册地点展开，具体内容论述如下。

区域经济发展程度的差异，会导致税收政策的差异，从而为企业选择注册地点进行纳税筹划创造了条件。投资者在选择注册地点时，要考虑国家统一制定的税收政策及一些地方性的税收政策。同时，投资者还应了解当地的税收执法环境，避免出现优惠税收政策被滥用或扭曲的情况，避免增加企业的纳税风险和成本。企业注册地点选择的税务筹划思路主要有两

方面。

（1）城市、城镇地区的税率有较大差异，在城市需缴纳一定的城市维护建设税，而在县城、乡镇需缴纳城镇土地使用税。最新的《中华人民共和国城市维护建设税法》指出，纳税人所在地在市区的，城市维护建设税税率为百分之七；在县城、镇的，税率为百分之五；所在地不在市区、县城或者镇的，税率为百分之一。因此，在建筑企业设立阶段开展税务筹划时，还应有效选择公司注册地点。

（2）除了财政奖励、核定征收等税收优惠政策外，自然人代开、灵活用工等层面的税收优惠政策在不同地区也存在较大差异。因此，企业在税务筹划时，应将这些要素考虑在内，合理选择企业注册地点。此外，企业还应根据《税务登记管理办法》的要求，考虑未来发展中是否会出现变更登记问题，以实现企业注册地点的合理选择。这样，可以为企业税务筹划方案的设计创造良好条件，达到减税降负的目的。

二、建筑企业设立阶段税务筹划如何使用税收优惠政策

税收优惠是国家税制中不可缺少的一部分，是政府为实现一定的政治、社会和经济目标，对纳税人实施的税收鼓励。税收鼓励反映了政府行为，通过政策导向影响人们的生产与消费选择，从而成为国家调控经济的重要杠杆。无论是在经济发达国家还是发展中国家，税收优惠政策都被视为引导投资方向、调整产业结构、扩大就业机会、刺激国民经济增长的重要工具。充分利用税收优惠政策，是建筑企业设立阶段税务筹划的基本方法，具体内容如下。

对于新设立的企业，由于经营规模、盈利能力等方面与成熟企业存在较大差异，加之赋税等因素的影响，因此经营压力较大。为了进一步降低企业经营成本，税务管理不能忽视税务筹划工作的开展，要合理利用税收优惠政策。第一，新设立的企业可以通过销售折扣的方式进行税务筹划。根据我国税法的最新规定，当企业采用折扣的方式进行产品销售时，折扣部分可以作为增值税的抵扣款项，这不仅有利于企业降低税负，还能在一定程度上提高企业的竞争力。第二，为了确保税务管理的合理性，国家也提供了一定的免税政策，这对新设立的企业是一种有效的税务筹划方式。比如，如果企业在纳税过程中连续 36 个月没有因偷税被处罚 2 次及以上的，企业可以申请退税，这一政策为企业的纳税筹划工作提供了全新的思

路和方向。除了以上两点，企业设立阶段的税务筹划还可以从细节入手，如合理规划税收时间、利用税收递延等方式来降低企业的税务负担。

另外，利用税收优惠政策进行税务筹划还需注意以下四个方面：首先，全面衡量各种优惠政策。政府提供的税收优惠涉及多个税种，纳税人不能仅关注一个税种，因为一种税的少缴可能会导致另一种税的增加。纳税人应着眼于整体税负的轻重，从各种税收优惠方案中选择最优的方案。其次，关注投资风险对资本收益的影响。虽然国家实施的税收优惠政策会给纳税人带来一定的税收利益，但并不意味着纳税人能够获得资本回收的实惠。许多税收优惠与纳税人的投资风险并存，如果资本效益无法实现，再好的优惠政策也无法转化为实际收益。再次，综合考虑各种因素，包括但不限于免税、减税、税率差异、税收扣除、税收抵免、优惠退税和亏损抵补等优惠政策。评估投资风险和资本收益之间的关系，以确保筹划方案的合理性和可行性。最后，需要保证税务筹划的合法性，避免因偷税、漏税等违法行为而产生的法律风险。只有通过全面、合理的税务筹划，充分利用税收优惠政策，才能真正帮助新创立的企业在激烈的市场竞争中取得优势，实现对税务的有效管理。

第四节　案例分析

【案例内容】

在进行纳税筹划时，企业可以通过分公司与子公司相互转换来实现减轻企业税负的目的。例如，南北建筑集团由青海母公司和两家子公司（A与B）组成。2022年母公司本部实现利润200万元，子公司A实现利润20万元，子公司B亏损30万元，所得税税率为25%。按照目前设立子公司情况，对该公司应交企业所得税进行分析，同时按照如果A和B是分公司的情况，对该公司应交企业所得税进行对比分析。

【案例解析】

（1）由于子公司是一个独立企业，具有独立的法人资格，其进行纳税筹划相对较困难。子公司能独立承担民事责任，经营风险也相对较小，且子公司的亏损不能冲抵母公司的利润。本案例中，公司本部应交所得税：200×25%=50（万元）。A子公司应交所得税：20×25%=5（万元）。B子公司由于当年亏损，该年度无须缴纳所得税。因此，按照A与B都为子公司的情况，公司整体税负为：50+5=55（万元）。

（2）如果 A 和 B 是分公司，分公司是母公司的一部分，且其与总公司之间的资本转移因不涉及所有权变动，不必缴纳税款等，纳税筹划就相对容易。而且分公司不能独立承担民事责任，只能以总公司的名义对外从事活动，经营风险由总公司来承担，分公司的亏损可以冲抵总公司的利润，从而减轻税收负担。按上述情况，整体税负为：（200+20-30）×25%=47.5（万元），比母子公司的整体税负低 7.5 万元。

通过分析 A 和 B 分别为子公司与分公司两种情况下南北建筑集团应交企业所得税额的差异，可为今后建筑企业设立子公司或分公司提供借鉴。一般来说，当外地的营业活动处于初始阶段时，母公司可在外地设立一个分公司，使外地的开业亏损能在汇总纳税时减少母公司的应纳税款。当外地的营业活动开始盈利，此时就有必要建立一个子公司，以确保在享受外地所获利润时，仅需缴纳比母公司所在地更低额度的税款。在分析以上分公司与子公司税收筹划时，还要考虑分支机构所处的区域优势及其享受税收优惠政策的情况。若分支机构单独运作，其所享受的税收优惠优于母公司时，分支机构应采用子公司形式，反之，则采用分公司形式。

企业应该以成立分公司为主要路线，基于企业发展的整体态势进行全方位的考量：第一，当分支机构适用的税率低于母公司时，通过定价转移，增加子公司的利润总额，这样就可以降低集团的总税负，使企业总利润额最大化。第二，设立分支机构时，在经营初期分公司往往会出现亏损，分公司的亏损可以冲抵总公司的利润，减轻税收负担。子公司只有在政府允许的情况下，在集团内部公司之间盈亏互抵，才可以加入集团整体利益的税务筹划。第三，分公司和总公司之间的资本转移，如固定资产转移，不涉及所有权的变动，不必负担税收，但子公司必须依据当地税务部门的规定承担相应的税负。第四，子公司需向母公司支付的诸如特许权相关费用、利息，以及其他各类间接费用等，要比分公司向总公司支付更容易得到税务当局的认可。第五，相较于分公司，子公司利润汇总到母公司要更灵活，资本利润可以保留在子公司或在税负较轻的时候与母公司汇总，这样就可以得到额外的税收收益；但是分公司交付给总公司的利润通常不必缴纳预提税金。

第五节　本章小结

本章分析了建筑企业设立阶段会计处理与涉税管理的相关内容。在会计处理方面，涉及建筑企业设立条件的详细内容，包括有限责任公司和股份有限公司；阐述了建筑企业不同出资方式（货币及非货币性资产出资）、建筑企业所有者权益变动（资本公积转增资本、将盈余公积转增资本、投资者追加投资）和建筑企业开办费的会计分录。在涉税管理方面，本章详细阐述了印花税的涉税政策、涉税处理和涉税优惠，根据最新的涉税政策，为解决建筑企业设立阶段的税务问题提供参考。在热点问题方面，阐述了建筑企业设立阶段在注册地点开展税务筹划、使用税收优惠政策两方面的内容，为建筑企业在设立阶段提升税务筹划质量提供了借鉴。

第四章　招投标阶段的会计处理与涉税管理

　　招投标阶段是建筑企业施工过程中必不可少的环节，也是建筑企业具体施工前期管理的关键环节，在建筑企业会计处理与涉税管理中，这一阶段业务处理具有重要作用。本章主要从四方面进行阐述：首先在会计处理方面，主要介绍了投标费用、投标保证金和履约保证金的会计核算；其次在涉税管理方面，分析了建筑服务增值税、招标比价与采购比价、招投标文件费用的涉税政策及其处理；再次阐述了投标阶段需要关注的热点问题；最后结合案例分析，为建筑企业在实践中更好地把控投标阶段的会计处理与涉税事项提供有益借鉴。

第一节　会 计 处 理

　　本节分析了招投标政策相关内容及建筑企业投标阶段会计核算的问题，对投标费用、投标保证金和履约保证金的会计核算进行了阐述，并为建筑企业投标阶段涉税管理问题处理做了铺垫。

一、招标与投标政策的概述

（一）招标与投标的含义

　　招标、投标，简称招投标，工程项目招投标工作分为招标工作和投标工作。总体来说，招投标工作的开展是由招标方发出邀请，投标人参加并做出承诺，最终签订相关合同的过程。招标是针对某项工程建设或大宗商品的买卖，对有意承包或交易的供应商进行招标，并从中挑选出承包商或交易者的活动。投标是应招标人的邀请，根据招标公告或投标邀请书所规定的条件，在指定的时间内，向招标人递盘的行为。

　　根据《中华人民共和国招标投标法》（简称《招投标法》）和《中华人民共和国招标投标法实施条例》（简称《招标投标法实施条例》）的有关规定，建设工程与工程建设有关的货物、工程建设有关的服务按规定必须招投标的，应当依法依规进行。其中，建设工程是指建筑物和构筑物的新建、改建、扩建及其相关的装修、拆除、修缮等；工程建设有关的货物是工程不可分割的组成部分，是为实现工程基本功能所必需的设备、材料等；工程建设有关的服务是指为完成工程所需的勘察、设计、监理等服务。

（二）招投标程序及政策规定

招投标程序一般如下：①招标者发布广告或者有选择性地邀请相关的厂家，发出标书或者附图、样；②投标者根据所需提交标书；③在公证人的监督下，当众开标、评标，经过综合评价合格的供应商成为中标人；④双方签订承包或交易合同。《招投标法》对招标条件、公开招标、邀请招标、投标、联合体投标及开标、评标、中标等方面做出明确规定，具体政策分析如下。

1. 招标条件

（1）必须进行招标的项目。

根据《招投标法》的有关规定，在我国境内进行下列工程建设项目，包括项目的勘察、设计、施工、监理，以及与工程建设有关的重要设备、材料等的采购，必须进行招标。

①大型基础设施、公用事业等关系社会公共利益、公众安全的项目。

②全部或者部分使用国有资金投资或者国家融资的项目。

③使用国际组织或者外国政府贷款、援助资金的项目。

根据《必须招标的工程项目规定》（国家发展改革委 2018 年第 16 号令）第二条及第五条，全部或者部分使用国有资金投资或者国家融资的项目包括以下内容：

①使用预算资金 200 万元人民币以上，并且该资金占投资额 10%以上的项目。

②使用国有企业事业单位资金，并且该资金占控股或者主导地位的项目。

上述规定范围内的项目，其勘察、设计、施工、监理，以及与工程建设有关的重要设备、材料等的采购达到下列标准之一的，必须招标。

①施工单项合同估算价在 400 万元人民币以上。

②重要设备、材料等货物的采购，单项合同估算价在 200 万元人民币以上。

③勘察、设计、监理等服务的采购，单项合同估算价在 100 万元人民币以上。

同一项目中可以合并进行的勘察、设计、施工、监理，以及与工程建设有关的重要设备、材料等的采购，合同估算价合计达到前款规定标准的，必须招标。

（2）可以不进行招标的项目。

①需要采用不可替代的专利或者专有技术。

②采购人依法能够自行建设、生产或者提供。

③已通过招标方式选定的特许经营项目投资人，依法能够自行建设、生产或者提供。

④需要向原中标人采购工程、货物或者服务，否则将影响施工或者功能配套要求的。

⑤国家规定的其他特殊情形。

涉及国家安全、国家秘密、抢险救灾或者属于利用扶贫资金实行以工代赈、需要使用进城务工人员等特殊情况，不适宜进行招标的项目，按照国家有关规定可以不进行招标。

依法必须进行招标的项目，其招标投标活动不受地区或者部门的限制。任何单位和个人不得违法限制或者排斥本地区、本系统以外的法人或者其他组织参加投标，不得以任何方式非法干涉招标投标活动。依法必须进行招标的项目，招标人自行办理招标事宜的，应当向有关行政监督部门备案。招标人应当确定投标人编制投标文件所需要的合理时间。但是，依法必须进行招标的项目，自招标文件开始发出之日起至投标人提交投标文件截止之日止，最短不得少于 20 日。

2. 公开招标

《招投标法》明确规定，招标分为公开招标和邀请招标两种方式。公开招标是指招标人以招标公告的方式邀请不特定的法人或者其他组织投标。

国有资金占控股或者主导地位的依法必须进行招标的项目，招标人应当确定排名第一的中标候选人为中标人。排名第一的中标候选人放弃中标、因不可抗力不能履行合同、不按照招标文件要求提交履约保证金，或者被查实存在影响中标结果的违法行为等情形，不符合中标条件的，招标人可以按照评标委员会提出的中标候选人名单排序依次确定其他中标候选人为中标人，也可以重新招标。

招标人采用公开招标方式的，应当发布招标公告。依法必须进行招标的项目的招标公告，应当通过国家指定的报刊、信息网络或者其他媒介发布。

《中华人民共和国建筑法》第二十二条规定，建筑工程实行招标发包的，发包单位应当将建筑工程发包给依法中标的承包单位。建筑工程实行直接发包的，发包单位应当将建筑工程发包给具有相应资质条件的承包单位。

3. 邀请招标

邀请招标，是指招标人以投标邀请书的方式邀请特定的法人或者其他组织投标。招标人采用邀请招标方式的，应当向 3 个以上具备承担招标项目的能力、资信良好的特定的法人或者其他组织发出投标邀请书。投标邀请书应当载明招标人的名称和地址、招标项目的性质、数量、实施地点和时间，以及获取招标文件的办法等事项。

按照《招投标法》必须进行施工招标的工程，全部使用国有资金投资或者国有资金投资占控股或者主导地位的，应当公开招标；但有下列情形之一的，可以邀请招标。

①技术复杂、有特殊要求或者受自然环境限制，只有少量潜在投标人可供选择的。

②采用公开招标方式的费用占项目合同金额的比例过大的。

根据《中华人民共和国政府采购法》，符合下列情形之一的货物或者服务，可以采用邀请招标方式采购。

①具有特殊性，只能从有限范围的供应商处采购的。

②采用公开招标方式的费用占政府采购项目总价值的比例过大的。

非国有资金（含民营、私营、外商投资）投资或非国有资金投资占控股或占主导地位且关系社会公共利益、公众安全的建设项目可以邀请招标，但招标人要求公开招标的可以公开招标。招标条件包括建设项目已审批、核准或备案，建设项目的招标事项已核准，有相应资金或资金来源已落实，有满足需要的技术资料。

4. 投标

投标是指经资格审查合格的投标人，按招标文件的规定编制投标文件，在招标限定的时间内送达招标人。投标人是指响应招标、参加投标竞争的法人或者其他组织。

根据招标文件载明的项目实际情况，投标人如果准备在中标后将中标项目的部分非主体、非关键工程进行分包的，应当在投标文件中载明。在招标文件要求提交投标文件的截止时间前，投标人可以补充、修改或者撤回已提交的投标文件，并书面通知招标人。补充、修改的内容为投标文件的组成部分。

《招投标法》第二十八条规定，投标人应当在招标文件要求提交投标文件的截止时间前，将投标文件送达投标地点。招标人收到投标文件后，应当签收保存，不得开启。投标人少于三个的，招标人应当依照本法重新招标。在招标文件要求提交投标文件的截止时间后送达的投标文件，招标人应当拒收。

投标人不得相互串通投标报价，不得排挤其他投标人的公平竞争，损害招标人或者其他投标人的合法权益；不得损害国家利益、社会公共利益；投标人不得以向招标人或者评标委员会成员行贿的手段谋取中标；不得以低于成本的报价竞标，也不得以他人名义投标或者以其他方式弄虚作假，骗取中标。

与招标人存在利害关系可能影响招标公正性的法人、其他组织或者个人，不得参加投标；单位负责人为同一人或者存在控股、管理关系的不同单位，不得参加同一标段投标或者未划分标段的同一招标项目投标。违反以上规定的，相关投标均无效。

5. 联合体投标

《招投标法》第三十一条规定，两个以上法人或者其他组织可以组成一个联合体，以一个投标人的身份共同投标。

联合体各方均应当具备承担招标项目的相应能力；国家有关规定或者招标文件对投标人资格条件有规定的，联合体各方均应当具备规定的相应资格条件。

联合体各方应当签订共同投标协议，明确约定各方拟承担的工作和责任，并将共同投标协议连同投标文件一并提交招标人。联合体中标的，联合体各方应当共同与招标人签订合同，就中标项目向招标人承担连带责任。

招标人不得强制投标人组成联合体共同投标，不得限制投标人之间的竞争。由同一专业的单位组成的联合体，按照资质等级较低的单位确定资质等级。投标人不得以低于成本的报价竞标。

6. 开标、评标、中标

开标应当在招标人的主持下，在招标文件确定的提交投标文件截止时间的同一时间、招标文件中预先确定的地点公开进行。应邀请所有投标人参加开标。

评标由招标人依法组建的评标委员会负责。评标委员会由招标人的代表和有关技术、经济等方面的专家组成，成员人数为 5 人以上的单数。其中，技术、经济等方面的专家不得少于成员总数的 2/3。一般招标项目可以采取随机抽取方式，特殊招标项目可以由招标人直接确定。

中标是指招标人向经评选的投标人发出中标通知书，并在规定的时间内与之签订书面合同的行为。《招投标法》第四十一条规定，中标人的投标应当符合下列条件之一：

①能够最大限度地满足招标文件中规定的各项综合评价标准。

②能够满足招标文件的实质性要求，并且经评审的投标价格最低，但是投标价格低于成本的除外。

评标委员会经评审，认为所有投标都不符合招标文件要求的，可以否决所有投标。

评标委员会完成评标后，应当向招标人提出书面评标报告，并推荐合格的中标候选人。招标人据此确定中标人。招标人也可以授权评标委员会直接确定中标人。在确定中标人前，招标人不得与投标人就投标价格、投标方案等实质性内容进行谈判。

《中华人民共和国招投标法》第四十八条规定，中标人应当按照合同约定履行义务，完成中标项目。中标人不得向他人转让中标项目，也不得将中标项目肢解后分别向他人转让。中标人按照合同约定或者经招标人同意，可以将中标项目的部分非主体、非关键性工作分包给他人完成。接受分包的人应当具备相应的资格条件，并不得再次分包。中标人应当就分包项目向招标人负责，接受分包的人就分包项目承担连带责任。

《中华人民共和国招标投标法实施条例》中有关中标的相关法律依据如表 4-1 所示。

表 4-1 《中华人民共和国招标投标法实施条例》中有关中标的法律依据

法律依据	定义
第五十七条	招标人和中标人应当依照招标投标法和本条例的规定签订书面合同，合同的标的、价款、质量、履行期限等主要条款应当与招标文件和中标人的投标文件的内容一致。招标人和中标人不得再行订立背离合同实质性内容的其他协议

法律依据	定义
第五十八条	招标文件要求中标人提交履约保证金的,中标人应当按照招标文件的要求提交。履约保证金不得超过中标合同金额的 10%
第五十九条	中标人应当按照合同约定履行义务,完成中标项目。中标人不得向他人转让中标项目,也不得将中标项目肢解后分别向他人转让
	中标人按照合同约定或者经招标人同意,可以将中标项目的部分非主体、非关键性工作分包给他人完成。接受分包的人应当具备相应的资格条件,并不得再次分包
	中标人应当就分包项目向招标人负责,接受分包的人就分包项目承担连带责任

资料来源:《中华人民共和国招标投标法实施条例》(国务院令第 613 号)。

二、招投标阶段的会计处理

(一)招投标阶段应设置的会计账户

应设置的会计账户主要有"管理费用""其他应收款""应收账款""应交税费""银行存款"等账户。其中 "管理费用"会计账户已在第三章进行阐述。

1. "管理费用"账户

本账户用于核算企业行政管理部门为组织和管理生产经营活动而发生的各种费用。企业在筹建期间发生的开办费,包括人员工资、办公费、培训费、差旅费、印刷费、注册登记费,以及不计入固定资产成本的借款费用等。在实际发生时,其借方记本账户,贷方登记"银行存款"等账户。期末,应将本账户的余额转入"本年利润"账户,结转后本账户应无余额。本账户可按费用项目进行明细核算。

2. "其他应收款"账户

本账户用于核算应收票据、应收账款、预付账款以外的其他各种应收、暂付款项,包括各种应收的赔款和罚款、备用金、为其他方垫付的费用、出租的包装物租金等。企业发生其他各种应收、暂付款项时,借方登记本账户,贷方登记"银行存款""固定资产清理"等账户;收回或转销各种款项时,借方登记"库存现金""银行存款"等账户,贷方登记本账户。本账户期末如为借方余额,反映企业尚未收回的其他应收款项。

3."应收账款"账户

本账户用于核算企业因销售商品、提供劳务等日常活动应收取的款项。其借方登记企业发生的应收账款，贷方登记已收回的应收账款、改用商业汇票结算的应收账款、已结转坏账损失的应收账款和以债务重组方式收回的债权等。本账户期末如为借方余额，反映企业尚未收回的应收账款；期末如为贷方余额，反映企业预收的账款。本账户应设置"应收工程款"和"应收销货款"两个明细账户，并分别按客户单位设置明细账进行核算。

4."应交税费"账户

本账户用于核算企业按照税法等规定计算应缴纳的各种税费，包括增值税、消费税、所得税、资源税、土地增值税、城市维护建设税、房产税、土地使用税、车船使用税、教育费附加、矿产资源补偿费及企业代扣代缴的个人所得税等。本账户期末如为贷方余额，反映企业尚未缴纳的税费；期末如为借方余额，反映企业多交或尚未抵扣的税费。

根据现行规定，一般纳税人应在"应交税费"账户下设置"应交增值税""未交增值税""预交增值税""待认证进项税额""待转销项税额""简易计税""转让金融商品应交增值税""代扣代交增值税"等明细账户。

（1）"应交增值税"账户。增值税一般纳税人应在"应交增值税"明细账内设置"进项税额""销项税额抵减""已交税金""转出未交增值税""减免税款""出口抵减内销产品应纳税额""销项税额""出口退税""进项税额转出"等账户。

（2）"未交增值税"账户。本账户用于核算一般纳税人月度终了从"应交增值税"明细账户转入当月应交未交的增值税额，或从"预交增值税"明细账户转入的多交或预交的增值税额，以及当月缴纳以前期间未交的增值税额。

（3）"预交增值税"账户。本账户用于核算一般纳税人转让不动产、提供不动产经营租赁服务、提供建筑服务、采用预收款方式销售自行开发的房地产项目等，以及其他按现行增值税制度规定应预缴的增值税额。

（4）"待认证进项税额"账户。本账户用于核算一般纳税人由于未经税务机关认证而不得从当期销项税额中抵扣的进项税额。

（5）"待转销项税额"账户。本账户用于核算一般纳税人销售货物、加工修理修配劳务、服务、无形资产或不动产，已确认相关收入（或利得）但尚未发生增值税纳税义务，需于以后期间确认为销项税额的增值税额，如预售购物卡。

（6）"简易计税"账户。本账户用于核算一般纳税人采用简易计税方法发生的增值税计提、扣减、预缴、缴纳等业务。

（7）"转让金融商品应交增值税"账户。本账户用于核算增值税纳税人转让金融商品发生的增值税额。

（8）"代扣代缴增值税"账户。本账户用于核算纳税人购进在境内未设经营机构的境外单位或个人在境内的应税行为代扣代缴的增值税。

期末，如果出现多交的增值税，应转入"应交税费——未交增值税"账户的借方，结转后，"应交税费——应交增值税"账户平衡，会计分录如下：

借：应交税费　　　　　　　——未交增值税
　　贷：应交税费　　　　　　——应交增值税（转出多交增值税）

期末，如果出现应交未交的增值税，应转入"应交税费——未交增值税"账户的贷方，结转后，"应交税费——应交增值税"账户平衡，会计分录如下：

借：应交税费　　　　　　　——应交增值税（转出未交增值税）
　　贷：应交税费　　　　　　——未交增值税

在"应交税费"账户下设置"应交税费——应交增值税"的三级账户。建筑企业"应交税费——应交增值税"各三级明细账户具体核算内容如下。

（1）"进项税额"账户。本账户用于核算一般纳税人购进货物、加工修理修配劳务、服务、无形资产或不动产而支付或负担的、准予从当期销项税额中抵扣的增值税额。

（2）"销项税额抵减"账户。本账户用于核算一般纳税人按照现行增值税制度规定因扣减销售额而减少的销项税额，如差额计税时。

（3）"已交税金"账户。本账户用于核算一般纳税人当月已缴纳的应交增值税额。

（4）"转出未交增值税"和"转出多交增值税"账户。本账户用于核算一般纳税人月度终了转出当月应交未交或多交的增值税额。

（5）"减免税款"账户。本账户用于核算一般纳税人按现行增值税制度规定准予减免的增值税额。企业按规定直接减免的增值税额，借记本账户，贷记"营业外收入——政府补贴"账户。

（6）"出口抵减内销产品应纳税额"账户。本账户用于核算实行"免、抵、退"办法的一般纳税人按规定计算的出口货物或应税服务的进项税抵减内销产品的应纳税额，借记本账户，贷记"应交税费——应交增值税（出口退税）"账户。

（7）"销项税额"账户。本账户用于核算一般纳税人销售货物、加工修理修配劳务、服务、无形资产或不动产应收取的增值税额。

（8）"出口退税"账户。本账户用于核算一般纳税人出口货物、加工修理修配劳务、服务、无形资产按规定退回的增值税额。出口企业当期按规定应退税额，借记"其他应收款——增值税退税款"账户，贷记本账户。

（9）"进项税额转出"账户。本账户用于核算一般纳税人购进货物、加工修理修配劳务、服务、无形资产或不动产等发生非正常损失，以及由于其他原因而不应从销项税额中抵扣、按规定转出的进项税额。税法规定，对出口货物不得抵扣税额的部分，应借记"主营业务成本"账户，同时贷记本账户。

5."银行存款"账户

本账户用于核算企业存入银行或其他金融机构的各种款项，包括银行汇票存款、银行本票存款、信用卡存款、信用证保证金存款、存出投资款、外埠存款等，在"其他货币资金"账户核算。企业增加银行存款，借记本账户，贷记"库存现金""应收账款"等账户；减少银行存款做相反的会计分录。本账户期末如为借方余额，反映企业存在银行或其他金融机构的各种款项。

（二）投标费用的会计核算

投标费用是投标单位进行投标时所产生的一定的交易成本。在投标过程中，有购买招标文件、制作投标文件、缴纳投标保证金及参加投标等活动，从而产生标书印刷费、中标服务费、公证费、人员差旅费、住宿费等费用。投标费用在进行会计处理时涉及"管理费用""银行存款"账户。会计分录如下：

借：管理费用
　　应交税费　　　　——应交增值税（进项税额）（已认证时）
　　应交税费　　　　——待认证进项税额（未认证时）
　　贷：银行存款

　　无论建筑企业最终是否取得合同，在取得合同前标书制作、标书印刷等准备投标资料，以及差旅时均会产生费用，应当直接计入当期损益，借记"管理费用"账户，贷记"银行存款"账户。

　　【例4-1】2022年12月，天津旭日公司参加某次投标活动，该建筑企业为增值税一般纳税人，制作标书及相关费用为600元，按银行存款支付；人员差旅费为1881元，其中交通费为981元，取得一张增值税专用发票（价款900元，增值税款81元）。当期取得的所有增值税专用发票均已认证，其余均为增值税普通发票，会计分录如下：

借：管理费用	——办公费	600
	——差旅交通费	1800
应交税费	——应交增值税（进项税额）	81
贷：银行存款		2481

（三）投标保证金的会计核算

1. 投标保证金概述

　　投标保证金是指投标人在投标过程中，将其连同投标文件一起提交给招标人的一定形式、一定金额的投标责任担保。其本质是防止投标人在投标期限内随意撤回或撤销投标，或在中标后无法递交履约保证金或无法签订合同，从而造成招标人损失。

　　投标有效期是以提交投标文件的截止之日为起点，以招标文件中规定的时间为终点的一段时间。在此期间，投标人必须对提交的标书承担全部责任，并接受该标书的约束。在投标期限开始生效以前（即递交投标文件的截止之日以前），投标人有权决定是否进行投标，对投标文件进行补充和修改，或将已递交的投标文件收回。在标书到期后，投标人可以不受任何限制或处罚而拒绝其发出的中标通知书，招标人最迟应当在书面合同签订后5日内向中标人和未中标的投标人退还投标保证金及银行同期存款利息。

　　在招投标阶段，出现以下情况时投标保证金将被没收：①在招标文件规定的有效期内，投标人撤销其投标；②中标人未能按照投标人的要求在规定期限内签署合同或者接受修改；③没有按照招标文件的要求递交履约保证金。如果中标人因前述原因被招标人没收投标保证金的，在被没收当期借记"营业外支出"账户，贷记"其他应收款"账户。

投标保证金的形式有现金、银行汇票、银行本票、现金支票及投标保函。通常情况下，投标保证金不使用现金结算，最好选择票据结算。投标保函是由投标人申请银行开立的保证函，保证投标人在中标人确定之前不得撤销投标，在中标后，投标人应当按照招标文件和投标文件与招标人签订合同。如果投标人违反规定，开立保证函的银行将根据招标人的通知，依据银行保函中规定的资金数额支付给招标人。《房屋建筑和市政基础设施工程施工招标投标管理办法》（建设部令第89号）第二十七条规定，招标人可以在招标文件中要求投标人提交投标担保。投标担保可以采用投标保函或者投标保证金的方式。投标保证金可以使用支票、银行汇票等，一般不得超过投标总价的2%，最高不得超过50万元。投标人应当按照招标文件要求的方式和金额，将投标保函或者投标保证金随投标文件提交招标人。

2. 投标保证金核算

投标保证金的会计处理涉及投标保证金的支付、退回及中标，还涉及投标保证金被转成履约保证金的形式，需要根据不同情形分别进行会计核算。投标保证金在会计核算时涉及"其他应收款""应收账款"会计账户。

（1）交付投标保证金时

| 借：其他应收款 | ——投标保证金 |
| 　　贷：银行存款 | |

（2）退还投标保证金时

| 借：银行存款 | |
| 　　贷：其他应收款 | ——投标保证金 |

（3）中标时

| 借：应收账款（抵工程款） | |
| 　　贷：其他应收款 | |

（4）投标保证金直接转作履约保证金时

| 借：其他应收款 | ——履约保证金 |
| 　　贷：其他应收款 | ——投标保证金 |

建筑企业向对方支付投标保证金，从银行提款时，借记"其他应收款"账户，贷记"银行存款"账户；项目结算后，招标人退还保证金，将款项存入银行存款，借记"银行存款"账户，贷记"其他应收款"账户。

【例 4-2】2022 年 6 月，基础设施建设项目需要天津旭日建筑公司支付保证金 180 000 元，已向招标代理机构提供关于此项基础设施项目的投标保函。项目结算后，招标人退还保证金 60 000 元，会计分录如下：

借：其他应收款	——投标保证金	180 000	
贷：银行存款		180 000	
借：银行存款		60 000	
贷：其他应收款	——投标保证金	60 000	

（四）履约保证金的会计核算

在实务中，建设招标单位须在招标文件中明确规定中标单位提交履约保证金，未规定者，中标后不得追加。履约保证金为定金，合同顺利履行完毕后，招标单位应约定退还期限和返还条件，若中标违约，将丧失收回的权利，履约保证金作为招标单位的损失补偿。

在工程招标项目中，履约保证金是为了保障发包人与承包人之间顺利合作，预防承包人违约，弥补发包人的经济损失。其形式有履约保证金、履约银行保函和履约担保书 3 种。履约保证金可采取履约担保、保兑支票、银行汇票或现金支票等形式，比例根据工程总造价的不同，通常为 5%～10%，但不得超过 10%。

中标人不按照与招标人订立的合同履行义务，情节严重的，取消其 2～5 年内参加依法必须进行招标的项目的投标资格，并予以公告，直至由工商行政管理机关吊销其营业执照。因不可抗力不能履行合同的除外。

建筑企业向发包方支付履约保证金时，借记"其他应收款——履约保证金"等账户，贷记"银行存款"账户；收回履约保证金时，做相反会计分录即可。

【例 4-3】2022 年 8 月，天津旭日建筑公司的某项建筑项目已收到中标通知书，按标额的 7%支付履约保证金并以电汇的方式向朝夕公司银行账户付款 130 000 元，会计分录如下：

借：其他应收款　　　　——履约保证金　　　　　130 000

　　贷：银行存款　　　　　　　　　　　　　　　130 000

第二节　涉税管理

本节从涉税政策、涉税处理、涉税优惠三个方面对投标阶段的涉税问题进行梳理及分析，阐述了此阶段建筑服务增值税、招标采购与比价采购、招投标文件费用的具体内容。投标阶段涉税主要是增值税。

一、涉税政策

（一）建筑服务增值税涉税政策

招投标阶段主要涉及建筑服务增值税。建筑服务增值税全面实现营业税改增值税后纳入增值税，是我国增值税的一种重要项目，其基本制度与电信、金融服务业相同。建筑服务业将纳税人划分为一般纳税人和小规模纳税人，增值税根据专用发票上所列税款进行抵扣。

一般纳税人与小规模纳税人选择的计税方式不同。一般纳税人发生一般应税行为适用一般计税方法计税；一般纳税人发生财政部和国家税务总局规定的特定应税行为，可以选择适用简易计税方法计税，但一经选择，36个月内不得变更。小规模纳税人发生应税行为适用简易计税方法计税。建筑企业提供的建筑服务符合以下 4 种情况的，可以选择适用简易计税：①一般纳税人以清包工方式提供的建筑服务；②一般纳税人为甲供工程提供的建筑服务；③一般纳税人为建筑工程老项目提供的建筑服务；④一般纳税人销售机器设备的同时提供安装服务。根据《营业税改征增值税试点实施办法》（财税〔2016〕36 号）相关规定，建筑服务具体计税方式分类如图 4-1 所示。

1. 清包工工程

以清包工方式提供建筑服务，是指施工方不采购建筑工程所需的材料或只采购辅助材料，并收取人工费、管理费或者其他费用的建筑服务。根据《关于全面推开营业税改征增值税试点的通知》，一般纳税人以清包工方式提供的建筑服务，可以选择适用简易计税方法计税。

2. 甲供工程

甲供工程，是指全部或部分设备、材料、动力由工程发包方自行采购的建筑工程。特定甲供工程只能适用简易计税，《关于建筑服务等营改增试点政策的通知》（财税〔2017〕58 号）规定：建筑工程总承包单位为房屋建筑的地基与基础、主体结构提供工程服务，建设单位自行采购全部或部分钢材、混凝土、砌体材料、预制构件的，适用简易计税方法计税。

图 4-1　建筑服务的具体计税方式

资料来源：作者整理。

3. 老项目

建筑工程老项目是指建筑工程施工许可证注明的合同开工日期在 2016 年 4 月 30 日前的建筑工程项目；未取得建筑工程施工许可证的，建筑工程承包合同注明的开工日期在 2016 年 4 月 30 日前的建筑工程项目；建筑工程施工许可证未注明合同开工日期，但建筑工程承包合同注明的开工日期在 2016 年 4 月 30 日前的建筑工程项目。

根据《关于全面推开营业税改征增值税试点的通知》，一般纳税人为建筑工程老项目提供的建筑服务，以取得的全部价款和价外费用扣除支付的分包款后的余额为销售额，按照简易计税方法计算应纳税额。

4. 机器设备安装

《关于明确中外合作办学等若干增值税征管问题的公告》（国家税务总局公告 2018 年第 42 号）第六条规定：①一般纳税人销售自产机器设备的同时提供安装服务，应分别核算机器设备和安装服务的销售额，安装服务可以按照甲供工程选择适用简易计税方法计税；②一般纳税人销售外购机器设备的同时提供安装服务，如果已经按照兼营的有关规定，分别核算机器设备和安装服务的销售额，安装服务可以按照甲供工程选择适用简易计税方法计税；③纳税人对安装运行后的机器设备提供的维护保养服务，按照"其他现代服务"缴纳增值税。

（二）招标采购与比价采购的涉税政策

物资采购的方式为招标采购与比价采购，选择方式的不同决定着采购价格的高低。在建筑企业中，招标采购是根据企业采购需求，由招标人（采购方）发出采购招标公告或通知，邀请投标人（潜在供应商）前来投标，最后招标人通过对投标人所提出的价格、质量、交期、技术、生产能力和财务状况等各种因素进行综合比较分析，由采购方一次性地选择性价比最优的投标人作为中标人，并与其签订供货合同的整个过程。比价采购是指企业根据投标单位的报价，对报价清单中的价格进行对比分析，从而选择采购投标单位。采购的内容主要包括大宗物资采购、零星物资采购、运输服务、设备采购和租赁、专业分包及劳务分包等。在市场经济条件下，比价采购已经成为一种常用的采购方式，有助于降低企业生产成本，提高市场竞争力；有效防止采购工作中可能出现的腐败；保证采购物资的质量，促进企业自身发展。

《政府采购货物和服务招标投标管理办法》（财政部令第 87 号）第九条规定，采购人自行组织开展招标活动的，应当符合下列条件：①有编制招标文件、组织招标的能力和条件；②有与采购项目专业性相适应的专业人员。

采购人应当对采购标的的市场技术或者服务水平、供应、价格等情况进行市场调查，根据调查情况、资产配置标准等科学、合理地确定采购需求，进行价格测算。

由"供货商管理委员会"认定合格的供货商，对其进行公开招标。在公司的物资采购中，招标采购是最重要的一种方式，除了基础原材料会随着市场价格变动之外，其他特殊的外购、外协件的采购价格，在同客户签订大批量的产品销售合同或协议之前，要先完成招标采购的流程，才能对产品的采购成本进行确定，并对产品的盈利能力进行测算。

（三）招投标文件费的涉税政策

招标文件是招标工程建设的大纲，是建设单位实施工程建设的工作依据，是向投标单位提供参加投标所需要的一切情况。招标文件的目的是通知潜在的投标人有关所要采购的货物和服务、合同的条款和条件及交货的时间安排。

招标文件按功能分为以下三部分：

（1）招标公告或投标邀请书、投标人须知、评标办法、投标文件格式等。主要阐述招标项目需求概况和招标投标活动规则，对参与项目招标投标活动各方均有约束力，但一般不构成合同文件。

（2）工程量清单、设计图纸、技术标准和要求、合同条款等。全面描述招标项目需求，既是招标活动的主要依据，也是合同文件构成的重要内容，对招标人和中标人具有约束力。

（3）参考资料。供投标人了解与招标项目相关的参考信息，如项目地址、水文、地质、气象、交通等参考资料。

《招投标法》规定，招标文件应当包括招标项目的技术要求、对投标人资格审查的标准、投标报价要求和评标标准等所有实质性要求和条件，以及拟签订合同的主要条款。国家对招标项目的技术、标准有规定的，招标人应当按照其规定在招标文件中提出相应要求。招标项目需要划分标段、确定工期的，招标人应当合理划分标段、确定工期，并在招标文件中载明。

招标文件不得要求或者标明特定的生产供应者，以及含有倾向或者排斥潜在投标人的其他内容。招标人对已发出的招标文件进行必要的澄清或者修改的，应当在招标文件要求提交投标文件截止时间至少15日前，以书面形式通知所有招标文件收受人。该澄清或者修改的内容为招标文件的组成部分。

二、涉税处理

（一）建筑服务增值税的涉税处理

增值税建筑服务包括工程服务、安装服务、修缮服务、装饰服务及其他建筑服务。

《关于建筑服务等营改增试点政策的通知》（财税〔2017〕58号）规定，纳税人提供建筑服务取得预收款，应在收到预收款时，以取得的预收款扣除支付的分包款后的余额，按照本条第三款规定的预征率预缴增值税。按照现行规定无须在建筑服务发生地预缴增值税的项目，纳税人收到预收款时在机构所在地预缴增值税。适用一般计税方法计税的项目预征率为2%，适用简易计税方法计税的项目预征率为3%。

建筑服务增值税的计税方法包括一般计税方法和简易计税方法。建筑服务增值税计税方法及税率如表4-2所示。

表4-2 建筑服务增值税计税方法及税率

计税方法	税率
一般计税法	9%
简易计税法	3%

资料来源：作者整理。

一般计税与简易计税方式计税原则如下。

1. 一般计税方法

（1）一般计税方法的应纳税额，是指当期销项税额抵扣当期进项税额后的余额。按照下列公式计算应纳税额：

应纳税额=当期销项税额-当期进项税额

当期销项税额小于当期进项税额不足抵扣时，其不足部分可以结转下期继续抵扣。

（2）销项税额，是指纳税人发生应税行为时按照销售额和增值税税率计算并收取的增值税额。按照下列公式计算销项税额：

销项税额=销售额×税率

（3）一般计税方法的销售额不包括销项税额，纳税人采用销售额和销项税额合并定价方法的，按照下列公式计算销售额：

销售额=含税销售额÷（1+税率）

（4）纳税人跨县（市、区）提供建筑服务的，按照下列公式计算应预缴税款：

应预缴税款=（全部价款和价外费用-支付的分包款）÷（1+9%）×2%

2. 简易计税方法

（1）简易计税方法的应纳税额，是指按照销售额和增值税征收率计算的增值税额，不得抵扣进项税额。按照下列公式计算应纳税额：

应纳税额=销售额×征收率

（2）简易计税方法的销售额不包括其应纳税额，纳税人采用销售额和应纳税额合并定价方法的，按照下列公式计算销售额：

销售额=含税销售额÷（1+征收率）

（3）纳税人适用简易计税方法计税的，因销售折让、中止或者退回而退还给购买方的销售额，应当从当期销售额中扣减。扣减当期销售额后仍有余额造成多缴的税款，可以从以后的应纳税额中扣减。

（4）纳税人跨县（市、区）提供建筑服务的，按照下列公式计算应预缴税款：

应交增值税=（全部价款和价外费用-支付的分包款）÷（1+3%）×3%

纳税人取得的全部价款和价外费用扣除支付的分包款后的余额为负数的，可结转下次预缴税款时继续扣除。纳税人应按照工程项目分别计算应预缴税款，分别预缴。

在投标时，工程造价计税方法与合同约定的税率之间存在差异。招标人应该在招标文件中对所招标工程的增值税计税方法进行明确，如果投标人的工程造价计算方法与招标文件中适用的计税方法不一致，评标委员会可以将其视为废标。

在某一项工程招投标阶段，尤其是分部分项工程和物资采购招标环节，在分包时会出现分包公司的销项税额低于进项税额的情况。

【例4-4】某建筑公司总承包了一项设备安装总包工程，将部分分项工程分包给旭日建筑分包公司。假设该分包工程不含税价为500万元，其中设备款不含税价400万元，安装款不含税价100万元。其设备部分能够取得税率13%的进项发票，安装部分能够取得征收率3%的进项发票。若旭日建筑分包公司该项目的合同毛利为0，即其不含税收入和不含税成本均为500万元，增值税税率为9%，暂时忽略附加税费，对旭日分包公司应交增值税的涉税处理如下：

【解析】

销项税额=5 000 000×9%=450 000（元）

进项税额=4 000 000×13%+1000 000×3%=550 000（元）

应交增值税=450 000-550 000=-100 000（元）

旭日分包公司在投标报价时必然会将多产生的费用计入报价中，该费用最终需要总包方承担损失，这就要求总包单位在分包过程中要做好计划，总包单位可以调整分部和分项标段的划分，将本工程项目与其他项目合并，以保证公司的损失降至最低。

（二）比价采购的涉税处理

比价是综合采购成本比较，而非简单的增值税税负比较。在采购比价时，应关注分供商能否正常地提供合法、有效的发票。考量供应商的差异时，对于不同计税方式的工程项目来说，比价采购适用一般计税方法计税的项目主要比较不含税价，适用简易计税方法计税的项目比较含税总价。

【例4-5】假设旭日建筑公司的某项目适用一般计税方法计税，供应商A、B、C三家报价及开票情况如下：供应商A为一般纳税人，能够开具税率为13%的增值税专用发票，合同总价为180.8万元；供应商B为小规模纳税人，能够开具征收率为3%的增值税专用发票，合同总价为164.8万元；供应商C不提供发票，合同总价为160万元。假设旭日建筑公司合同收入200万元，销项税额30万元。假设附加税费率为10%。暂不考虑其他因素，企业所得税的税率为25%，供应商的涉税处理如下：

【解析】

供应商A、B分别为一般纳税人和小规模纳税人，不含税价均为160万元，供应商C报价也为160万元，三者毛利不受影响，但是提供的进项税额不一致，且受附加税费影响，从而导致利润改变。供应商C不能开票，不需要对比就可以排除。

①供应商A一般纳税人净利润：

毛利=2 000 000-1 600 000=400 000（元）

应交增值税=300 000-1 600 000×13%=92 000（元）

应交附加税费=92 000×10%=9200（元）

应交企业所得税=（400 000-9200）×25%=97 700（元）

供应商A净利润=2 000 000-1 600 000-9200-97 700=293 100（元）

②供应商B小规模纳税人净利润：

毛利=2 000 000-1 600 000=400 000（元）

应交增值税=300 000-1 600 000×3%=252 000（元）

应交附加税费=252 000×10%=25 200（元）

应交企业所得税=（400 000-25 200）×25%=93 700（元）

供应商 B 净利润=2 000 000-1 600 000-25 200-93 700=281 100（元）

③供应商 C 小规模纳税人净利润：

毛利=2 000 000-1 600 000=400 000（元）

应交增值税=300 000（元）

应交附加税费=300 000×10%=30 000（元）

应交企业所得税=（400 000-30 000）×25%=92 500（元）

供应商 B 净利润=2 000 000-1 600 000-30 000-92 500=277 500（元）

A、B 两个供应商的不含税价格相同，且两个供应商都能开具增值税专用发票，所以不管选择哪个，旭日建筑公司的项目毛利都是 400 000 元，不会对项目毛利产生任何影响。上述案例中，供应商 A 的净利润＞供应商 B＞供应商 C，即一般纳税人的利润高于小规模纳税人。对建筑企业一般计税项目而言，如果供应商的不含税报价相同，但能提供的进项税额不同，则会对应交的附加税费产生直接影响，并最终对净利润产生影响。由此可以总结出，一般计税方法计税的建筑企业，在不考虑其他因素且不含税价格一致的前提下，选择一般纳税人的供应商比选择小规模纳税人的供应商更合理。

（三）招投标文件费的涉税处理

招标文件费用一般可计入管理费用（办公费），建筑企业中标后向发包人或其他代理方支付招标文件费时，必须取得收款方开具的发票等合法票据，才可在企业所得税税前列支于成本费用中。

《企业所得税税前扣除凭证管理办法》（国家税务总局公告 2018 年第 28 号）规定，税前扣除凭证按照来源分为内部凭证和外部凭证。内部凭证是指企业自制用于成本、费用、损失和其他支出核算的会计原始凭证。内部凭证的填制和使用应当符合国家会计法律、法规等相关规定。外部凭证是指企业发生经营活动和其他事项时，从其他单位、个人取得的用于证明其支出发生的凭证，包括但不限于发票（包括纸质发票和电子发票）、财政票据、完税凭证、收款凭证、分割单等。

纳税人通过增值税发票管理新系统开具印有本单位名称的增值税普通发票（卷票）。印有本单位名称的增值税普通发票（卷票），由税务总局统一招标采购的增值税普通发票（卷票）中标厂商印制，其式样、规格、联次和防伪措施等与原有增值税普通发票（卷票）一致，并加印企业发票专用章。招投标文件费收款方是以营利为目的的企业法人组织，如发包方或招标代理机构，建筑企业应当取得增值税发票；收款方为非营利法人或其他机构的，必须加盖专门印章，一般发票不能用作报销凭证。

三、涉税优惠

（一）建筑服务相关税收优惠

根据《营业税改征增值税跨境应税行为增值税免税管理办法（试行）》（国家税务总局公告 2016 年第 29 号）第二条规定，工程项目在境外的建筑服务：工程总承包方和工程分包方为施工地点在境外的工程项目提供的建筑服务，均属于工程项目在境外的建筑服务，免征增值税。

《关于建筑服务等营改增试点政策的通知》（财税〔2017〕58 号）第四条规定，纳税人采取转包、出租、互换、转让、入股等方式将承包地流转给农业生产者用于农业生产，免征增值税。第五条规定，自 2018 年 1 月 1 日起，金融机构开展贴现、转贴现业务，以其实际持有票据期间取得的利息收入作为贷款服务销售额计算缴纳增值税。此前贴现机构已就贴现利息收入全额缴纳增值税的票据，转贴现机构转贴现利息收入继续免征增值税。

（二）招标采购与比价采购相关税收优惠

《政府采购货物和服务招标投标管理办法》（财政部令第 87 号）第十七条规定，采购人、采购代理机构不得将投标人的注册资本、资产总额、营业收入、从业人员、利润、纳税额等规模条件作为资格要求或者评审因素，也不得通过将除进口货物以外的生产厂家授权、承诺、证明、背书等作为资格要求，对投标人实行差别待遇或者歧视待遇。第三十一条规定，采用最低评标价法的采购项目，提供相同品牌产品的不同投标人参加同一合同项下投标的，以其中通过资格审查、符合性审查且报价最低的参加评标；报价相同的，由采购人或者采购人委托评标委员会按照招标文件规定的方式确定一个参加评标的投标人，招标文件未规定的采取随机抽取方式确定，其他投标无效。对于使用综合评分法的采购项目，提供相同品牌产品且通过资格审查、符合性审查的不同投标人参加同一合同项下投标的，按一家投标人计算，评审后得分最高的同品牌投标人获得中标人推荐资格；评审得分相同的，由采购人或者采购人委托评标委员会按照招标文件规定的方式确定一个投标人获得中标人推荐资格，招标文件未规定的，采取随机抽取方式确定，其他同品牌投标人不应作为中标候选人。非单一产品采购项目，采购人应当根据采购项目技术构成、产品价格比重等合理确定核心产品，并在招标文件中载明。多家投标人提供的核心产品品牌相同的，按前两款规定处理。

（三）招投标文件费相关税收优惠

招标文件的价格因各地经济发展水平和物价水平而异，且同一地区、不同机构的收费标准也不尽相同。

《中华人民共和国招标投标法实施条例》第十六条第二款规定，招标人发售资格预审文件、招标文件收取的费用应当限于补偿印刷、邮寄的成本支出，不得以营利为目的。

《政府采购货物和服务招标投标管理办法》（财政部令第87号）第二十四条规定，招标文件售价应当按照弥补制作、邮寄成本的原则确定，不得以营利为目的，不得以招标采购金额作为确定招标文件售价的依据。

第三节　热点问题

招投标是贯穿了整个工程项目生命周期的一个环节，选择不同计税方式会对建筑企业获利产生影响。本节对施工招标工作进行了分析，为解决不正当竞争等问题提供方法，并明确了招投标阶段的风险防控措施。

一、如何在施工招标阶段开展具体工作

在施工招标阶段开展的具体工作主要有招标准备、招标过程和决标成交3个环节，具体内容阐述如下。

（一）招标准备环节

招标人的具体工作包括：将施工招标范围、招标方式、招标组织形式报项目审批、核准部门审批、核准；自行建立招标组织或委托招标代理机构；划分施工标段、选择合同计价方式及合同类型；发布招标公告或发出投标邀请函；编制标底或确定招标控制价；编制资格预审文件和招标文件。

投标人的具体工作包括：进行市场调研；组成投标小组；收集招标信息；准备投标资料。

（二）招标过程环节

招标人的具体工作包括：发售资格预审文件；分析资格预审材料、确定合格投标单位名单、发出资格预审结果通知；发售招标文件；组织现场

踏勘和标前会议，进行招标文件的澄清和补遗；接收投标文件（包括投标保函）。

投标人的具体工作包括：索购资格预审文件、填报资格预审材料；接收资格预审结果通知；购买招标文件、分析招标文件；参加现场踏勘和标前会议，对招标文件提出质疑；编制投标文件、递交投标文件（包括投标保函）。

（三）决标成交环节

招标人的具体工作包括：组织开标会议；初步评审投标文件，详细评审投标文件，必要时组织投标单位答辩，编写评标报告；发出中标通知书（退回未中标者投标保函）；组织合同谈判；签订施工合同。

投标人的具体工作包括：参加开标会议；按要求进行答辩，按要求提供证明材料；接收中标通知书；参加合同谈判；提交履约保函；签订施工合同。

二、如何预防投标阶段不正当竞争及减少规避招标现象的发生

为防止不正当竞争和规避招标现象的发生，在招投标过程中，必须体现公平、公正、公开原则，并要求行业内积极开展招投标活动，对有意规避招标的建筑企业和责任人予以处罚。

第一，招标信息公开，开标公开，结果公开。在公共媒体上发布招标公告，对招标要求进行明确，对所有的投标者公布同样的招标信息，资格审查和流程都要统一。

第二，在评标的时候要坚持回避的原则。在评标的过程中，应该尽可能地设置定量指标，严禁以公平代替公正的问题，否则会暴露出市场经济的固有弊端，不利于建筑企业的公平竞争。

第三，建筑企业需严格遵守《招投标法》，同时对必须进行招投标项目的标准和要求进行细化，并针对一些分歧点形成共识，统一规定和标准。

三、建筑企业如何防控招投标中存在的风险

建筑企业招投标过程受诸多因素的影响，在交易过程中存在着大量风险，若不能正确地识别与控制，将会影响后续工程的质量。加强对招投标阶段的风险管理，既能对成本进行有效控制，又能降低合同风险，保证项

目进度、质量和安全。因此，为最大限度地减少招投标阶段存在的风险，建筑企业需在招投标阶段开展防控措施。

（一）招投标准备阶段的风险防控措施

①高度重视投标活动，对招标文件和图纸等进行仔细阅读和研究，在明确总体情况后做出投标的决策，决策不仅包含报价情况，还包含采用的技术措施、组织措施等；②投标人要高度重视投标文件，认真编制投标文件，以保证招投标结果成功和后续工作顺利开展；③做好投标前的项目审查工作，并对项目条件进行初步评估，将招标过程中的所有相关资料保存起来，以便在招投标之前做好充分的准备。

（二）招投标实施阶段的风险防控措施

招投标实施阶段包括提供投标通知、安排预选、安排投标前会议、开标和评标等环节。

（1）改进招标和投标的方式。招标人在选取招标方式时，根据具体情况采用邀请招标和公开招标相结合的方式，向具有良好声誉和行业公信力的潜在投标人发出邀请，以最大限度地实现公平竞争。

（2）为保证项目的竞争性，选择实力雄厚、相当的投标人，利用招投标竞争的特点择优选择。

（3）评标资格验证条件不应故意设置不当的"门槛"排除潜在的投标人。

（4）开标、评标应遵循公平、公正和公开的原则。

第四节　案例分析

【案例内容】

2022年2月，某建筑企业承揽了一项市政工程项目，在投标时根据投标文件约定按照一般计税方法计算投标报价，中标后在签订工程承包合同时双方约定的增值税税率为9%。该项目含税总造价为981万元，预计含税总成本为800万元（假设其中进项税额为30万元）。2022年12月项目竣工，建筑企业要求该市政工程项目计税方式改为简易计税法，征收率为3%，含税工程总造价为927万元。

分析第一种情况：若含税成本不变，该建筑企业的调整是否合适？

分析第二种情况：假如该建筑企业选择简易计税方法计税，需购进材料时，有两家材料供应商前来投标，第一家供应商属于小规模纳税人，不含税合同总价为 92 万元，且能开具征收率为 3%的增值税专用发票；第二家供应商属于一般纳税人，含税合同总价为 103.96 万元，能够开具税率为13%的增值税专用发票。该建筑公司供应商的涉税处理如下。

【案例解析】

第一种情况：工程总造价调整对建筑企业的影响。

工程总造价的计价基数：人工费、材料费、机械使用费、企业管理费、利润和规费之和。一般计税方法税率为 9%，简易计税方法征收率为 3%。

一般计税方法：各项费用均以不含增值税价格计算，税前工程造价=981÷（1+9%）=900（万元）

简易计税方法：各项费用均以含增值税的价格计算，含税工程总造价为 927 万元。

通过对比调整后的工程总造价，可以看出该建筑企业的调整是不合适的。

第二种情况：建筑企业选择不同计税方式对供应商选择的影响。

简易计税方法计税的项目，选择供应商时比较含税总价，以含税价最低为基础原则。

第一家供应商含税合同总价为 92×（1+3%）=94.76（万元）；第二家供应商含税总价为 103.96 万元，无法抵扣进项税额，103.96 万元全部计入合同成本中。相比较而言，选择第一家供应商能够实现利润最大化。

建筑企业在某一工程项目中所选择的计税方式，会对项目供应商的选择产生影响。比如，选择简易计税方法的建筑企业，在不考虑其他因素影响的情况下，建筑企业选择供应商的标准是供应商含税报价最低者。选择一般计税方法的建筑企业，在不考虑其他因素且不含税价格一致的前提下，选择一般纳税人的供应商比选择小规模的供应商更合理。同时还需要考虑到，在工程项目建设的供货商挑选过程中，实际情况可能与事先的预期有一定的偏差。

对于建筑企业来说，选择供应商时还需考虑赊欠周期，以及综合考虑建设企业的性质、质量、信誉度等因素。

第五节　本章小结

　　本章分析了招投标阶段会计处理与涉税管理的相关内容。在会计处理方面，涉及招标与投标的含义、招投标程序及政策等详细内容；阐述了投标费用、投标保证金和履约保证金的会计分录，投标保证金包含交付、退还、中标及转为履约保证金4种情形。此阶段涉及"管理费用""其他应收款""应收账款""应交税费""银行存款"等会计账户。在涉税管理方面，本章详细阐述了一般计税法与简易计税法，并整理出建筑服务增值税、招标采购与比价采购、招投标文件费用的涉税政策、涉税处理和涉税优惠，根据最新的涉税政策，为解决投标阶段的税务问题提供了方法。在热点问题方面，阐述了施工招标阶段开展的具体工作，提出招投标阶段的风险防控措施，并明确了应在整个招投标过程中贯彻公平、公正、公开原则。

第五章　合同签订阶段的会计处理与涉税管理

合同签订阶段的会计处理与涉税管理有助于建筑企业有效规避潜在的纠纷风险，确保各方共同理解并履行合同义务，对于保障工程质量和工期的顺利进行具有重要作用。本章主要从以下四方面进行阐述：首先在会计处理方面，分析了合同签订阶段涉及的会计处理；其次在涉税管理方面，阐述了印花税现行涉税政策、计算方法及与建筑企业相关的印花税税收优惠；再次阐述了在合同签订环节需要关注的热点问题；最后结合案例分析，帮助建筑企业更好地理解合同签订阶段的会计实务操作及涉税事项。

第一节　会计处理

本节分析了建筑企业合同签订阶段的会计处理问题，对设备租赁、签订分包合同和签订借款合同的会计核算进行了分析，并在此基础上为建筑企业合同签订阶段涉税管理问题的处理做铺垫。

一、合同签订阶段的主要合同概述

（一）设备租赁合同

1. 定义

设备租赁合同是指双方约定当事人一方将特定设备交给另一方使用，另一方支付租金并于使用完毕后返还原物的协议，是财产租赁合同的一种。其中，出租财产的一方为出租人，租赁财产的一方为承租人。

2. 要素

（1）租赁设备的名称、规格、型号。

（2）租赁设备的数量和质量。

（3）租赁设备的用途。

（4）租赁期限。

（5）租金和租金缴纳期限。

（6）如设备在异地，应约定设备的运输、拆卸、安装等事项及相关费用。

（7）如需出租方提供技术咨询、服务，应约定具体的时间和费用。

（8）租赁期间设备维修、保养的责任，一般由出租方负责，也可另行约定。

（9）违约责任。

（10）争议的解决，一般应先协商；协商不成，再申请仲裁或提起诉讼。

3. 租赁识别标准

判断合同是否为租赁合同或包含租赁的内容，需要同时满足以下 3 个条件：①存在一定租赁期间；②存在已识别资产；③资产供应方向客户转移对已识别资产使用权的控制。

（二）分包合同

1. 定义

分包合同是指总承建单位承包建设工程后，将其承包的某一部分或某几部分项目再发包给其他承包人，并与其签订承包合同项下的合同。分包是指总承包人承包建设工程后，经过发包人的同意，将其承包的某一非主要及专业性较强的部分工程，再另行发包给其他承包人，并与其签订的合同。

2. 签订承包合同的业务流程

首先，分包企业或个人应按照合同约定，与原承包商签订分包合同并支付预付款或保证金。在资金流方面，分包企业或个人应在收到预付款或保证金后，及时开立专门的分包工程账户，并在分包合同执行过程中，将分包费用及时入账。其次，分包企业或个人要对分包工程的成本进行核算。分包成本由直接成本、间接成本和管理费用三部分组成。直接成本包括人工成本、材料成本、机械设备租赁费用等；间接成本包括水电费、耗材费、住宿费等；管理费用包括税费、保险费等。最后，在分包合同的履行过程中，分包企业或个人要及时开具发票，并按照税法规定进行税务处理、报税。同时，在工程分包合同履行完毕后，应将合同的账务处理完毕并进行结算。

（三）借款合同

1. 定义

借款合同是借款人向贷款人借款、约定到期还款的合同，主要是在合同中规定借款的金额、利息和还款的时间。

2. 借款费用的确认

借款费用的确认主要解决的是将每期发生的借款费用资本化、计入相关资产的成本，还是将有关借款费用化、计入当期损益的问题。根据借款费用准则的规定，借款费用确认的基本原则如下：企业发生的借款费用，可直接归属于符合资本化条件的资产的购建或者生产的，应当予以资本化，计入相关资产成本；其他借款费用，应当在发生时根据其发生额确认为费用，计入当期损益。

只有对企业发生在资本化期间的有关借款费用，才允许资本化，资本化期间的确定是借款费用确认和计量的重要前提。根据借款费用准则的规定，借款费用资本化期间是指从借款费用开始资本化时点到停止资本化时点的期间，不包括借款费用暂停资本化的期间。

（1）确认原则

企业发生的借款费用可直接归属于符合资本化条件的资产购建或者生产的，应当予以资本化，计入相关资产成本。其他借款费用应当在发生时根据其发生额确认为费用，计入当期损益。

（2）借款费用开始资本化的时点

①"资产支出已经发生"的界定。

"资产支出已经发生"是指企业已经发生了支付现金、转移非现金资产或者承担带息债务形式所发生的支出，赊购但承担的是不带息债务形式发生的支出不属于资产支出。

a. 支付现金，是指用货币资金支付符合资本化条件的资产的购建或者生产支出。建筑企业用现金或者银行存款购买为建造符合资本化条件的资产的工程项目所需材料，支付有关职工薪酬，支付其他相关劳务款项等，这些支出均属于资产支出。b. 转移非现金资产，是指企业将自己的非现金资产直接用于符合资本化条件的资产的购建或者生产。建筑企业用以货币资金购买的水泥，向某钢铁企业换取用于符合资本化条件的资产的工程项目建造所需钢材、水泥成本，均属于资产支出。c. 承担带息债务，是指企业为了购建或者生产符合资本化条件的资产所需物资等而承担的带息应付款项（如带息应付票据）。建筑企业为购建或者生产符合资本化条件的资产而承担的带息债务应当作为资产支出（如果承担的是不带息债务，就不应当将购买价款计入资产支出），当该带息债务发生时，视同资产支出已经发生。

②借款费用已经发生的界定。

借款费用已经发生，是指企业已经发生了因购建或者生产符合资本化条件的资产而专门借入款项的借款费用，或者所占用的一般借款的借款费用。

③为使资产达到预定可使用或者可销售状态所必要的购建或者生产活动已经开始的界定。

为使资产达到预定可使用或者可销售状态所必要的购建或者生产活动已经开始，是指符合资本化条件的资产的实体建造或者生产工作已经开始。

值得注意的是，一般借款利息资本化金额的计算与资产支出挂钩，承担带息债务形式发生的支出，如果不计入资产支出，则无法计算一般借款利息资本化金额。赊购承担不带息债务不涉及利息资本化金额的计算，所以不计入资产支出。

二、合同签订阶段的会计处理

（一）合同签订阶段应设置的会计账户

合同签订阶段的会计核算涉及"其他业务收入""其他业务成本""累计折旧""长期应付款""合同履约成本""库存材料""合同负债""应付职工薪酬""短期借款""未确认融资费用""应交税费""其他应收款""管理费用""银行存款"及"应收账款"账户。其中，"原材料""固定资产""银行存款""管理费用"账户已在第三章进行阐述；"应收账款""其他应收款""应交税费"账户已在第四章进行阐述。

1. "其他业务收入"账户

本账户用于核算企业确认的除主营业务活动以外的其他经营活动实现的收入，包括出租固定资产、出租无形资产、出租包装物和商品、销售材料等实现的收入。其贷方登记企业当期确认的各项其他业务收入，借方登记期末结转的其他业务收入。期末应将本账户余额全部转入"本年利润"账户，结转后本账户无余额。

2. "其他业务成本"账户

本账户用于核算企业确认的除主营业务活动以外的其他经营活动所发生的支出，包括销售材料成本、出租固定资产的折旧额、出租无形资产的摊销额、出租包装物的成本或摊销额等。其借方登记施工企业发生的其他业务成本，贷方登记期末结转的其他业务成本。期末应将本账户的余额全部转入"本年利润"账户，结转后本账户无余额。

3. "累计折旧"账户

本账户用于核算施工企业固定资产的累计折旧，贷方登记企业按月计提的固定资产折旧和因增加固定资产而转入的折旧，借方登记企业因各种原因减少固定资产而相应转出的账面已提折旧。期末贷方余额反映企业提取的固定资产折旧累计数。本账户可按固定资产的类别或项目进行明细分类核算，处置固定资产时应同时结转累计折旧。如果需要查明某项固定资产的已提折旧，可以根据固定资产卡片上所记载的该项固定资产原值、折旧率和实际使用年数等资料进行核算。

4. "长期应付款"账户

本账户是在较长时间内应付的款项，而会计业务中的长期应付款是指除了长期借款和应付债券以外的其他多种长期应付款，主要有应付补偿贸易引进设备款和应付融资租入固定资产租赁费等。

5. "合同履约成本"账户

本账户用于核算建筑企业为履行当前或预期取得的合同所发生的、不属于其他会计准则规范范围且按照《企业会计准则第 14 号——收入》应当确认为一项资产的成本。建筑企业应在"合同履约成本"账户下设"工程施工"二级明细账户，核算各项工程施工合同发生的实际成本。同时按照施工企业合同履约成本项目设置"直接人工""直接材料""机械使用费""其他直接费用""间接费用"三级明细账户。建筑企业存在分包工程时，还应按成本核算对象进行归集设置"分包成本"三级明细账户。其中，将属于直接人工、直接材料、机械使用费和其他直接费用等的直接成本费用，直接计入有关合同履约成本。

6. "库存材料"账户

本账户用于核算企业（部门）在日常经营活动过程中将要消耗的材料或物料，以及以备出售的商品。

7. "合同负债"账户

本账户用于核算企业已收或应收客户对价而应向客户转让商品的义务，施工企业应设置"合同负债"账户。其贷方登记企业在向客户转让商品之前，当客户已经支付了合同规定的款项，或者企业已经获得了无条件收取合同款项的权利时，企业应当在客户实际支付款项的日期与合同规定的到期支付日期中较早的那个时间点，确认已收或应收的金额。借方登记企业向客户转让相关商品时按照收入确认的金额。期末贷方余额，反映企业在向客户转让商品之前，已收到的合同对价或已经取得的无条件收取合同对价的权利的金额。对于涉及增值税的，还应进行相应的处理。本账户应按合同进行明细核算。

8."应付职工薪酬"账户

本账户为核算企业应当支付给职工的工资、奖金、津贴和补贴的负债类账户。借方登记实际支付的职工薪酬金额，贷方登记已计提但尚未支付的职工薪酬金额。余额在贷方，表示应付未付金额。

9."短期借款"账户

本账户用于核算短期借款的借入和归还情况。借方登记偿还的各种短期借款，贷方登记企业借入的各种短期借款。期末贷方余额，反映企业尚未偿还的短期借款的本金。本账户应按债权人设置明细账，并按借款种类、贷款人和币种进行明细核算。

10."未确认融资费用"账户

本账户用于核算企业应当分期计入利息的未确认融资费用。企业融资租入的固定资产，在租赁期开始日，按应计入固定资产成本的金额（租赁开始日租赁资产公允价值与最低租赁付款额现值两者中较低者，加上初始直接费用），借记"在建工程"或"固定资产"科目，按最低租赁付款额，贷记"长期应付款"科目，按发生的初始直接费用，贷记"银行存款"等科目，按其差额，借记"未确认融资费用"科目。

（二）签订设备租赁合同相关的会计核算

1. 租赁涉及将设备租给他人或租入设备

建筑企业将设备租赁给他人时，各期租金收入的确认：借记"应收账款"或"其他应收款"等账户，贷记"其他业务收入——租赁收入"账户。当设备出租后实际收到租金时，借记"银行存款"账户，贷记"应收账款"或"其他应收款"等账户。

因出租设备的所有权并未发生转移，在按照固定资产管理按期对出租的设备进行计提折旧时，借记"其他业务成本"账户，贷记"累计折旧"账户。

【例 5-1】企业将设备以 3500 元每月的价格出租，出租后对方将租赁款打至本公司银行账户，会计分录如下：

①租金收入的确认

借：应收账款	3500
贷：其他业务收入 ——租赁收入	3500

②设备出租后收到租金时

借：银行存款	3500
贷：应收账款	3500

【例 5-2】设备原值为 50 000 元，使用年限为 10 年，按照直线法计提该设备的月折旧，月折旧额=50 000÷10÷12=416.67（元），会计分录如下：

借：其他业务成本	416.67
贷：累计折旧	416.67

2. 租赁租入设备的会计处理

（1）以经营租赁方式租入的固定资产

以经营租赁方式租入的固定资产不属于企业的财产，不可以作为自有固定资产核算，通过设置"租入固定资产备查簿"进行登记。

每月或每年支付租金：借记"管理费用——租金"等账户，贷记"银行存款"账户。

【例 5-3】企业以经营租赁的方式租赁一台机器设备，每月租金 3000 元，会计分录如下：

借：管理费用 ——租金	3000
贷：银行存款	3000

如果企业在租赁期间（1 年以上）对租入固定资产进行大修理和改良，其支出应列入"长期待摊费用"账户，然后在其受益期内分期摊销。

（2）以融资租赁方式租入的固定资产

融资租入的固定资产，应当在租赁开始日，按租赁协议或者合同确定的价款、运输费、途中保险费、安装调试费及融资租入固定资产达到预定可使用状态前发生的借款费用等作为入账价值。

借记"固定资产——融资租入固定资产""未确认融资费用"等账户，

贷记"长期应付款——应付融资租赁款"账户。

【例 5-4】企业因资金短缺，将自有的机器设备以 100 000 元的价格卖给甲公司后再进行租赁，用于企业的生产制造。机器剩余使用寿命为 3 年，约定租金为每月 4000 元，一直租到设备报废，会计分录如下：

借：固定资产	144 000
贷：长期应付款 ——应付融资租赁款	144 000

融资租入的固定资产，应当采用与自有应计折旧固定资产相一致的折旧政策。折旧年限为租赁期与租赁资产尚可使用年限两者中较短的时间。计提折旧时，借记"管理费用""销售费用"等账户，贷记"累计折旧"账户。

【例 5-5】将上述融资性售后回租的机器设备每月 4000 元计提折旧，会计分录如下：

借：管理费用	4000
贷：累计折旧	4000

分期付款时，借记"长期应付款——应付融资租赁款"账户，贷记"银行存款"账户。

【例 5-6】每月将租赁费用 4000 元支付给甲公司，会计分录如下：

借：长期应付款 　　——应付融资租赁款	4000
贷：银行存款	4000

（三）签订承包合同相关的会计核算

合同负债是指企业已收或者应收客户对价而应向客户转让商品的义务，如企业在转让承诺的商品之前已收取的款项。

工程承包是具有施工资质的承包者通过与工程项目的项目法人签订承包合同，负责承建工程项目的过程。

（1）收到预收备料款和预收工程款时，借记"银行存款"账户，贷记"合同负债"账户。

（2）预收款预缴增值税时，借记"应交税费——预交增值税或简易计税"账户，贷记"银行存款"账户。

（3）收到客户拨来材料抵预付工程款时，借记"原材料""应交税费——应交增值税（进项税额）"账户，贷记"合同负债"账户。

（4）扣还预收的备料款（预付款）和工程款时，借记"合同负债"账户，贷记"应收账款"账户。

（5）退还多收的预收备料款（预付款）和预收工程款时，借记"合同负债"账户，贷记"银行存款"账户。

【例5-7】甲建筑企业跨区签订工程承包合同，为乙公司完成工程项目，在转让承诺的承包项目之前已收取客户拨付的工程款500 000元和抵作备料款的钢材不含税价款100 000元，应预缴的增值税已通过银行支付。增值税按一般计税方法计税，增值税税率为13%，会计分录如下：

①预收工程款和钢材时

借：银行存款		500 000
原材料		100 000
应交税费	——应交增值税（进项税额）	13 000
贷：合同负债	——预收工程款	613 000

②项目地预缴增值税时

预支增值税金额：613 000÷（1+9%）×2%=11 247.7（元）

建筑企业跨县（市、区）提供建筑服务，适用一般计税方法计税的，以取得的全部价款和价外费用扣除支付的分包款后的余额，按照2%的预征率在建筑服务发生地预缴税款。

借：应交税费	——预交增值税	11 247.7
贷：银行存款		11 247.7

（四）签订分包合同相关的会计核算

签订劳务分包合同后，开始施工时，借记"在建工程——××工程"账户，贷记"应付账款——××工程（施工单位）"账户。完工付款时，借记"应付账款——××工程（施工单位）"账户，贷记"银行存款"账户。

【例5-8】企业将与甲公司签订工程承包合同的一部分分包出去，与分包商约定该部分价款150 000元，会计分录如下：

①签订劳务分包合同，开始施工时

借：合同履约成本	——工程施工	150 000	
贷：应付账款			150 000

②完工付款时

借：应付账款	150 000	
贷：银行存款		150 000

（五）签订借款合同的会计核算

企业经营需要生产设备、流动资金、对外投资等，建筑企业也不例外。企业从事各种经营活动需要大量货币资金，而建筑企业资本积累缓慢，靠权益性资金不能完全满足企业运营的资金需要。建筑企业通常会通过向金融机构借款来筹措生产资金，下面将介绍这些借款所发生费用的账务处理方法。

企业借入存款时，借记"银行存款""长期借款——利息调整"等账户，贷记"长期借款——本金""长期借款——利息调整"账户。

【例 5-9】企业向银行借款 1 000 000 元用于缓解资金短缺，会计分录如下：

借到存款时（附借款合同）

借：银行存款	1 000 000	
贷：长期借款	——本金	1 000 000

向银行借款产生的贷款印花税，借入款项时，借记"银行存款"账户，贷记"短期借款"或"长期借款"账户。交印花税时，借记"管理费用"账户，贷记"银行存款"账户。如果要先预提管理费用，借记"管理费用"账户，贷记"其他应付款"账户。在支付借款费用时，借记"其他应付款"账户，贷记"银行存款"账户。

企业向银行借款产生印花税 500 元，核算缴纳印花税时，会计分录如下：

借：管理费用	500	
贷：银行存款		500

第二节 涉税管理

签订各类经济合同时，涉及的税种主要是印花税。企业或经营单位有必要对涉及税种的税务处理及税收优惠进行详细把握，从而可以利用优惠政策合法、合规减轻税负。本节就以印花税涉及的税收政策、税务处理及税收优惠展开论述。

一、涉税政策

（一）建筑行业需要缴纳印花税的经济合同及其他凭证

当前只对《中华人民共和国印花税法》（简称《印花税法》）中列举的凭证征收印花税，对没有列举的凭证不征收印花税。列举的凭证主要分为四类：经济合同、产权转移书据、营业账簿、证券交易。

现行印花税税率分为比例税率和定额税率。比例税率一共分四档，分别为1‰、0.25‰、0.3‰、0.5‰，主要以凭证载明的金额为计征基数；定额税率主要适用于权利、许可证照、营业账簿中的其他账簿，因为这类凭证没有金额记载，采取按件规定固定税额，单位税额均为每件5元。具体税目、税率见第二章表2-37。

（二）建筑行业无需缴纳印花税的经济合同及其他凭证

部分合同和相关凭证不属于《印花税法》中所列举的印花税目，不需要缴纳印花税。

1. 与国家电网等单位签订的电力供应合同

根据《财政部、国家税务总局关于印花税若干政策的通知》（财税〔2006〕162号）的有关规定，对发电厂与电网之间、电网与电网之间（国家电网公司系统、南方电网公司系统内部各电网互供电量除外）签订的购售电合同，按购销合同征收印花税。电网与用户之间签订的供用电合同不属于印花税列举征税的凭证，不征收印花税。

2. 工程监理合同

部分地区税务机关发函明确工程监理合同不需要征收印花税，如深圳市。《深圳市地方税务局关于工程监理合同是否征收印花税问题的批复》（深地税发〔2000〕91号）中提到：经请示总局地方税司，"工程监理合同"不属于"技术合同"，也不属于印花税税法中列举的征税范围。因此，工程监理单位承接监理业务而与建筑商签订的合同不征印花税。

3. 财税咨询合同

根据《国家税务总局关于对技术合同征收印花税问题的通知》（国税地字〔1989〕34 号）的有关规定，技术咨询合同是当事人就有关项目的分析、论证、评价、预测和调查订立的技术合同。有关项目包括：①有关科学技术与经济、社会协调发展的软科学研究项目；②促进科技进步和管理现代化，提高经济效益和社会效益的技术项目；③其他专业项目。对于上述合同，均应按照"技术合同"税目的规定计税贴花。至于一般的法律法规、会计、审计等方面的咨询，不属于技术咨询，所立合同不贴印花。

4. 其他不需要缴纳印花税的合同凭证

与非金融机构签订的借款合同、委托代理合同、土地租赁合同、保安服务合同、物业管理服务合同、翻译服务合同、日常清洁绿化服务合同、质量认证合同等，均不需要缴纳印花税。

二、涉税处理

（一）计税依据

根据《印花税法》的有关规定，应税合同的计税依据为合同所列的金额，不包括列明的增值税税款。因此，在签订合同时约定的合同金额应当分别载明价款和增值税款，如果未价税分离，则应当按照含税总价计算缴纳印花税。

（二）计算方法

建筑企业主要涉及的工程承包合同和购销合同的印花税税率为 0.3‰，借款合同的印花税税率为 0.05‰。详见本书第二章印花税部分。

印花税的应纳税额，根据应纳税凭证的性质，分别按照比例税率或定额税率计算，计算公式为：

应纳税额=应税凭证计税金额（或应税凭证件数）×适用税率

（三）印花税相关涉税处理

建筑企业的印花税分为计提和支付两个过程。

当建筑企业计提该项印花税时，会计分录如下：

借：税金及附加

　　贷：应交税费　　——应交印花税

当建筑企业实际支付时，会计分录如下：

借：应交税费 ——应交印花税

贷：银行存款

【例5-10】2022年10月1日，某建筑企业为了完成工期，同甲公司签订了工程分包合同，约定于2023年8月1日之前完成，分包价款为250 000元，约定于2022年12月1日付款。

项目部计算应确认的印花税如下：

应确认的应纳税额=250 000÷（1+6%）×0.03%=70.75（元）

会计分录如下：

2022年10月1日

借：税金及附加 70.75

贷：应交税费 ——应交印花税 70.75

2022年12月1日

借：应交税费 ——应交印花税 70.75

贷：银行存款 70.75

三、税收优惠

（一）免征印花税政策

根据《印花税法》第十二条规定，下列凭证免征印花税：

（1）应税凭证的副本或者抄本。

（2）依照法律规定应当予以免税的外国驻华使馆、领事馆和国际组织驻华代表机构为获得馆舍书立的应税凭证。

（3）中国人民解放军、中国人民武装警察部队书立的应税凭证。

（4）农民、家庭农场、农民专业合作社、农村集体经济组织、村民委员会购买农业生产资料或者销售农产品书立的买卖合同和农业保险合同。

（5）无息或者贴息借款合同、国际金融组织向中国提供优惠贷款书立的借款合同。

（6）财产所有权人将财产赠与政府、学校、社会福利机构、慈善组织书立的产权转移书据。

（7）非营利性医疗卫生机构采购药品或者卫生材料书立的买卖合同。

（8）个人与电子商务经营者订立的电子订单。

（二）税收优惠政策

1．小微企业印花税优惠

2022 年 1 月 1 日至 2024 年 12 月 31 日，由省、自治区、直辖市人民政府根据本地区实际情况，以及宏观调控需要确定，对增值税小规模纳税人、小型微利企业和个体工商户可以在 50% 的税额幅度内减征资源税、城市维护建设税、房产税、城镇土地使用税、印花税（不含证券交易印花税）、耕地占用税和教育费附加、地方教育附加。

政策依据：《财政部、税务总局关于进一步实施小微企业"六税两费"减免政策的公告》（财政部、税务总局公告 2022 年第 10 号）。

2．小微企业融资优惠

2018 年 1 月 1 日至 2023 年 12 月 31 日，对金融机构与小型企业、微型企业签订的借款合同免征印花税。

政策依据：《关于支持小微企业融资有关税收政策的通知》（财税〔2017〕77 号），《关于延长部分税收优惠政策执行期限的公告》（财政部、税务总局公告 2021 年第 6 号）。

3．建设农村饮水安全工程优惠

2019 年 1 月 1 日至 2023 年 12 月 31 日，农村饮水安全工程运营管理单位为建设饮水工程取得土地使用权而签订的产权转移书据，以及与施工单位签订的建设工程承包合同，免征印花税。

对于既向城镇居民供水，又向农村居民供水的农村饮水安全工程运营管理单位，依据向农村居民供水量占总供水量的比例免征印花税。

政策依据：《关于继续实行农村饮水安全工程税收优惠政策的公告》（财政部、税务总局公告 2019 年第 67 号）。

4．公共租房住房优惠

对公租房经营管理单位免征建设、管理公租房涉及的印花税。在其他住房项目中配套建设公租房，按公租房建筑面积占总建筑面积的比例免征建设、管理公租房涉及的印花税。

对公共租赁住房经营管理单位购买住房作为公共租赁住房，免征契税、印花税。对公共租赁住房租赁双方免征签订租赁协议涉及的印花税。上述政策执行期限延长至 2023 年 12 月 31 日。

政策依据：《关于公共租赁住房税收优惠政策的公告》（财政部、税务总局公告 2019 年第 61 号）。

5. 商品储备免征印花税

2019 年 1 月 1 日至 2023 年 12 月 31 日，对商品储备管理公司及其直属库资金账簿免征印花税。对其承担商品储备业务过程中书立的购销合同免征印花税，对合同其他各方当事人应缴纳的印花税照章征收。

政策依据：《关于延续执行部分国家商品储备税收优惠政策的公告》（财政部、税务总局 2022 年第 8 号）。

6. 易地扶贫搬迁安置住房优惠

2025 年 12 月 31 日前，对易地扶贫搬迁项目实施主体取得用于建设安置住房的土地，免征契税、印花税。

对项目实施主体购买商品住房或者回购保障性住房作为安置住房房源的，免征契税、印花税。对安置住房建设和分配过程中应由项目实施主体、项目单位缴纳的印花税，予以免征。

政策依据：《关于延长部分税收优惠政策执行期限的公告》（财政部、税务总局 2021 年第 6 号）。

第三节　热点问题

随着我国建筑行业发展不断趋向法治化及规范化，合同在企业日常经营活动中发挥着越来越重要的作用，它可以保障合同签订双方的合法权益。本节通过总结合同签订阶段的注意事项及涉税风险，为企业签订合同提供参考，避免企业在签订合同过程中产生经济利益损失。

一、合同订立时需规避的涉税风险问题

企业在签订合同时若掌握主动权，宜采用公司内定的合同模板，并在合同模板中添加财税风险控制条款。若不掌握主动权，则应根据有关的风险控制条款特别关注可能影响合同业务的各项因素。例如，个体身份可能对发票开具产生影响，影响相关资质等级及与合同业务相关的营业执照中的经营范围，因此需要对合同签署方的信用和履约能力进行详尽审查。在此，主要从合同条款涉税事项审核、预付款与工程进度款的风险防控，以及与合同价款有关增值税履约义务方面进行阐述。

（一）合同条款涉税事项审核

1. 合同相对人资格审查

合同相对人主要指成就合同关系的双方的对应人或利害关系互存的对立人。在签署合同时要仔细审查对方的资质，包括确认其是否为正常注册企业，是否在注册期限内。此外，需明确对方的增值税纳税身份，确定其是一般纳税人还是小规模纳税人。若合同相对方为分支机构，应确保总机构提供相应的授权协议和确认函，以明确其执行业务的权限。对于业务分包或劳务分包企业，需要注意对方是否具备相关的资质、资格和必要的许可证照。这样的审查程序有助于确保合同双方的合法性和资质匹配，提高合同履行的透明度和可靠性。

2. 价款明细与价税分离

签订合同时需特别关注以下几点：①确保价款明确标明价税分离，包括不含税金额和增值税额，并对增值税税率变化进行预防性约定；②如合同未提及价外费用，但实际操作可能涉及，需约定是否将发票开具作为补充约定；③对于"裸价合同"，应明确是否包括除增值税外的其他税金承担事项；④若合同包含多个单项履约义务，且涉及多个增值税税率，应分别列明各单项履约义务的金额和税率；⑤涉及境内建筑企业在境外提供服务时，需约定价款对应的币种及外汇汇率。上述事项的约定有助于确保合同简明清晰，为双方合作提供明确的法律保障。

3. 发票相关条款审核

在建筑企业签署合同时，需明确发票开具条款，包括发票类型、先开具发票再付款或先付款再开具发票的约定，以及发票开具时限、送达时限、交付程序等，还需约定发票不合规的责任认定及作废红冲发票等事项。对于对方开具的发票内容，如建筑服务、运输服务等，应约定按税收文件规定在发票备注栏上备注相关内容，并明确发票开具应与实际业务一致。在履约过程中，如对方注销公司涉及合同无法开具发票，应明确扣除相应税费后再支付剩余款项。付款条件的约定中，应包含支付方式，避免使用现金交易，明确预付款时间、比例、扣回时间，以及专业分包、劳务分包的增值税预缴等细节。

（二）加强预付款与工程进度款的风险防控

在审查合同中的预付款与工程进度款的约定时，需深入了解这些款项的性质，明确约定关于预付款的发票开具时间、税率等事项，确保税务合规性，以便准确确定纳税义务的发生时间和方式。对于预付款，需要明确其是否属于应税收入，以及业务实际发生前是否已形成了纳税义务。对于工程进度款，要在合同中明确约定工程进度款的付款条件、时间和方式，以及该款项是否包含增值税。审查时需要关注工程进款是否已经触发了增值税的纳税义务，以及是否需要按照适用的增值税税率缴纳销项税额。如果财务部门在审核相关合同时，了解建筑法规和财税政策中关于预付款的相关要求，就可以要求合同履约管理部门修改关于预付款时间的条款，明确约定付款时间，并在到达约定时间前提醒业主按规定时间支付款项，确保享受到相关增值税优惠政策。

（三）合同价款是否就不同履约义务分别列明金额涉及的增值税

关于建筑企业常见的门窗、钢结构等销售安装业务，以及其他设备销售安装等涉税问题，应明确相关的文件。纳税与业务性质关联，合同签订由双方协商和业主需求决定。例如，对于住宅精装修合同，建筑总包可按混合销售向业主开具税率为 9% 的增值税的建筑服务发票，比独立开具门窗和空调销售部分的 13% 的增值税率更低。在签订合同时，建筑企业需注意优化合同结构，以节省税务成本。

二、合同承包时需注意的涉税管理问题

（一）不完备的合同价款条款可能导致风险的转嫁

建筑企业在承揽某些工程项目时，可能涉及需要分别适用货物销售和装配服务税率的情形。以钢结构分包合同为例，如果钢结构是建筑企业自产的，不符合混合销售的规定，应当根据不同税率或征收率分别核算货物和建筑服务的销售额。因此，建筑企业需要向业主分别开具 13% 税率的销售发票和 9% 税率的建筑服务发票。在实际操作中，若合同只约定一个税率（如 9%），按照此税率计算含税总价，建筑企业可能会面临总造价出现损失的问题。

（二）合同价款是否就不同履约义务分别列明金额涉及的增值税

国家税务总局等相关部门已经发布相关文件对此进行明确。本质上，都是由业务决定纳税事项，而不是由合同决定如何纳税，合同如何签订取决于双方协商的结果及具体需求。对于建筑业常见的门窗销售安装、钢结构销售安装，以及其他设备销售及安装等业务的涉税问题（例如，门窗销售并提供安装业务、空调设备销售并安装），建筑总包企业按照混合销售向

业主开具增值税税率为 9%（征收率为 3%）的建筑服务发票，并不需要将门窗与空调设备销售单独拆分出来并开具增税率为 13%（征收率为 3%）的货物销售发票。除非有相关需求，建筑企业在与其他企业签订合同时，需要注意将工程总承包合同关于门窗和空调销售及安装部分分开记录，另行签订相关合同。

三、合同分包时需注意的涉税管理问题

（一）进城务工人员实名制管理

承包单位在与进城务工人员合作时必须遵守法律规定，与其签订劳动合同并进行实名登记。对于具备条件的行业，用工实名登记应通过相应管理服务信息平台进行，确保用工信息透明和规范。任何未签订劳动合同和未完成实名登记的个体，将被禁止进入项目现场从事施工工作，以保障劳动者的权益和工程的顺利进行。施工总承包单位应在工程项目部设有劳资专管员，负责监督和管理分包单位的劳动用工情况，包括施工现场用工状况、考勤记录及工资支付等细节。此外，分包单位也应积极配合审核分包单位编制的进城务工人员工资支付表，以确保工资支付的合规性。承包单位和分包单位都应建立用工管理台账，详细记录与进城务工人员有关的各项信息。这些台账需在工程完工并确保工资全部结清后至少保存 3 年，这样有助于在项目完工后进行审计和监督，确保所有用工程序的合规性和透明度。

（二）进城务工人员工资专用账户与工资发放周期的约定

1. 进城务工人员工资专用账户

施工总承包单位须按规定设立专用账户，专款专用于支付该工程建设项目的进城务工人员工资。与进城务工人员工资专用账户有关的资料由总承包单位妥善保存备查。开户银行不得将专用账户资金转至非进城务工人员个人账户，也不得为该专用账户提供现金支取和其他转账结算服务。通常情况下，专用账户资金不得因除支付进城务工人员工资之外的原因而受到查封、冻结或划拨。

2. 进城务工人员工资发放周期

根据《保障农民工工资支付条例》的规定，建设单位与施工总承包单位需依法签订书面工程施工合同，明确工程款计量周期、工程款结算进度和人工费用拨付周期，确保按时足额支付进城务工人员工资。人工费用拨付周期不得超过 1 个月。同时，施工总承包单位与分包单位在依法签署书

面分包合同时，也需约定工程款计量周期和工程款结算进度。

第四节　案例分析

案例一：

【案例内容】

A 公司与其关联企业 B 公司签订的租赁合同中的价格条款约定：B 公司将厂房、办公楼出租给 A 公司，租赁期限为 8 年，每月租金为 109 000 元。租金包括办公厂区、停车位、厂区道路和绿化带等附属设施费用，还包括办公楼中的办公设备租金和管理服务费用。

【案例解析】

在租赁合同中，水电费、物业费、机器设备租金如果没有与房屋的租赁价格进行分离，就会导致多缴纳房产税和印花税。

根据《中华人民共和国印花税法》的规定，合同的计税依据为合同上载明的"金额"。如果合同中只有不含税金额，以不含税金额作为印花税的计税依据；如果合同中既有不含税金额，又有增值税金额，且分别记载的，以不含税金额作为印花税的计税依据；如果合同所载金额中包含增值税金额但未分别记载的，以合同所载金额（即含税金额）作为印花税的计税依据。根据《国家税务总局关于进一步明确房屋附属设备和配套设施计征房产税有关问题的通知》的规定，房产是以房屋形态表现的财产。房屋是指有屋面和围护结构有墙或两边有柱，能够遮风避雨，可供人们在其中生产、工作、学习、娱乐、居住或储藏物资的场所。独立于房屋之外的建筑物，如围墙、烟囱、水塔、变电塔、油池油柜、酒窖菜窖、室外游泳池、玻璃暖房、砖瓦石灰窑，以及各种油气罐等不属于房产。基于此规定，办公设备、厂区、停车位、厂区道路和绿化带等附属设施不属于房产，无须交房产税。

在该案例中，B 公司将厂房、办公楼出租给 A 公司，租金包括办公厂区、停车位、厂区道路和绿化带等附属设施费用，还包括办公楼中的办公设备租金和管理服务费用，这种业务合同会使 B 公司承担更多的房产税。因此，企业在签订相关房屋租赁合同时，要注意将水电费、物业费、机器设备与房屋租金价格分离开，以减轻企业其他税负。

案例二：

【案例内容】

签订分包合同时，取得预收款项未按规定预缴税款会发生涉税风险。2022 年 10 月 1 日，A 房地产公司与 B 建筑公司签订了 1 亿元的项目总包合同，适用简易计税办法。

【案例解析】

根据《国家税务总局关于进一步明确营改增有关征管问题的公告》（国家税务总局公告 2017 年第 11 号）和《财政部、税务总局关于建筑服务等营改增试点政策的通知》（财税〔2017〕58 号）的规定，纳税人提供建筑服务取得预收款，应在收到预收款时，以取得的预收款扣除支付的分包款后的余额，按照规定的预征率预缴增值税。纳税人在同一地级行政区范围内跨县（市、区）提供建筑服务，不适用《纳税人跨县（市、区）提供建筑服务增值税征收管理暂行办法》（国家税务总局公告 2016 年第 17 号印发）。部分纳税人由于对政策不熟悉，存在对跨市跨省项目纳税义务发生时未在建筑服务发生地预缴税款，或者收到预收款时未预缴税款的情形。

本案例中，建筑企业应准确把握政策规定，及时在建筑服务发生地或机构所在地预缴税款，同时要注意：采用不同方法计税的项目，预缴增值税时的预征率不同。采取预收款方式提供建筑服务的应在收到预收款时预缴增值税。纳税义务发生时，同一地级市内的项目，不需要在项目所在地预缴税款，而是直接在机构所在地申报；跨市、跨省项目，需要在建筑服务发生地预缴税款。适用一般计税方法计税的项目预征率为 2%，适用简易计税方法计税的项目预征率为 3%。A 房地产公司应该按照 3%的预征率按时缴纳增值税，以避免产生滞纳金和罚款。

案例三：

【案例内容】

无偿借款，无偿不代表无税，这种情况被税务局查到会视同销售贷款服务，存在增值税涉税风险。那么，甲公司将 1 亿元无偿借给关联企业乙公司 3 年，是否存在税务风险？

【案例解析】

《关于全面推开营业税改征增值税试点的通知》规定，单位或个体工商户向其他单位或者个人无偿提供服务，除用于公益事业或者以社会公众为对象外，应当视同销售服务，缴纳增值税。

3 年的增值税=10 000×5%×6%×3=900 000（元）

无偿不代表无税，这种情况被税务局查到会视同销售贷款服务，存在增值税风险。因此，本案例中乙公司借款 3 年，需要按照同期贷款利率计算 3 年的利息，并乘以增值税税率，缴纳 900 000 元的增值税。

第五节　本章小结

本章主要对建筑企业租赁、分包、借款 3 种合同在签订阶段的会计处理及涉税管理进行梳理。在租赁合同签订阶段，明确了承租人及出租人的会计处理，在签订分包合同的会计处理中分析了签订承包合同的业务流程及会计处理，在签订借款合同的会计处理中分析了借款费用、借款范围、借款费用的确认原则，以及借款费用的计量。同时，本章分析了合同签订阶段的涉税问题、如何进行涉税处理，以及印花税的税收优惠政策，就订立合同时涉税审核与风险防控、合同承包的涉税管理，以及合同分包的涉税管理中的热点问题进行了深入探讨。最后用具体的案例对上述内容进行了综合分析。

第六章 物资采购和资产管理的会计处理与涉税管理

物资采购和资产管理是建筑企业施工过程中必不可少的环节，对于保证建筑企业生产和运营活动的有序开展起到重要作用。本章主要从以下四方面做出分析：在会计处理方面，主要分析了存货、固定资产和无形资产的会计处理问题；在涉税管理方面，对于本过程涉及的增值税、城市维护建设税、车辆购置税和资源税的涉税政策和会计处理进行分析；最后结合热点问题和相关案例分析，为建筑企业在物资采购和资产管理环节相关会计实务工作提供参考。

第一节 会计处理

本节阐述了建筑企业在物资采购和资产管理阶段的会计处理问题，对存货、固定资产和无形资产的会计处理进行分析，可为建筑企业物资采购阶段发生的涉税管理问题提供会计处理方面的理论支持。

一、存货的概述及其会计处理

（一）存货的概述

1. 存货的含义

存货是指建筑企业日常工作中持有的以备出售的产品或商品、处于生产过程中的在产品、在生产过程或提供劳务过程中耗用的材料或物料等，包括各类材料、在产品、半成品、产成品或库存商品，以及包装物、低值易耗品、委托加工物资等。存货具有较强的流动性和明显的变现能力，在企业中，存货经常处于不断销售、耗用、购买或重置中。存货的确认和计量对建筑企业有重大意义，对于确定资产和收益、加速企业资金周转、保证存货的完整性方面都具有十分重要的意义。因此，建筑企业必须加强对存货的管理与核算。

2. 存货的分类

不同行业的存货在内容和种类方面有所差异。在物资采购和资产管理阶段，存货可以分为库存材料、周转材料、在途材料、委托加工物资、在建施工产品和施工产品。

（1）库存材料

库存材料是指企业为保证生产和经营顺利进行，在其生产和经营活动中采购而未经直接转化、处理的各种原材料、半成品、备品备件等物品。库存材料一般存放在仓库、储藏室等专门的储存设施中，并且这些物品的购买和存储是为了降低生产成本及保证生产和经营的顺利开展。库存材料包括主要材料、结构件、机械配件、其他材料等。

库存材料对企业的生产和经营活动有重要作用，具体表现在以下四个方面：

①保证生产和经营的连续性。库存材料的储备能够提高企业面对突发事件的抗风险能力，确保生产和经营的连续性。

②降低采购成本。企业通过大量采购库存材料，可以获得更低的采购价格，从而降低生产成本。

③提高生产效率。库存材料的储备可以确保生产过程中所需物品的及时供应，避免因长时间等待物品而浪费时间和影响生产效率。

④提高客户服务。库存材料的储备也可以快速响应客户需求，避免造成客户等待或耽误交货时间。

（2）周转材料

周转材料是指建筑企业在施工生产中能够多次使用并可基本保持原来的物质形态但价值逐渐转移的各种材料，主要包括钢模板、木模板、脚手架、其他周转材料和低值易耗品等。周转材料按其在施工生产过程中的用途进行分类，如表6-1所示。

表6-1 周转材料的分类

分类	主要说明
模板	指浇筑混凝土使用的木模、组合钢模，以及配合模板使用的支撑材料、滑模材料、构件等。按固定资产管理的固定钢模和现场固定大型钢模板不包括在内
挡板	指土方工程使用的挡土板等，包括支撑材料

分类	主要说明
架料	指搭设脚手架用的竹竿、木杆、竹木跳板、钢管脚手架及其附件等
其他周转材料	指除以上各类，作为存货管理的其他周转材料，如塔吊使用的轻轨、枕木等
低值易耗品	指不作为固定资产核算的各种用具物品，如工具、管理用具、玻璃器皿等

资料来源：作者整理。

（3）在途材料

在途材料是指建筑企业已经支付货款但尚未运到企业、正在运输途中的各种材料，以及虽已运到企业但尚未办理验收入库手续的各种材料。

（4）委托加工物资

委托加工物资是指企业提供材料、商品，委托外单位代为加工的各种物资。建筑企业委托外单位加工物资的成本包括加工中实际耗用物资的成本、支付的加工费用及应负担的运杂费、支付的税费等。

（5）在建施工产品

在建施工产品是指已经进行施工生产，但月末尚未完成预算定额规定的全部工序和工作内容的工程。

（6）施工产品

施工产品是指建筑企业已经完成预算定额规定的全部工序并验收合格，可以按照合同规定的条件移交建设单位或发包单位的工程。

3. 存货的计价方法

存货的计价方法分为实际成本计价法和计划成本计价法。实际成本计价法是指企业在日常核算中，对存货的收入、发出和结存均按实际成本计价。计划成本计价法是指企业在日常核算中，对存货的收入、发出和结存均按预先制订的计划成本计价，月终时再将本月发出存货的计划成本调整为实际成本的方法。

（1）实际成本法计价

①先进先出法。先进先出法是假定先收到的存货先发出，并根据这一假定的成本流转程序，对发出存货和期末存货进行计价的方法。使用先进先出法，即先购买的存货成本在后购买的存货之前转出去，以此为依据来确定发出存货和期末存货的成本。

②加权平均法。加权平均法，又称全月一次加权平均法，在月末以月初存货数量和本期各批收入的数量作为权数，一次性计算月初的结存存货和本月的收入存货的加权平均单位成本，进而确定本月发出存货和月末结存存货成本的一种方法。计算公式如下：

$$存货单位成本 = \frac{月初存货结存金额}{月初存货结存数量 + 本月各批进货数量之和} +$$

$$\frac{\sum(本月各批进货的实际单位成本 \times 本月各批进货的数量)}{月初存货结存数量 + 本月各批进货数量之和}$$

本月发出存货成本 = 本月发出存货数量 × 加权平均单价

期末结存存货成本 = 期末结存存货数量 × 加权平均单价

基于计算的加权平均单价不一定是整数，小数点后常需要四舍五入，为保持账面数字之间的平衡关系，通常采用倒挤成本法计算发出存货的成本，即

本月发出的存货成本 = 月初结存存货实际成本

　　　　　　　　+ 本月收入存货的实际成本 - 期末结存存货成本

（2）计划成本法计价

①建筑企业首先应制订各种存货的计划成本目录，主要包括存货的分类，以及存货的名称、规格、数量、计量单位和计划单价。年内一般不变更计划单位成本。

②存货领用时，存货的计划成本按计划单位成本计算并填写在存货收货单上，实际成本与计划成本差额分类登记为"材料成本差异"。

③领用、发出存货按计划成本计算。月末将当月发出的存货成本差异进行分摊，将当月发出的存货计划成本记入相关账目，并将发出的存货计划成本调整为实际成本。

收发存货的成本差异必须按月分摊，不能在季度末或年末计算。成本差异采用当月实际差异率，但其委托外加工可采用上月差异率。如果上月成本差异率与本月成本差异率相差不大，也可按上月成本差异率计算。计算方法一经确定，不得随意变更。物料成本差异的计算公式为：

$$存货成本差异率 = \frac{月初结存存货的成本差异 + 本月收入存货的成本差异}{月初结存存货的计划成本 + 本月收入存货的计划成本}$$

$$或 \qquad 存货成本差异率 = \frac{月初结存存货的成本差异}{月初结存存货的计划成本} \times 100\%$$

本月发出存货成本差异=本月发出存货计划成本×存货成本差异率

采用这种方法，存货明细账可以只记收入、发出和结存存货的数量，将数量乘以计划成本，随时求得该存货收入、发出结存的金额，然后通过"材料成本差异"账户计算和调整发出和结存存货的实际成本，简便易行，而且在有了合理的计划成本之后，将实际成本与计划成本对比，可以对采购部门进行考核，促使其降低采购成本。

（二）库存材料的会计处理

1. 库存材料核算应设置的会计账户

库存材料核算应设置的会计账户主要有"原材料""在途物资""材料采购""材料成本差异""应付票据""预付账款""应付账款"和"应交税费"账户。

"原材料"账户。本账户用于核算企业库存的各种材料，包括原料及主要材料、辅助材料、外购半成品（外购件）、修理用备件（备品备件）、包装材料、燃料等的计划成本或实际成本。其借方核算企业因各种途径增加并已验收入库的库存材料成本，贷方核算企业因各种原因减少的库存材料成本。本科目期末借方余额，反映企业库存材料的计划成本或实际成本。本账户应按材料保管地点、类别、品名和规格，设置有数量、金额的明细账进行核算。

"在途物资"账户。本账户用于核算企业采用实际成本进行材料、商品等物资的日常采购、货款已付尚未验收入库的在途物资的采购成本。其借方登记已支付货款或已开出、承兑商业汇票而尚未到达或尚未验收入库的各种存货的实际成本，贷方登记已验收入库的各种存货的实际成本。本科目期末借方余额，反映企业在途材料、商品等物资的采购成本。

"材料采购"账户。本账户用于核算企业购入各种物资的采购成本。其借方登记根据发票、账单等支付的各种物资的采购成本，月终结算材料、低值易耗品的采购实际成本小于计划成本的节约差；贷方登记应向供应单位、运输机构或其他责任人收回的物资短缺或其他应冲减采购成本的赔偿款项，已验收入库材料、周转材料、低值易耗品的计划成本，以及月终结算采购实际成本大于计划成本的超支差。期末借方余额反映货款已经支付或承付而物资尚未到达或尚未验收入库的在途物资的实际成本。

"材料成本差异"账户。本账户用于核算企业采用计划成本进行日常核算的材料计划成本与实际成本的差额。账户借方核算因各种途径而取得的存货实际成本大于计划成本的差额，贷方核算取得的存货实际成本小于计划成本的差额及发出存货应负担的成本差异。期末借方余额反映库存结余各种存货的超支差异，贷方余额反映库存结余各种存货的节约差异，本账户应按存货类别或品种设置明细账进行核算。

"应付票据"账户。本账户用于核算企业向其供应商购买商品或服务而产生的欠款。应付票据的会计科目为"应付票据"或"应付短期债务"，记账方式为在签发应付票据时，借记应付票据，贷记银行存款或应付账款。在应付票据到期时，借记银行存款或应付账款，贷记应付票据和应付利息。应付票据会影响财务报表中的负债总额和利息支出。

"预付账款"账户。本账户用于核算企业按照合同规定向供货单位预付的款项。本科目可按供货单位进行明细核算。企业因购货而预付的款项，借记本科目，贷记"银行存款"等科目。收到所购物资时，按应计入购入物资成本的金额，借记"材料采购"或"原材料""库存商品"等科目，按应支付的金额，贷记本科目。本科目期末如为借方余额，反映企业预付的款项；期末如为贷方余额，则反映企业尚未补付的款项。

"应付账款"账户。本账户用于核算企业因购买材料、商品或接受劳务供应等发生的债务，即因买卖双方的物资劳务与支付货款在时间上的不一致而产生的负债。企业购入材料、商品等验收入库，但货款尚未支付，根据有关凭证，借记"材料采购""在途物资"等科目，按可抵扣的增值税额，借记"应交税费——应交增值税（进项税额）"等科目，按应付的价款，贷记本科目。本科目期末贷方余额，反映企业尚未支付的应付账款。

"应交税费"账户。本账户已在第四章中进行阐述。

2. 库存材料的会计核算

（1）对于已验收入库但发票账单尚未到达的材料物资，在月份内可暂不入账，待发票账单到达时再按账单的金额记账。如果月终发票账单仍未到达，企业应按合同价格或计划、预算价格暂估入账，直接借记"原材料"账户，贷记"应付账款"账户，以便在月份会计报表中真实反映库存材料物资的结存情况。但下月初，要用红字冲回，待收到发票账单付款或开出承兑商业汇票时，按正常程序，借记"原材料"和"应交税费——应交增值税（进项税额）"科目，贷记"银行存款"或"应付票据"等科目。

（2）企业根据合同规定预付给供应单位的购货定金或部分货款，应作为预付供应单位款在"预付账款"账户核算，不能将预付款作为购入材料物资的价款入账。企业只有在收到购货发票账单后，才能根据发票账单列示的金额登记"材料采购"账户，同时将预付的货款转入"应付账款"账户。

（3）若发票账单已经收到并已支付或承付货款，但材料尚未到达，应按支付或承付的数额，记入"在途物资"或"材料采购"和"应交税费——应交增值税（进项税额）"账户，待材料到达并验收入库后，再按材料的实际成本或计划成本转入"原材料"等账户。

（4）采购的材料物资在运输途中发生短缺和毁损，应根据不同情况做相应的账务处理。属于定额内的合理损耗计入材料的采购成本；属于供应单位、运输机构、保险公司或其他过失人负责赔偿的损失，应根据赔偿请求单所列的索赔金额，借记"应收账款""其他应收款"等账户，贷记"材料采购"等账户。

【例 6-1】某建筑企业经税务部门核定为一般纳税人。2022 年 4 月 2 日，该企业购入一批木材，取得的增值税专用发票上注明的价款为 5000 元，增值税额为 650 元，发票等结算凭证已经收到，货款已通过银行转账支付，已验收入库。该批木材的计划成本为 4800 元，会计分录如下：

①支付价款时

借：材料采购	——木材	5000
应交税费	——应交增值税（进项税额）	650
贷：银行存款		5650

②木材验收入库时

借：原材料	——木材	4800
材料成本差异		200
贷：材料采购	——木材	5000

【例 6-2】续【例 6-1】某建筑企业于 2022 年 7 月 2 日领用 3000 元（木材）用于施工生产，管理部门领用 1800 元（木材）。计算木材的成本差异率并做相应的会计分录。

木材成本差异率=200÷4800×100%=4.17%（超支差）

工程施工阶段结转分配的材料成本差异=3000×4.17%=125.1（元）

管理阶段结转分配的材料成本差异=1800×4.17%=75.06（元）

①结转各消耗单位耗用材料的计划成本

借：合同履约成本	——工程施工——直接材料	3000
管理费用		1800
贷：原材料	——木材	4800

②月末，结转分配的材料成本差异

借：合同履约成本	——工程施工	125
管理费用	——直接材料	75
贷：材料成本差异	——木材	200

（三）周转材料的会计处理

1. 周转材料核算应设置的会计账户

周转材料会计处理应设置的会计账户有"周转材料"账户，本账户用于核算企业的周转材料，包括包装物、低值易耗品，以及建筑企业的钢模板、木模板、脚手架等的计划成本或实际成本。

（1）采用一次转销法时

"周转材料"账户借方登记企业库存及在用周转材料的计划成本或实际成本，以及报废周转材料的累计已提摊销额；贷方登记周转材料摊销价值，以及因盘亏、报废、毁损等原因减少的周转材料价值。期末借方余额，反映建筑企业所有在库周转材料的计划成本或实际成本，以及在用周转材料的摊余价值。本账户应按周转材料的种类设置明细账进行核算。

（2）采用其他摊销法时

在"周转材料"账户下设置"在库周转材料""在用周转材料"和"周转材料摊销"3 个明细账户进行核算。领用时应按其账面价值，借记本科目（在用），贷记本科目（在库）；摊销时应按摊销额，借记"管理费用""合同履约成本——工程施工"等科目，贷记本科目（摊销）。周转材料报废时应补提摊销额，借记"管理费用""合同履约成本——工程施工"等科目，贷记本科目（摊销）；同时，按报废周转材料的残料价值，借记"原材料"等科目，贷记"管理费用""合同履约成本——工程施工"等科目。转销全部已提摊销额，借记本科目（摊销），贷记本科目（在用）。

（3）采用计划成本核算的建筑企业，月度终了应结转当月领用周转材料应分摊的成本差异，通过"材料成本差异"账户，记入有关成本费用账户。

2. 周转材料补提摊销

（1）当建筑企业在清查盘点时，发现周转材料有短缺、报废情况的，应立刻办理报废手续，并补提摊销。

报废、短缺的周转材料应补提摊销额=应提摊销额-已提摊销额

应提摊销额=报废、短缺的周转材料的计划成本

　　　　　-残料价值（短缺的周转材料无残料价值）

已提摊销额=报废、短缺的周转材料的计划成本

$$\times \frac{\text{该类在用周转材料账面已提摊销额}}{\text{该类在用周转材料账面计划成本}}$$

（2）当周转材料工程竣工或不再使用而退库时，应立刻办理退库手续，并按照成色（新旧程度的百分比）补提摊销。

退回周转材料应补提摊销额=应提摊销额-已提摊销额

退回周转材料计划成本

　　=应提摊销额×[1-退回时确定的成色（即新旧程度的百分比）]

已提摊销额=退回周转材料的计划成本

$$\times \frac{\text{该类在用周转材料账面已提摊销额}}{\text{该类在用周转材料账面计划成本}}$$

当周转材料转移到其他工程时，也应立刻办理转移手续，并根据上述方法，确定其成色（新旧程度的百分比），补提摊销额。

3. 周转材料的会计核算

（1）周转材料购入的会计核算

建筑企业购入或委托外单位加工完成并已验收入库的周转材料、建筑企业接受的债务人以非现金资产抵偿债务方式取得的周转材料、非货币性交易取得的周转材料等，以及周转材料的清查盘点，按照原材料的核算方法进行会计处理。

（2）周转材料领用、摊销的核算

①一次摊销法。一次摊销法指在领用周转材料时，将其全部价值一次计入工程成本或有关费用的摊销方法。这种方法一般适用于摊销易腐、易潮、易损坏或价值较低、使用期限较短的周转材料，如安全网等。

【例 6-3】建筑企业施工现场领用一次摊销的玻璃器皿，计划成本为

500 元，材料成本差异率为 2%，会计分录如下：

①领用时

借：合同履约成本　　——工程施工——直接材料　500

贷：周转材料　　——在库其他周转材料　　　　500

②月末分配成本差异

本月周转材料应分配的成本差异 = 500×2% = 10（元）

借：合同履约成本　　——工程施工　　　　　　　10

贷：材料成本差异　　——直接材料　　　　　　　10

②分次摊销法。分次摊销法指根据周转材料的预计使用次数、原值、预计残值确定每次摊销额，将其价值分次计入工程成本或有关费用的摊销方法。这种方法适用于摊销预制钢筋混凝土构件时所使用的定型模板、模板、挡板等周转材料。其计算公式为：

$$本期摊销额 = 每次摊销额 × 本期使用次数$$

$$周转材料每次摊销额 = \frac{周转材料原料 × (1 - 残值率)}{预计使用次数}$$

【例 6-4】本月某施工现场领用分次摊销的模板，计划成本为 20 000 元，预计使用 10 次，本月使用 1 次，预计残值率为 5%，材料成本差异率为 3%，会计分录如下：

①本月领用时

借：周转材料　　——在用模板　　　　　　20 000

贷：周转材料　　——在库模板　　　　　　20 000

②本月应提摊销额

本月应计提摊销额 = 20 000×(1 − 5%)÷10 = 1900（元）

借：合同履约成本　　——工程施工——直接材料　1900

贷：周转材料　　——在用模板摊销　　　　　　　1900

③月末分配成本差异

本月应分配的成本差异 = 1900×3% = 57（元）

借：合同履约成本　　　——工程施工　　　　　　　57
　　贷：材料成本差异　　——直接材料　　　　　　　57

③五五摊销法。五五摊销法指第一次领用周转材料时摊销一半价值，当报废时再摊销另一半价值的方法。根据这种方法应在"周转材料"总账科目下，分设"周转材料——在库低值易耗品""周转材料——在用低值易耗品""周转材料——摊销低值易耗品"三个二级科目，其账务处理如下：

从仓库领用发交使用部门时，根据低值易耗品的成本借记"低值易耗品——在用低值易耗品"科目，贷记"低值易耗品——在库低值易耗品"科目；同时按其价值的 50%，借记"制造费用""管理费用""其他业务成本"等科目，贷记"低值易耗品——低值易耗品摊销"科目。

报废时应根据报废低值易耗品价值的另外 50%，借记"合同履约成本——工程施工——间接费用""管理费用""其他业务成本"等科目，贷记"低值易耗品——低值易耗品摊销"科目。同时注销低值易耗品成本及其已摊销价值，借记"低值易耗品——低值易耗品摊销"科目，贷记"低值易耗品——在用低值易耗品"科目。

如有残值，应计价入库，借记"原材料"等科目，贷记"合同履约成本——工程施工——间接费用""管理费用""其他业务成本"等科目。

（3）周转材料报废、退库的核算

采用一次转销法核算的周转材料，将报废周转材料的残料价值作为当月周转材料转销额的减少部分，冲减有关成本、费用，借记"原材料"等账户，贷记"合同履约成本——工程施工"等账户。

采用其他摊销法核算的周转材料，将补提摊销额，借记"合同履约成本——工程施工"等账户，贷记"周转材料——周转材料摊销"账户。将报废周转材料的残料价值作为当月周转材料摊销额的减少部分，冲减有关成本、费用，借记"原材料"等账户，贷记"合同履约成本——工程施工"等有关账户。同时将已提摊销额，借记"周转材料——周转材料摊销"账户，贷记"周转材料——在用周转材料"账户。

【例 6-5】某建筑企业于 2022 年领用一批脚手架用于某工程，其账面价值为 30 000 元，预计使用 20 次，预计残值占账面价值的 10%。计划采用分次摊销法核算，这批脚手架在使用到 20 次时报废，实际收回残料价值为 1800 元，脚手架已提摊销额 12 000 元。

脚手架应提摊销额 = 30 000 − 1800 = 28 200 （元）

应补提摊销额 = 28 200 − 12 000 = 16 200 （元）

①补提摊销额时，编制以下会计分录：

借：合同履约成本　　——工程施工——直接材料　16 200
　　贷：周转材料　　——周转材料摊销　　　　　　16 200

②将残料验收入库，编制以下会计分录：

借：原材料　　　　　　　　　　　　　　　　1 800
　　周转材料　　　　——周转材料摊销　　　　28 200
　　贷：周转材料　　——周转材料在用　　　　　　30 000

（四）存货清查的会计处理

存货清查是指通过对存货进行实地盘点，确定存货的实有数量，并与账面结存数核对，从而确定存货实存数与账面结存数是否相符的一种专门方法。存货清查的方法采用实地盘点法，按照清查对象和范围的不同，分为全面清查和局部清查；按清查时间，分为定期清查与不定期清查。

存货盘盈指的是存货的实存数超过账面结存数量，存货盘亏是指存货的实存数量少于账面结存数量。通过对存货进行清查，确定各类存货的实际库存量，并将其与账面余额进行核对，找出盘盈、盘亏、毁损的数量及原因，使建筑企业明确责任。然后根据清查结果编制存货盘点报告表，按规定程序报经有关部门批准后，进行相关的会计处理。对于在清查中发现的过剩的、积压的、呆滞的材料，要及时处理，以加快存货资金的周转。

1. 存货清查核算应设置的会计账户

存货清查的会计处理应设置"待处理财产损溢"账户。本账户用于核算企业在清查财产过程中已经查明的各种财产物资的盘盈、盘亏和毁损。应在本账户下设置"待处理流动资产损溢"明细账户，借方登记盘亏的存货和经批准后转销的存货盘盈数，贷方登记盘盈的存货、经批准后转销的存货盘亏和毁损数。本科目月末如为借方余额，反映尚未处理的各种财产物资的净损失；如为贷方余额，反映尚未处理的各种财产物资的净溢余。

2. 存货盘盈的会计核算

存货盘盈指的是存货的实存数超过账面结存数量的差额。存货发生盘盈时，应按照同类或相似存货的市场价格作为实际成本及时登记入账，借记相关存货账户，贷记"待处理财产损溢——待处理流动资产损溢"账户；待查明原因报经批准处理后，冲减当期管理费用。

【例 6-6】某建筑企业于 2022 年 8 月在存货清查中发现一批甲材料盘盈，甲材料市场价格为 800 元，按实际成本计价，会计分录如下：

①发现盘盈时

借：原材料		800
贷：待处理财产损溢 ——待处理流动资产损溢		800

②报经批准处理后

借：待处理财产损溢　——待处理流动资产损溢		800
贷：管理费用		800

3. 存货盘亏的会计核算

存货盘亏是指存货的实存数量少于账面结存数量的差额。存货发生盘亏，应及时转销其账面成本，借记"待处理财产损溢——待处理流动资产损溢"账户，贷记"原材料""周转材料""库存商品"等存货账户。待查明原因报经批准后，根据导致盘亏的原因，分别按照以下情况进行会计处理。

（1）对于因管理不善造成的货物被盗、丢失、霉烂变质，以及因违反法律法规或者被依法没收、销毁、拆除造成的存货短缺，应先扣除其残料价值、可以收回的保险赔偿或其他过失人的赔偿。同时，对因管理不善造成的损失存货已抵扣的增值税进项税额予以转出，将净损失计入管理费用。

（2）对于自然灾害等非正常原因造成的损失，损失存货已抵扣的增值税进项税额不需要转出，应将扣除处置收入、过失人赔偿和可以收回的保险赔款后的净损失计入营业外支出。

【例 6-7】建筑企业在财产清查中发现损毁木材 300 千克，实际成本为 30 000 元，相关增值税专用发票上注明的增值税税额为 3900 元。经查是由材料保管员李亮的过失造成的，按规定由其个人赔偿 20 000 元。建筑企业的会计分录如下：

①批准处理前

借：待处理财产损溢　——待处理流动资产损溢		33 900
贷：原材料　　　——木材		30 000
应交税费　　——应交增值税（进项税额转出）		3900

②批准处理后

借：其他应收款　　　　——李亮		20 000
管理费用		13 900
贷：待处理财产损溢　——待处理流动资产损溢		33 900

二、固定资产的概述及其会计处理

（一）固定资产的含义及其分类

1. 含义

固定资产是指使用期限较长、单位价值较高，并且在使用过程中保持原有实物形态的资产，它是建筑企业从事施工生产活动的主要劳动资料。建筑企业中固定资产的取得、折旧、清理等会计业务至关重要，因此企业应加强对固定资产的核算和管理。固定资产具有以下 3 个特征：

（1）为生产商品、提供劳务、出租或经营管理而持有。固定资产属于非流动性资产。企业持有固定资产的目的是生产商品、提供劳务、出租或经营管理，而不是直接用于出售，这是固定资产最基本的特征。

（2）使用寿命超过一个会计年度。固定资产通常表现为机器、机械、房屋建筑物、运输工具等实物形态，使用年限至少超过 1 年，或者超过 1 年以上的营业周期，并且能多次参加施工生产经营过程而不改变其原有的实物形态。

（3）固定资产为有形资产。固定资产具有实物形态，这一特征将固定资产与无形资产区别开来，这是固定资产最本质的特征。

2. 分类

固定资产可按其经济用途、使用情况、所有权进行分类，如表 6-2 所示。

表 6-2 固定资产的分类

按经济用途分类	1. 生产经营用固定资产。是指在使用中的、直接用于施工生产过程或为生产经营提供服务的各类固定资产; 2. 非生产经营用固定资产。是指在使用中的、不直接用于施工生产过程和不直接用于生产经营的各类固定资产
按使用情况分类	1. 使用中的固定资产。是指投入使用的固定资产,包括经营性固定资产和非经营性固定资产; 2. 未使用固定资产。是指已完工或已购买建造的尚未交付使用的新增固定资产,以及因为改扩建等原因停止使用的固定资产; 3. 不需用固定资产。指的是本企业多出的或不适用的、需要调配处理的固定资产
按所有权分类	1. 自有固定资产。是指企业拥有的可随意支配的固定资产。一般情况下,除经营性租入固定资产外,企业拥有或掌控的固定资产都是企业的自有固定资产; 2. 租入固定资产。是指企业采用租赁方式从其他单位租入的固定资产。租赁可分为经营性租赁和融资租赁

(二)固定资产核算应设置的会计账户

固定资产核算应设置的会计账户主要有"固定资产""累计折旧""固定资产清理""工程物资""在建工程""待处理财产损益""营业外收入""营业外支出""应付票据""预付账款""应付账款"和"应交税费"账户。其中"应付票据""预付账款""应付账款"和"应交税费"账户已在本章第二节库存材料应设置的账户中进行阐述。

1. "固定资产"账户

本账户用于核算企业持有固定资产的原价,借方登记增加的固定资产原价,贷方登记因减少的固定资产原价。期末借方余额反映企业期末固定资产的账面原价。企业应设置"固定资产登记簿"和"固定资产卡片",按固定资产类别、使用部门和每项固定资产进行明细核算。

2. "累计折旧"账户

本账户用于核算企业固定资产的累计折旧,贷方登记建筑企业按月计提的固定资产折旧和因增加固定资产而转入的折旧,借方登记企业因各种原因减少固定资产而相应转出的账面已提折旧。本科目期末贷方余额反映企业固定资产的累计折旧额。本科目可按固定资产的类别或项目进行明细核算。

3."固定资产清理"账户

本账户用于核算企业因出售、报废、对外投资等原因转出的固定资产价值及其在清理过程中所发生的清理费用和清理收入等。其借方登记因各种原因转入清理的固定资产账面价值、清理过程中发生的费用和清理后的净收益；贷方登记清理过程中收回的出售固定资产的价款、残料价值、变价收入等，以及应由保险公司或过失人赔偿的损失和清理后的净损失。结转固定资产清理净收益或净损失后，本账户应无余额。

4."工程物资"账户

本账户用于核算企业为在建工程准备的各种物资的成本。本科目可按"专用材料""专用设备""工器具"等进行明细核算。其借方登记企业购入为工程准备物资的实际成本、企业为购置大型设备而预付的款项，以及工程完工后对领出的剩余物资办理退库手续的金额等；贷方登记工程领用物资、工程完工将为生产准备的工具及器具交付生产使用时的实际成本等。期末借方余额，反映工程购入但尚未领用的专用材料的实际成本、购入需要安装设备的实际成本、为生产准备但尚未交付的工具及器具的实际成本等。本科目期末借方余额反映企业为在建工程准备的各种物资的成本。

5."在建工程"账户

本账户用于核算企业资产负债表日企业尚未达到预定可使用状态的在建工程的期末账面价值和企业为在建工程准备的各种物资的期末账面价值。其借方登记固定资产购建工程已经发生的全部支出，贷方登记改、扩建工程发生的变价收入和已完工交付使用工程的实际成本。期末借方余额，反映企业尚未达到预定可使用状态的在建工程的成本，即企业尚未完工的在建工程的价值。

6."待处理财产损益"账户

本账户用于核算企业在清查财产过程中已经查明的各种财产物资的盘盈、盘亏和毁损。本科目月末如为借方余额，反映尚未处理的各种财产物资的净损失；如为贷方余额，反映尚未处理的各种财产物资的净溢余。

7."营业外收入"账户

本账户用于核算与企业日常活动无直接关系的各项利得，主要包括非流动资产处置利得、盘盈利得、政府补助、捐赠利得、非货币性资产交换利得、债务重组利得、确实无法支付而按规定程序转入营业外收入的应付账款等。本账户贷方登记企业各项营业外收入，借方登记期末结转入本年利润的营业外收入。结转后该科目无余额。

8."营业外支出"账户

本账户用于核算与企业生产经营活动没有直接关系的各项支出，包括非流动资产处置损失、非货币性资产交换损失、债务重组损失、公益性捐赠支出、非常损失、盘亏损失等。本账户借方登记企业发生的各项营业外支出；贷方反映期末余额转入"本年利润"账户数，结转后本账户无余额。

（三）固定资产的会计核算

1. 购入固定资产的核算

建筑企业购入固定资产的价值，为支付的全部实际价款，包括买价、支付的包装费、运杂费、安装成本及缴纳的税金等。

（1）购入不需要安装的固定资产，应按实际支付的价款作为原价入账，借记"固定资产"账户，贷记"银行存款"等账户。

【例 6-8】建筑施工企业购入一台不需要安装的施工用设备，买价 6000元，包装及运杂费 300 元，以银行存款支付，会计分录如下：

借：固定资产	——生产经营用固定资产	6300
贷：银行存款		6300

（2）计算购入需要安装的固定资产，应在购入的固定资产取得成本的基础上加上安装调试成本等，作为购入固定资产的成本。先通过"在建工程"科目核算，待安装完毕达到预定可使用状态时，再由"在建工程"科目转入"固定资产"科目。

【例 6-9】某建筑企业购入一台设备，用银行存款支付买价和运输费共计 35 000 元，以自营方式交付安装，领用材料实际成本为 4000 元，产生人工费 1000 元，设备安装完毕交付生产部门使用，会计分录如下：

①支付购入设备价款

借：工程物资	——专用设备——储存设备	35 000
应交税费	——应交增值税（进项税额）	4550
贷：银行存款		39 550

②安装中领用材料和发生的人工费

借：在建工程　——安装工程——储存设备安装　40 000
　　贷：工程物资　　　　　　　　　　　　　　35 000
　　　　原材料　　　　　　　　　　　　　　　4000
　　　　应付职工薪酬　　　　　　　　　　　　1000

③设备安装完毕，交付使用时

借：固定资产　——生产经营用固定资产　　40 000
　　贷：在建工程　——安装工程——储存设备安装　40 000

2. 自行建造固定资产的核算

以自营方式建造固定资产，其成本应当按照直接材料、直接人工、直接机械施工费等计量。自营建造的固定资产达到预定可使用状态后，按其发生的实际成本结转企业的固定资产成本；工程完工后，剩余的工程物资转作原材料，应按其实际成本或计划成本进行结转。盘盈、盘亏、报废及毁损的工程物资，减去残料价值，以及保险公司、过失人赔偿后的净损益，分别按以下情况处理：如果工程项目正在建设中，计入或冲减在建工程项目的成本；如果工程项目已经完工，计入当期损益。

自营建造的固定资产达到预定可使用状态前因必须进行试运转所发生的净支出，计入工程成本。所建造的固定资产已达到预定可使用状态，但尚未办理竣工决算的，应当自达到预定可使用状态之日起，根据工程预算、造价或者工程实际成本等，按暂估价值转入固定资产成本，待办理竣工决算手续后再调整原来的暂估价值。

【例 6-10】某建筑企业自建一栋宿舍楼，领用专用材料 650 000 元。以银行存款支付施工机械租赁费 22 000 元，应付施工人员工资 85 000 元。一年后，自建宿舍楼完工交付使用，会计分录如下：

①施工中领用专用材料

借：在建工程　——建筑工程——宿舍楼　650 000
　　贷：工程物资　——专用材料　　　　　650 000

②支付机械租赁费

借：在建工程	——建筑工程——宿舍楼	22 000	
贷：银行存款			22 000

③结转应付施工人员工资

借：在建工程	——建筑工程——宿舍楼	85 000	
贷：应付职工薪酬			85 000

④宿舍楼交付使用，结转实际建造成本

借：固定资产	——生产经营用固定资产	757 000	
贷：在建工程	——建筑工程——宿舍楼		757 000

3. 出包建造固定资产的核算

企业通过出包工程方式建造的固定资产，将应支付给承包单位的工程价款作为该项固定资产的成本，其成本由建造该项固定资产达到预定可使用状态前所发生的必要支出构成，包括发生的建筑工程支出、安装工程支出，以及需分摊计入各固定资产价值的待摊支出。

在会计核算上，企业自行建造固定资产发生的必要支出，应先在"在建工程"账户核算，待固定资产达到预定可使用状态时，再由"在建工程"账户转入"固定资产"账户。

【例 6-11】某建筑企业建造一栋宿舍楼，将工程出包给其他施工单位，合同造价为 50 000 元，按规定本公司预付 35% 的工程款，其余款项待工程完工交付后结清，会计分录如下：

①预付承建单位工程款时

借：预付账款	——预付工程款	17 500	
贷：银行存款			17 500

②该工程完工，办理工程价款结算

借：在建工程	——出包宿舍楼	50 000	
贷：应付账款	——应付工程款		50 000

③从结算的已完工工程价款中，扣除预付工程款 17 500 元，扣下 1200 元的保修费，其余款 31 300 元用转账支票支付

借：应付账款	——应付工程款	50 000
贷：预付账款	——预付工程款		17 500
银行存款			31 300
其他应付款			1200

（4）该工程完工，结转其实际成本 50 000 元

| 借：固定资产 | ——生产经营用固定资产 | 50 000 |
| 贷：在建工程 | ——出包宿舍楼 | | 50 000 |

4. 接受捐赠固定资产

施工企业接受捐赠的固定资产，在会计核算上，以所接受捐赠的固定资产公允价值为基础确定入账价值，记入"固定资产"账户；同时，按其公允价值确认营业外收入。

【例 6-12】某建筑企业接受捐赠设备 1 台，按照同类设备的市场价格确认其公允价值为 50 000 元，产生包装运输费用 2600 元，假设不考虑增值税和所得税。建筑公司收到捐赠设备时，会计分录如下：

借：固定资产	52 600
贷：银行存款		2 600
营业外收入		50 000

（四）固定资产的折旧

固定资产的价值是根据其本身的磨损程度逐渐转移到新产品中去的，磨损分有形磨损和无形磨损两种情况。固定资产在使用过程中因损耗而转移到产品中的部分价值的一种补偿方式称为折旧，折旧的计算方法主要有平均年限法、工作量法、双倍余额递减法、年限总和法等。

1. 固定资产的折旧方法

（1）年限平均法

年限平均法又称为直线法，是指将固定资产的应计折旧额平均地分摊到固定资产预计使用寿命内的一种方法，采用这种方法计算的每期折旧额

均相等。计算公式如下：

$$固定资产年折旧率 = \frac{固定资产原值 - 预计净残值}{固定资产原值 \times 固定资产预计使用年限} \times 100\%$$

$$或 \qquad = \frac{1 - 预计净残值率}{预计使用年限} \times 100\%$$

$$月折旧率 = 年折旧率 \div 12$$

$$月折旧额 = 固定资产原值 \times 月折旧率$$

（2）工作量法

工作量法是根据实际发生的工作量计算每期应提折旧额的一种方法，计算公式如下：

$$单位工作量折旧额 = \frac{固定资产原值 \times (1 - 预计净残值率)}{预计工作量}$$

$$某项固定资产折旧额 = 该项固定资产当月工作量 \times 单位工作量折旧额$$

（3）双倍余额递减法

双倍余额递减法是指在不考虑固定资产预计净残值的基础下，根据每期期初固定资产原值减去累计折旧后的金额（即固定资产净值），运用双倍的直线法折旧率计算固定资产折旧的一种方法，计算公式如下：

$$年折旧率 = \frac{2}{预计使用年限} \times 100\%$$

$$月折旧率 = 年折旧率 \div 12$$

$$月折旧额 = 月初固定资产账面净值 \times 月折旧率$$

每年年初固定资产净值未扣除预计净残值，因此计算折旧额时必须注意，不能使固定资产的净值下降到其预计净残值以下，即采用双倍余额递减法计提折旧的固定资产，一般在其折旧年限到期前两年内，将固定资产净值扣除预计净残值后的余额均匀摊销。

（4）年数总和法

年数总和法是指将固定资产的原值减去残值后的净额乘以一个每年递减的分数来计算每年的折旧额，这个分数的分子表示固定资产还能使用的年数，分母代表预计使用寿命的年数总和，计算公式如下：

$$年折旧率 = \frac{尚可使用年限}{预计使用寿命的年数总和}$$

$$月折旧率 = 年折旧率 \div 12$$

月折旧额 =（固定资产原值-预计残值）×月折旧率

【例 6-13】某建筑企业固定资产原价为 20 000 元，预计使用寿命为 5 年，预计净残值为 800 元。按双倍余额递减法计提折旧。

年折旧率=（2÷5）×100%=40%

第一年应计提折旧额=20 000×40%=8000（元）

第二年应计提折旧额=（20 000-8000）×40%=4800（元）

第三年应计提折旧额=（20 000-8000-4800）×40%=2880（元）

第四年、第五年的年折旧额=（20 000-8000-4800-2880-800）÷2=1760（元）

【例 6-14】某建筑企业施工设备的原价为 6000 元，预计使用寿命为 5 年，预计净残值为 100 元。采用年数总和法计提折旧。

第一年：年折旧率=5÷（1+2+3+4+5）=1/3

　　　　年折旧额=（6000-100）×1/3=1966.7（元）

第二年：年折旧率=4÷（1+2+3+4+5）=4/15

　　　　年折旧额=（6000-100）×4/15=1573.3（元）

第三年：年折旧率=3÷（1+2+3+4+5）=1/5

　　　　年折旧额=（6000-100）×1/5=1180（元）

第四年：年折旧率=2÷（1+2+3+4+5）=2/15

　　　　年折旧额=（6000-100）×2/15=786.7（元）

第五年：年折旧率=1÷（1+2+3+4+5）=1/15

　　　　年折旧额=（6000-100）×1/15=393.3（元）

2. 固定资产折旧的账务处理

对固定资产计提折旧的过程，实质上就是固定资产价值转移的过程。企业按月计提的固定资产折旧应通过"累计折旧"账户核算，并根据用途计入相关资产的成本或当期损益。"累计折旧"账户只进行总分类核算，不进行明细分类核算。当需要查明某项固定资产的已提折旧时，可以根据固定资产卡片上所记载的该项固定资产原价、折旧率和实际使用年数等资料进行计算。

固定资产折旧计算表是用来计算各月提取固定资产折旧额的一种表格，在实际工作中建筑企业按月编制"固定资产折旧计算及分配表"作为计算和分配折旧费的依据。

【例 6-15】某建筑企业某月编制的"固定资产折旧计算及分配表"如

表 6-3 所示。

表 6-3　某建筑企业某月固定资产折旧计算及分配表　　　单位：元

固定资产类别	固定资产原价	月折旧率（%）	月折旧额	按使用对象分配			
				工程施工	机械作业	管理费用	其他业务成本
房屋及建筑物	640 000	0.20	1280	680		600	
运输设备	250 000	0.60	1500	1000		500	
施工机械	350 000	0.60	2100		2100		
其他固定资产	120 000	0.50	600			200	400
合计	1 360 000	—	5480	1680	2100	1300	400

根据表 6-3 中的资料，会计分录如下：

借：合同履约成本　　——工程施工——直接材料　　1680
　　机械费用　　　　　　　　　　　　　　　　　2100
　　管理费用　　　　　　　　　　　　　　　　　1300
　　其他业务成本　　　　　　　　　　　　　　　 400
　　贷：累计折旧　　　　　　　　　　　　　　　　　　5480

（五）固定资产租赁

建筑企业在生产经营过程中，有时会将某些多余或暂时闲置的固定资产出租给其他单位，有时也会向其他单位租入固定资产。固定资产的租出和租入业务统称为固定资产租赁业务。

1. 租出固定资产核算的内容

（1）融资租赁

融资租赁，是指企业实质上转移了与租赁资产所有权有关的几乎全部风险和报酬的租赁。在租赁期开始日，出租人应当向融资租赁资产出租人确认应收融资租赁款，并终止确认。融资租赁资产出租人对应收融资租赁款进行初始计量时，应当以租赁投资净额作为应收融资租赁款的入账价值。租赁投资净额为未担保余值和租赁期开始日尚未收到的租赁收款额按照租赁内含利率折现的现值之和。出租人应当按照固定的周期性利率计算并确认租赁期内各个期间的利息收入。

（2）经营租赁

经营租赁，又称业务租赁，是由建筑企业的租赁部或专业租赁公司向用户出租本厂产品的一种租赁业务。出租人一般拥有自己的出租物仓库，一旦承租人提出要求，即可直接把设备出租给用户使用。用户按租约交租金，在租用期满后退还设备。企业出租固定资产的账面原价不变，照常计提固定资产折旧。但企业应单独设置"租出固定资产登记簿"，详细记录出租固定资产的相关信息。企业出租固定资产应按照合同的规定收取租金，计入其他业务收入，租出固定资产按期计提的折旧计入其他业务成本。

2. 租入固定资产的会计核算

根据租赁目的，以与租赁资产所有权相关的风险和报酬归属于出租人或承租人的程度为依据，租赁可分为经营性租赁和融资租赁，这是两种不同性质的租赁方式，在会计核算上也应采用不同的处理方法。

（1）经营性租赁的会计核算

经营性租赁又称为临时性租赁，是企业为了解决临时需要而租入的固定资产。企业对经营性租入的固定资产只有使用权而没有所有权，其不作为企业自有固定资产入账核算，只在备查簿中做备查登记。经营性租入的固定资产由出租方计提折旧，承租方在租赁期内支付的租金按直线法或其他方法计入有关成本或费用。

（2）融资租赁的会计核算

①租入固定资产，应当在租赁开始日，按租赁开始日租赁资产的公允价值与最低租赁付款额现值两者中较低者作为入账价值，借记"在建工程""固定资产"等账户；按最低租赁付款额，贷记"长期应付款——租赁负债"，按其差额，借记"未确认融资费用"账户。

②按期支付租赁费时，借记"长期应付款——租赁负债"账户，贷记"银行存款"账户。

③按期摊销未确认融资费用时，借记"财务费用"账户，贷记"未确认融资费用"账户。

④租赁期满，如合同规定将设备所有权转归承租企业，应当进行转账，将固定资产从"租赁负债"明细账户转入有关明细账户。

（六）固定资产的处置及盘点

1. 固定资产的处置

（1）固定资产处置的会计处理

企业出售、转让、报废的固定资产或发生固定资产毁损的，应当将处置收入扣除账面价值和相关税费后的金额计入当期损益。固定资产处置通常通过"固定资产清理"科目进行核算。

企业因出售、转让、报废或毁损、对外投资、非货币性资产交换、债务重组等处置固定资产，其会计处理由如下几个步骤组成：

①固定资产转入清理。固定资产转入清理时，按固定资产账面价值，借记"固定资产清理"科目；按已计提的累计折旧，借记"累计折旧"科目；按已计提的减值准备，借记"固定资产减值准备"科目；按固定资产账面余额，贷记"固定资产"科目。

②发生的清理费用。固定资产清理过程中发生的有关费用及应支付的相关税费，借记"固定资产清理"科目，贷记"银行存款""应交税费"等科目。

③出售收入和残料等的处理。按实际收到的出售价款及残料变价收入等，借记"银行存款""原材料"等科目，贷记"固定资产清理""应交税费——应交增值税"等科目。

④保险赔偿的处理。企业计算或收到的应由保险公司或过失人赔偿的损失，应冲减清理支出，借记"其他应收款""银行存款"等科目，贷记"固定资产清理"科目。

⑤清理净损益的处理。固定资产清理完成后的净收益或净损失，属于正常出售、转让所产生的利得或损失，借记或贷记"资产处置损益"科目，贷记或借记"固定资产清理"科目；对于已丧失使用功能正常报废所产生的利得或损失，借记或贷记"营业外支出——非流动资产报废"科目，贷记或借记"固定资产清理"科目；对于自然灾害等非正常原因造成的利得或损失，借记或贷记"营业外支出——非常损失"科目，贷记或借记"固定资产清理"科目。

【例6-16】某建筑企业出售一台二手打桩机，原价为50 000元，已使用5年，已提折旧为30 000元，开具的增值税普通发票上注明的出售价款为28 000元，增值税税额为543.7元［按照3%征收率减按2%征收的简易计税办法计算，28 000÷(1+3%)×2%=543.7(元)］，处置费用为300元(不考虑增值税)，均已通过银行转账结算。会计分录如下：

①转销固定资产的原价和累计折旧时

借：固定资产清理	20 000	
累计折旧	30 000	
贷：固定资产		50 000

②支付处置费用时

借：固定资产清理	300
贷：银行存款	300

③收到出售设备价款时

借：银行存款	28 543.7
贷：固定资产清理	28 000
应交税费 —— 简易计税	543.7

④结转出售固定资产净损失时

借：资产处置损益	7700
贷：固定资产清理	7700

（2）固定资产清理的会计核算

企业因出售、转让、报废和毁损、对外投资、融资租赁、非货币性资产交换、债务重组等处置固定资产，按该项固定资产账面净额，借记"固定资产清理"账户；按已计提的累计折旧，借记"累计折旧"账户；原已计提减值准备的，借记"固定资产减值准备"账户；按固定资产的账面余额，贷记"固定资产"账户。

在固定资产清理过程中发生的其他费用及应支付的相关税费，借记"固定资产清理"账户，贷记"银行存款"等账户。收回出售固定资产的价款、残料价值和变价收入等，借记"银行存款""原材料"等账户，贷记"固定资产清理"账户。应由保险公司或过失人赔偿的损失，借记"其他应收款"等账户，贷记"固定资产清理"账户。

固定资产清理完成后，如果"固定资产清理"账户为贷方余额，属于筹建期间的，借记"固定资产清理"账户，贷记"管理费用"账户；属于生产经营期间的，借记"固定资产清理"账户，贷记"营业外收入——处置非流动资产利得"账户。

2. 固定资产的盘点

（1）盘盈的固定资产

固定资产盘盈是指固定资产在盘点清查过程中发现未曾入账或超过

账面数量的固定资产。建筑企业对盘盈的固定资产要查明原因，并按规定报主管部门审批，并调整账面记录。一般情况下，盘盈的固定资产已在清查年度前存在，因此通过"以前年度损益调整"账户核算，期末转入"利润分配——未分配利润"账户。

（2）盘亏的固定资产

固定资产盘亏是指固定资产在盘点清查过程中所发现的短缺。如发现固定资产盘亏，要查明原因、确定责任，并按有关规定报请上级批准后，调整账面记录，保证账实相符。调整账面时，一般贷记"固定资产"，借记"累计折旧"，冲销固定资产原值和已提折旧额，并将其净值先记入"待处理财产损溢"账户。同时，在固定资产卡片做相应注销记录，并记入固定资产登记簿。按规定程序报经批准后，再将盘亏固定资产的净损失计入营业外支出。

【例 6-17】某建筑企业盘盈起重机一台，经过确定，其重置完全价值为 260 000 元，已计提折旧为 100 000 元，净值为 160 000 元，会计分录如下：

①盘盈固定资产时

借：固定资产		260 000
贷：累计折旧	——在用模板摊销	100 000
以前年度损益调整	——固定资产盘盈	160 000

②期末结转时

借：以前年度损益调整	——固定资产盘盈	160 000
贷：利润分配	——未分配利润	160 000

三、无形资产的概述及其会计处理

（一）无形资产的含义及分类

1. 含义

无形资产是指没有实物形态的可辨认非货币性资产。无形资产有广义和狭义之分，广义的无形资产包括金融资产、长期股权投资、专利权、商标权等，它们没有物质实体，表现为某种法定权利或技术。作为建筑企业主要价值来源的无形资产，是指企业拥有或控制的无实物形态的，基于合同、法规或其他载体因而可以辨认的，与企业经营、知识、技能、组织、市场和顾客等各经营要素相关，并能为企业带来未来经济利益的非货币性及非金融性的无形财产权和其他无形成果。

2. 分类

无形资产主要包括专利权、商标权、著作权、自然资源使用权、非专利技术等（见表 6-4）。

表 6-4　无形资产的种类及概念

种类	概念
专利权	指国家专利主管机关依法授权发明创造专利申请人，对其发明创造在法定期限内享有的专有权利
商标权	商标是用来识别特定的商品或劳务的标记
著作权	指作者对本人创作的文学、科学和艺术作品等依法享有的一些特殊权利
自然资源使用权	包括土地使用权、海域使用权、探矿权、采矿权、取水权和其他自然资源使用权
非专利技术	不被外界所了解、在生产经营中已采用的、不被法律保护的、可以为企业带来经济效益的各类技术和窍门
其他权益性无形资产	主要包括基础设施资产经营权、公共事业特许权、配额、经营权、经销权、肖像权等

资料来源：作者整理。

（二）无形资产核算应设置的会计账户

无形资产核算应设置的会计账户主要是"无形资产"和"累计摊销"账户。

1. "无形资产"账户

本账户用于核算企业持有专利权、非专利技术、商标权、著作权、土地使用权等无形资产的成本。其借方登记企业以各种方式取得的无形资产的成本；贷方登记无形资产处置时转出的账面余额。期末借方余额，反映企业无形资产的成本。本账户应按无形资产项目设置明细账，进行明细核算。

2. "累计摊销"账户

本账户用于核算企业对使用寿命有限的无形资产计提的累计摊销，可按无形资产项目进行明细核算。累计摊销的主要账务处理如下：企业按期计提无形资产的摊销，借记"管理费用""其他业务成本"等科目，贷记本科目。处置无形资产还应同时结转累计摊销。本科目期末贷方余额，反映企业无形资产的累计摊销额。

（三）无形资产的会计核算

1. 外购无形资产的核算

外购无形资产的实际成本包括购买价款、相关税费，直接归为使该项资产达到既定用途所发生的其他支出，无形资产已经达到既定用途以后发生的费用，以及为引入新产品推广而产生的费用。

【例6-18】某建筑企业为增值税一般纳税人，于2022年7月2日购入一项非专利技术，以银行存款支付转让价款，取得增值税专用发票，注明价款6700元，税金402元，该项非专利技术预计受益年限为5年。会计分录如下：

借：无形资产	——非专利技术	6700
应交税金	——应交增值税（进项税额）	402
贷：银行存款		7102

2. 投资者投入的无形资产的核算

投资者投入的无形资产取得成本应当根据投资评估值或合同、协议约定的价值来确定，但合同或协议约定的价值不公允的除外。当投资合同或协议约定价值不公允时，按照无形资产的公允价值视作其初始成本入账。

【例6-19】某建筑企业于2022年7月12日收到甲公司以土地使用权进行的投资，经协商确认其价值为80 000元，取得增值税专用发票，注明增值税为7200元，会计分录如下：

借：无形资产	——土地使用权	80 000
应交税金	——应交增值税（进项税额）	7200
贷：实收资本		87 200

3. 自行开发的无形资产的核算

自行开发的无形资产，其成本包括自企业进入开发阶段至达到预定用途前所发生的符合资本化确认条件的支出总额，但对于以前研究期间已经费用化的支出不再调整。企业自行进行的项目研发，分为研究阶段和开发阶段。

企业自行开发无形资产产生的研发支出不满足资本化条件的，借记

"研发支出——费用化支出"账户，贷记"原材料""银行存款"等账户。期末将费用化支出转入当期损益，借记"管理费用"账户，贷记"研发支出——费用化支出"账户。

如果研究开发项目有望达到预定用途、形成无形资产的，借记"研发支出——资本化支出"账户，贷记"原材料""银行存款"等账户。形成无形资产后，再从"研发支出——资本化支出"账户转入"无形资产"账户，借记"无形资产"账户，贷记"研发支出——资本化支出"账户。

企业自行开发并依法申请取得的无形资产所产生的注册费、聘请律师费等费用计入无形资产的价值。

【例6-20】某建筑企业自行开发一项生产技术，于2022年6月8日共发生研发支出30 000元，目前该项技术研发完成了研究阶段，于2022年9月1日进入开发阶段。2022年共发生4800元研发支出。该项技术研发于2023年2月13日结束，并且报审为一项非专利技术，会计分录如下：

①2022年6月8日发生研发支出时

| 借：研发支出　　　——费用化支出 | 30 000 | |
| 贷：银行存款 | | 30 000 |

②2022年6月末结转研发支出时

| 借：管理费用 | 30 000 | |
| 贷：研发支出　　　——费用化支出 | | 30 000 |

③2023年9月1日后发生结转研发支出时

| 借：研发支出　　　——资本化支出 | 4800 | |
| 贷：银行存款 | | 4800 |

④2023年2月13日结转无形资产成本时

| 借：无形资产 | 4800 | |
| 贷：研发支出　　　——资本化支出 | | 4800 |

4. 无形资产的摊销

企业应当在取得无形资产时分析判断其使用寿命。使用寿命有限的无形资产应进行摊销，使用寿命不确定的无形资产不应摊销。使用寿命有限的无形资产，通常其残值视为零。对于使用寿命有限的无形资产，应当自可供使用当月起开始摊销，处置当月不再摊销。

企业应当按月对无形资产进行摊销。无形资产自取得的当月起在预计使用年限内分期摊销，处置无形资产的当月不再摊销。各期摊销无形资产时借记"管理费用——无形资产摊销""其他业务成本——无形资产转让"，贷记"累计摊销"。

每年年度终了，对使用寿命有限的无形资产的使用寿命及摊销方法进行复核，使用寿命及摊销方法与以前估计不同时应改变摊销期限和摊销方法。

5. 无形资产的处置

无形资产的处置是指出售或者出租无形资产。企业租让无形资产使用权形成的租金收入和发生的相关费用，分别确认为其他业务收入和其他业务成本。

（1）出售无形资产的核算

出售无形资产，表明企业放弃无形资产的所有权。企业处置无形资产，应当将取得的价款扣除该无形资产账面价值及出售相关税费后的差额计入资产处置损益。按实际收到的金额，借记"银行存款"等科目；按已摊销的累计摊销额，借记"累计摊销"科目；按无形资产的账面余额，贷记"无形资产"科目；按支付的相关税费，贷记"应交税费"等科目；按其差额，贷记或借记"资产处置损益"科目。

【例6-21】某建筑企业于2022年7月17日转让一项专利权，取得转让收入50 000元，该项无形资产成本为100 000元，已计提摊销51 000元，增值税税率为6%，会计分录如下：

借：银行存款	50 000	
累计摊销	51 000	
资产处置损益	2000	
贷：无形资产		100 000
应交税费——应交增值税（销项税额）		3000

（2）出租无形资产的核算

将所拥有的无形资产的使用权让渡给他人并收取租金时，应确认相关的收入及成本。取得的租金收入，借记"银行存款"等科目，贷记"其他业务收入"科目；摊销出租无形资产的成本并发生与转让有关的各项费用支出时，借记"其他业务成本"科目，贷记"累计摊销"等科目。

【例 6-22】某建筑企业于 2022 年 7 月 16 日将某种新型建筑材料的专利使用权转让给建材厂。转让合同规定，受让方应于每月末按销售该建筑材料的数量支付专利使用费。2022 年 7 月，公司按合同规定派出技术人员为建材厂解决技术问题，共产生各种费用 3600 元，以银行存款支付。月末建筑公司收到建材厂支付的专利使用费 15 000 元，增值税税额为 900 元，已存入银行，会计分录如下：

①2022 年 7 月，支付有关费用时

借：其他业务成本	3600
贷：银行存款	3600

②2022 年 7 月末，收到专利使用费时

借：银行存款		15 900
贷：其他业务收入		15 000
应交税费	——应交增值税（销项税额）	900

三、临时设施的概述及其会计处理

（一）临时设施的含义及分类

1. 含义

临时设施是建筑企业为了保证施工和管理的正常进行在施工现场建造的各种临时性生产、生活设施。施工队伍进入新的建筑工地时，为了保证施工顺利进行，必须搭建一些临时设施。但在工程完工以后，这些临时设施就失去了它原来的作用，必须拆除或进行其他处理。建造临时设施的费用由承包商承担，同时尽可能使用原有现场设施，并根据施工单位的设计和规划要求建造临时设施。

2. 分类

建筑工地搭建的临时设施通常可分为大型临时设施和小型临时设施两类（见表 6-5）。

表 6-5　临时设施的分类

大型临时设施	1. 施工人员的临时宿舍、机具棚、材料室、化灰池、储水池等
	2. 施工单位或附属企业在现场的临时办公室等
	3. 施工过程中应用的临时给水、排水、供电、供热和管道（不包括设备）等
小型临时设施	1. 临时铁路专用线、轻便铁道
	2. 现场施工和警卫安全使用的小型临时设施
	3. 保管器材用的小型临时设施，如简易料棚、工具储藏室等
	4. 行政管理用的小型临时设施，如工地收发室等

资料来源：作者整理。

（二）临时设施核算应设置的会计账户

临时设施核算应设置的会计账户主要是"临时设施""临时设施摊销"和"临时设施清理"账户。

1. "临时设施"账户

本账户用于核算企业为保证施工和管理的正常进行而建造的各种临时设施的实际成本。其借方登记企业购置或搭建各种临时设施的实际成本，贷方登记因企业出售、拆除、报废、毁损和盘亏等不需要使用或不能继续使用的临时设施的实际成本，期末借方余额反映企业期末临时设施的实际成本。本账户应按临时设施的种类和使用部门设置明细账进行核算。

2. "临时设施摊销"账户

本账户用于核算企业各种临时设施的摊销情况。其贷方登记企业按月计提的摊入工程成本的临时设施摊销额，借方登记企业因出售、拆除、报废、毁损和盘亏临时设施而转出已提的摊销额。期末贷方余额反映企业在用临时设施的已提摊销额。本账户应按临时设施的种类和使用部门设置明细账进行核算。

3. "临时设施清理"账户

本账户用于核算企业因出售、拆除、报废和毁损等原因转入清理的临时设施价值及在清理过程中所发生的清理费用和清理收入等。其借方登记因各种原因转入清理的临时设施账面价值、发生的清理费用和清理后的净收益；贷方登记清理过程中取得的变价收入和收回的残料价值，以及清理后的净损失。本账户期末余额反映尚未清理完毕临时设施的价值及清理净损益（清理收入减去清理费用）。结转临时设施清理净损益后本账户无余额。

本账户应按被清理的临时设施种类和名称设置明细账进行核算。

（三）临时设施的会计核算

临时设施的取得方式分为自建和购置两种，购置临时设施又分为需要安装的临时设施和不需要安装的临时设施两类。建筑企业购置临时设施所发生的各项实际支出，可以直接记入"临时设施"账户。对于需要通过建筑安装活动才能完成的临时设施，其实际支出可以先通过"在建工程"账户核算，待临时设施搭建完成达到预定可使用状态时，再将实际成本从"在建工程"账户转入"临时设施"账户。建筑企业对临时设施进行清理而产生的费用，在"临时设施清理"账户进行核算。

【例 6-23】某建筑企业在施工现场的附近购置一栋旧楼作为临时现场材料室，价款由银行存款支付，取得的增值税专用发票上注明的价款为 90 000 元，增值税税额为 4500 元（增值税税率为 5%），预计工程的受益期限为 5 年，房屋已交付使用，会计分录如下：

①支付款项时

借：临时设施		90 000
应交税费	——应交增值税（进项税额）	4500
贷：银行存款		94 500

②按月计提临时设施摊销额时

月临时摊销额 = 90 000 ÷ 5 ÷ 12 = 1500 （元）

借：合同履约成本	——工程施工——直接材料	1500
贷：临时设施摊销		1500

【例 6-24】某建筑企业为方便指挥工程施工，在施工现场搭建一栋临时办公室，实际搭建成本为 75 600 元，其中，领用材料的计划成本为 15 000 元，材料成本差异率为 4%，应付职工薪酬为 40 000 元，其他费用为 20 000 元，以银行存款支付，完工后随即交付使用。会计分录如下：

①搭建过程中发生的各种费用

借：在建工程	——临时办公室	75 600
贷：原材料		15 000
材料成本差异		600

应付职工薪酬	40 000
银行存款	20 000

②支付款项时

借：临时设施	——临时办公室	75 600
贷：在建工程	——临时办公室	75 600

第二节 涉税管理

本节从涉税政策、涉税处理、涉税优惠三个角度对物资采购及资产管理阶段的涉税问题进行梳理及分析。物资采购及资产管理阶段涉税较多，包括增值税、房产税、城镇土地使用税、城市维护建设税、车辆购置税、资源税、印花税等。

一、涉税政策

（一）增值税的涉税政策

1. 预收工程款

（1）纳税人提供建筑服务取得预收款，应在收到预收款时，以取得的预收款扣除支付的分包款后的余额，按照本条第三款规定的预征率预缴增值税。

按照现行规定应在建筑服务发生地预缴增值税的项目，纳税人收到预收款时在建筑服务发生地预缴增值税。按照现行规定，无须在建筑服务发生地预缴增值税的项目，纳税人收到预收款时，应在机构所在地预缴增值税。

适用一般计税方法计税的项目预征率为 2%，适用简易计税方法计税的项目预征率为3%。

（2）建筑企业在收到预收款时，如按照建筑服务的增值税税率或征收率开具发票，即产生增值税纳税义务，需要正常进行纳税申报。

2. 材料采购

（1）按照《中华人民共和国增值税暂行条例》规定，企业购进或者销售货物以及在生产经营过程中支付运输费用的，按照运输费用增值税专用发票上注明的增值税额抵扣进项税额。

（2）按照《中华人民共和国增值税暂行条例》规定，企业购入免征增值税货物，一般不能够抵扣增值税进项税额。但是对于购入的免税农产品，可以按照买价和规定的扣除率计算进项税额，并准予从企业的销项税额中抵扣。

3. 材料销售

如果项目部所属的建筑公司为一般纳税人，则无论对工程项目采用一般计税方法还是简易计税方法，项目部销售材料均应按一般计税方法计算缴纳增值税，按照不含税销售额和适用税率 13% 计算确认销项税额。

（二）房产税的涉税政策

1. 从价计征

《财政部 国家税务总局关于房产税城镇土地使用税有关问题的通知》（财税〔2008〕152 号）规定："对依照房产原值计税的房产，不论是否记载在会计账簿固定资产科目中，均应按照房屋原价计算缴纳房产税。房屋原价应根据国家有关会计制度规定进行核算。对纳税人未按国家会计制度规定核算并记载的，应按规定予以调整或重新评估。"

附属设备和配套设施计入房产原值的情况。为了维持和增加房屋的使用功能或使房屋满足设计要求，凡以房屋为载体，不可随意移动的附属设备和配套设施，如给排水、采暖、消防、中央空调、电气及智能化楼宇设备等，无论在会计核算中是否单独记账与核算，都应计入房产原值，计征房产税。根据《国家税务总局关于进一步明确房屋附属设备和配套设施计征房产税有关问题的通知》（国税发〔2005〕173 号），对于更换房屋附属设备和配套设施的，在将其价值计入房产原值时，可扣减原来相应设备和设施的价值；对于附属设备和配套设施中易损坏、需要经常更换的零配件，更新后不再计入房产原值。

地价计入房产原值的情况。《财政部 国家税务总局关于安置残疾人就业单位城镇土地使用税等政策的通知》（财税〔2010〕121 号）规定：对按照房产原值计税的房产，无论会计上如何核算，房产原值均应包含地价，包括为取得土地使用权支付的价款、开发土地发生的成本费用等。宗地容积率低于 0.5 的，按房产建筑面积的两倍计算土地面积，并据此确定计入房产原值的地价。

宗地：是土地权属界址线围成的地块，是土地登记和地籍调查的基本单位。一般情况下，一宗土地为一个权属单位。

容积率：是指一宗土地上建筑物（不含地下建筑物）总建筑面积与该宗土地面积之比，是反映土地使用强度的指标。容积率越低，居民的舒适度越高；对于开发商而言，容积率越高，可回收的资金越多。

2. 从租计征

应纳税额=租金收入×适用税率12%（特殊情形为4%）

（1）对于个人出租住房，不区分用途，按4%的税率征收房产税。

（2）对于企事业单位、社会团体及其他组织按市场价格向个人出租用于居住的住房，减按4%的税率征收房产税。

《财政部　国家税务总局关于营改增后契税、房产税、土地增值税、个人所得税计税依据问题的通知》（财税〔2016〕43号）规定：出租房产的，计征房产税的租金收入不含增值税；免征增值税的，确定计税依据时，租金收入不扣减增值税额。

（三）城镇土地使用税的涉税政策

《关于公共租赁住房税收优惠政策的公告》（财税〔2019〕61号）规定：对公租房建设期间用地及公租房建成后占地，免征城镇土地使用税。在其他住房项目中配套建设公租房，按公租房建筑面积占总建筑面积的比例免征建设、管理公租房涉及的城镇土地使用税。

《财政部　国家税务总局关于棚户区改造有关税收政策的通知》规定：对改造安置住房建设用地，免征城镇土地使用税。对改造安置住房经营管理单位、开发商与改造安置住房相关的印花税，以及购买安置住房的个人涉及的印花税予以免征。在商品住房等开发项目中配套建造安置住房的，依据政府部门出具的相关材料、房屋征收（拆迁）补偿协议或棚户区改造合同（协议），按改造安置住房建筑面积占总建筑面积的比例免征城镇土地使用税、印花税。

国家税务总局印发的《关于土地使用税若干具体问题的补充规定》中提到：对企业厂区（包括生产、办公及生活区）以内的绿化用地，应照章征收土地使用税，厂区以外的公共绿化用地和向社会开放的公园用地，暂免征收土地使用税。

（四）城市维护建设税的涉税政策

（1）在中华人民共和国境内缴纳增值税、消费税的单位和个人，为城市维护建设税的纳税人，应当依照本法规定缴纳城市维护建设税。

（2）城市维护建设税的纳税义务发生时间与增值税、消费税的纳税义务发生时间一致，分别与增值税、消费税同时缴纳。

（3）城市维护建设税的扣缴义务人为负有增值税、消费税扣缴义务的单位和个人，在扣缴增值税、消费税的同时扣缴城市维护建设税。

（4）城市维护建设税以纳税人依法实际缴纳的增值税、消费税税额为计税依据。城市维护建设税的计税依据应当按照规定扣除期末留抵退税退还的增值税税额。城市维护建设税计税依据的具体确定办法，由国务院依据本法和有关税收法律、行政法规规定，报全国人民代表大会常务委员会备案。

（五）车辆购置税的涉税政策

（1）车辆购置税实行一次课征制，并不是在生产、经营和消费的各环节实行道道征收，而是在退出流通、进入消费领域的特定环节征收。

（2）车辆购置税的税率为10%，车辆购置税根据纳税人购置应税车辆的计税价格实行从价计征，以价格为计税标准，课税与价值直接相关，价值高者多征税，价值低者少征税。

（3）纳税人购买自用的应税车辆的计税价格，为纳税人购买应税车辆而支付给销售者的全部价款和价外费用，不包括增值税税款。

（六）资源税的涉税政策

《中华人民共和国资源税暂行条例》（简称《资源税暂行条例》）第十一条规定：收购未税矿产品的单位为资源税的扣缴义务人。《中华人民共和国资源税代扣代缴管理办法》第四条规定：扣缴义务人履行代扣代缴的适用范围是收购的除原油、天然气、煤炭以外的资源税未税矿产品。第五条规定：该办法第四条所称"未税矿产品"是指资源税纳税人在销售其矿产品时不能向扣缴义务人提供"资源税管理证明"的矿产品。

《国家税务总局关于取消一批税务证明事项的决定》规定：自2019年3月8日起，取消资源税管理证明。按照该文件规定，税务机关不再开具或索要资源税管理证明，并通过进一步加强开采地源泉控管，对已纳入开采地正常税务管理或者在销售矿产品时开具增值税发票的纳税人，实行纳税人自主申报，不采用代扣代缴的征管方式。对于部分零散税源，确有必要的，可采用委托代征等替代管理方式。

因此，建筑施工企业在采购砂石料等矿产资源时，可以不再向材料供应商索要资源税管理证明，也不用再履行资源税代扣代缴义务。

（七）印花税的涉税政策

按照《中华人民共和国印花税暂行条例》的规定，企业应该按照购销合同金额的万分之三缴纳印花税。采购环节涉及的印花税一般直接计入"税金及附加"账户，而不计入"存货"或"固定资产成本"账户。印花税的税目，是指印花税法明确规定的应当纳税的项目。我国印花税共有14个税目，其中包括11个书面合同，分别是借款合同、融资租赁合同、买卖合同、承揽合同、建设工程合同、运输合同、技术合同、租赁合同、保管合同、仓储合同、财产保险合同。另外，还有产权转移书据、营业账簿和证券交易3个税目。

印花税的纳税义务人，是指在中国境内书立、使用、领受《中华人民共和国印花税暂行条例》所列举的凭证，并应依法履行纳税义务的单位和个人。按照书立、使用、领受应税凭证的不同，可以分别将其确定为立合同人、立据人、立账簿人、领受人、使用人，以及各类电子应税凭证的签订人。

关于印花税的征税范围，只对《中华人民共和国印花税暂行条例》中列举的凭证征收印花税，对没有列举的凭证不征税。

印花税的税率有两种形式，即比例税率和定额税率。其中，各类合同及具有合同性质的凭证（包含以电子形式签订的各类应税凭证）、产权转移书据、营业账簿中记载金额的账簿，适用比例税率。印花税的比例税率分4个档次，分别是万分之零点五、万分之三、万分之五和千分之一；而"权利、许可证照"和"营业账簿"税目中的其他账簿，适用定额税率，均为按件贴花，每件税额为5元。财政部、国家税务总局《关于对营业账簿减免印花税的通知》规定：自2018年5月1日起，对按万分之五税率贴花的资金账簿减半征收印花税，对按件贴花五元的其他账簿免征印花税。

二、涉税处理

（一）增值税的涉税处理

1. 预收工程款

建筑公司收到符合条件的预收款，可以开具普通财务收据或"不征税"发票，暂不确认合同收入。收到预收款时，借记"银行存款"账户，贷记"合同负债"等账户；预交增值税及附加时，借记"应交税费——预交增值税""应交税费——简易计税（预交税额）""税金及附加"等账户，贷记"银行存款"等账户。

【例 6-25】建筑施工企业承包了一个工程项目，于 2022 年 10 月收到业主预付工程启动资金 300 万元。建筑企业收款时，对方要求开具发票。假如该项目采用一般计税方法，收到预收款时，会计分录如下。

【解析】该题目中应交税费——预交增值税金额为 24.77 元，具体计算公式如下：[300÷（1+9%）]×9%=24.77（元）。

借：预收账款		275.23
应交税费	——预交增值税	24.77
贷：银行存款		300

2. 材料采购

购买时确定用于简易计税方法计税项目、免征增值税项目、集体福利、个人消费，应当根据取得的增值税普通发票将采购价款和进项税额计入采购成本或其他成本费用账户，借记"原材料""周转材料""合同履约成本——工程施工（明细账户）""管理费用""固定资产"和"其他业务成本"等账户。

【例 6-26】某建筑企业于 2022 年 6 月购进一批甲材料，7 月因上述材料存在质量问题退回一部分，销货方退回价款 20 000 元，增值税税款为 3000 元，已收到对方开具的红字增值税专用发票，会计分录如下：

借：银行存款		23 000
应交税费	——应交增值税（进项税额）	3000
贷：银行存款		20 000

3. 材料销售

建筑公司销售货物、加工修理修配劳务、服务、无形资产或不动产，应当按应收或已收的金额，借记"应收账款""应收票据""银行存款"等账户；按取得的收入金额，贷记"主营业务收入""其他业务收入""固定资产清理""合同结算"等账户；按现行增值税制度规定计算的销项税额（或采用简易计税方法计算的应纳增值税额），贷记"应交税费——应交增值税（销项税额）"或"应交税费——简易计税"账户（小规模纳税人应贷记"应交税费——应交增值税"账户）。发生销售退回的，应根据按规定开具的红字增值税专用发票做相反的会计分录。

（二）房产税的涉税处理

计税依据分为按房产余值计税和按租金收入计税两种。

（1）从价计征的计算公式：

应纳税额=应税房产原值×（1-扣除比例）×1.2%

　　　　=应税房产原值×（1-扣除比例20%）×适用税率（1.2%）

（2）从租计征的计算公式：

应纳税额=房产租金收入×12%（或4%）

根据从价计征的公式可以计算出本年度缴纳的房产税（见例6-27）。

【例6-27】某建筑企业2022年3月25日的"固定资产"明细账中，房产的原值为3500万元。2月，企业将原值100万元的房屋出租给其他单位使用，每年收取租金12万元；3—12月，房产无变化。当地政府规定，计税余值扣除比例为20%。计算本年度缴纳房产税。

【解析】

没有出租业务时，按房产余值计算1月自用房产应纳房产税：

月应交房产税=3500×（1-20%）×1.2%÷12=2.8（万元）

有出租业务时，按房产余值计算2月自用房产应纳房产税：

月应交房产税=（3500-100）×（1-20%）×1.2%÷12=2.72（万元）

按租金收入计算2月出租房产应缴房产税：

月应交房产税=12×12%÷12=0.12（万元）

本年度应交房产税合计=2.8+（2.72+0.12）×11=34.04（万元）

（三）城镇土地使用税的涉税处理

城镇土地使用税的计算：年应纳税额=实际占用应税土地面积×适用税额，按年计算，分期缴纳。全年税额=实际占用土地面积×适用税率。

根据公式可以计算出企业全年应交城镇土地使用税，如例6-28所示。

【例6-28】某建筑企业实际占用土地50 000平方米，其中企业自办的托儿所用地200平方米，企业自办医院用地2000平方米。该企业位于某市四级地段，土地使用税适用税额12元/平方米。计算该企业全年应纳土地使用税。

【解析】

按照规定，企业自办托儿所、医院占用的土地，可以免缴土地使用税。

全年应纳税额=（50 000-200-2000）×12=573 600（元）

（四）城市维护建设税的涉税处理

对于设置账簿进行会计核算的建筑企业，应当在"应交税费"账户下设置"应交城市维护建设税"明细账户，专门用来核算其应交城市维护建设税的发生和缴纳情况。该账户的贷方反映按税法规定计算出的应当缴纳的城市维护建设税，借方反映实际向税务机关缴纳的城市维护建设税。余额在贷方，反映应缴而未缴的城市维护建设税。

【例 6-29】某建筑企业于 2022 年 11 月 10 日向税务机关申报缴纳上月实现的城市维护建设税 3500 元，教育费附加 500 元，该单位用现金缴纳，会计分录如下：

```
借：应交税费      ——应交城市维护建设税      3500
                 ——应交教育费附加          500
      贷：库存现金                        4000
```

（五）车辆购置税的涉税处理

1. 车辆购置税的税目税额表（如表 6-6 和表 6-7 所示）。

表 6-6　乘用车按排气量分档的年基准税额

税目	排气量	计税单位	年基准税额（元）	备注
乘用车（按排气量"升"分档）	1.0 及以下	辆	60～360	核定载客人数 9 人（含）以下
	1.0～1.6		300～540	
	1.6～2.0		360～660	
	2.0～2.5		660～1200	
	2.5～3.0		1200～2400	
	3.0～4.0		2400～3600	
	4.0 以上		3600～5400	

资料来源：付小青，赖萍宜，戴琼燕，等. 车船税税收政策存在的问题及对策[J]. 税务研究，2014（12）：93.

表 6-7　其他车辆年基准税额

税目	类型	计税单位	年基准税额（元）	备注
商用车	客车	每辆	480～1440	核定载客人数 9 人以上，包括电车
	货车	整备质量（每吨）	16～120	包括半挂牵引车、三轮汽车和低速载货汽车等
挂车		整备质量（每吨）	按照货车税额的 50% 计算	

税目	类型	计税单位	年基准税额（元）	备注
其他车辆	专用作业车	整备质量（每吨）	16~120	不包括拖拉机
	轮式专用机械车			
摩托车		每辆	36~180	
船舶	机动船舶	净吨位（每吨）	3~6	拖船、非机动驳船分别按照机动船舶税额的 50%计算
	游艇	艇身长度（每米）	600~2000	

资料来源：许琼. 浅谈我国车船税的税种设置与征收效果[J]. 交通财会，2022（5）：13-19.

2. 车辆购置税的核算

建筑公司缴纳的车辆购置税应当作为所购置车辆的成本。由于车辆购置税是一次性缴纳，可以不通过"应交税费"账户进行核算，而是通过"固定资产"和"银行存款"等账户进行核算。

【例 6-30】某建筑企业购置小轿车 1 辆，支付小轿车价款 230 000 元，同时按照车辆购置税的规定税率 10%缴纳车辆购置税 23 000 元，会计分录如下：

借：固定资产	23 000
贷：银行存款	23 000

车辆购置税采用比例 10%，车辆购置税应纳税额的计算公式如下：

应纳税额=计税价格×税率

【例 6-31】某建筑企业购置进口轿车 1 辆，到岸价为 60 000 美元，汇率为 1：6.2，进口关税税率为 25%，消费税税率为 8%，增值税税率为 13%。另在国内购买 1 辆轿车，含税价款为 339 000 元。计算该公司应纳车辆购置税。

【解析】

①进口轿车的计税价格=60 000×6.2×（1+25%）÷（1-8%）=505 434.783（元）

进口轿车应纳车辆购置税=505 434.783×10%=50 543.4783（元）

②国内购车计税价格=339 000÷（1+13%）=300 000（元）

国内购车应纳车辆购置税=300 000×10%=30 000（元）

（六）资源税的涉税处理

1. 资源税的账务处理

发生销售业务时，建筑公司将计算出销售的应税产品应缴纳的资源税，借记"税金及附加"账户，贷记"应交税金——应交资源税"账户；上缴资源税时，借记"应交税金——应交资源税"账户，贷记"银行存款"等账户。

2. 资源税的计算

资源税的计税依据为应税产品的销售额或销售数量。

实行从价计征的，应纳税额按照应税资源产品的销售额×具体适用税率计算；实行从量计征的，应纳税额按照应税资源产品的销售数量×具体适用税率计算。

（七）印花税的涉税处理

（1）按照《中华人民共和国印花税暂行条例》的规定，企业应该按照购销合同金额的万分之三缴纳印花税。采购环节涉及的印花税一般直接计入"税金及附加"账户，而不计入"存货"或"固定资产成本"账户。

（2）印花税的计算

印花税纳税人的应纳税额，根据应纳税凭证的性质，分别按比例税率或者定额税率计算。其计算公式如下：

应纳税额=应税凭证计税金额（或应税凭证件数）×适用税率

印花税票为有价证券，票面金额以人民币为单位，分为1角、2元、5角、1元、2元、5元、10元、50元、100元9种。

三、涉税优惠

（一）增值税的税收优惠

境外提供建筑服务免征增值税：境外的建筑服务项目可以免征增值税。无论是承包方还是工程分包方，只要施工地点在境外，提供的建筑服务都属于境外建筑服务项目。

建材生产企业可以享受到增值税申请税收奖励。也就是说，企业生产的建材产品可以按照一定比例享受增值税优惠。

建材销售企业可以享受到增值税减免。具体来说，在销售建材产品时，可以按照规定的比例减免相应的增值税。

小规模纳税人建筑服务简易计税：提供建筑服务的小规模纳税人，可以选择简易计税方式，征收率为3%，而一般纳税人按照9%税率计税。

一般纳税人房屋建筑工程简易计税：一般纳税人中，对于为房屋建筑的地基与基础、主体结构提供工程服务的单位，如果建设单位自行采购全部或部分钢材、混凝土、砌体材料、预制构件，可以适用简易计税方法计税。

（二）房产税的涉税优惠

1. 地震毁损不堪和危险房屋免征房产税

经有关部门鉴定，对于因毁损不堪居住和使用的房屋和危险房屋，在停止使用后，可免征房产税。

2. 按政府规定价格出租的公有住房和廉租住房免征房产税

对按政府规定价格出租的公有住房和廉租住房，包括企业和自收自支事业单位向职工出租的单位自有住房；房管部门向居民出租的公有住房；落实私房政策中带户发还产权并以政府规定租金标准向居民出租的私有住房等，暂免征收房产税、营业税。

对个人出租住房，不区分用途，在3%税率的基础上减半征收营业税，按4%的税率征收房产税，免征城镇土地使用税。

对企事业单位、社会团体及其他组织按市场价格向个人出租用于居住的住房，减按4%的税率征收房产税。

3. 廉租住房租金收入免征房产税

对廉租住房经营管理单位按照政府规定价格、向规定保障对象出租廉租住房的租金收入，免征房产税。

4. 公共租赁住房免征房产税

对公租房免征房产税。

5. 向专业化、规模化住房租赁企业出租住房，减按4%征收房产税

对企事业单位、社会团体及其他组织向专业化、规模化住房租赁企业出租住房的，减按4%的税率征收房产税。

6. 向个人出租住房，减按4%征收房产税

对企事业单位、社会团体及其他组织向个人出租住房的，减按4%的税率征收房产税。

7. 向个人出租符合条件的保障性租赁住房，减按4%征收房产税

对利用非居住存量土地和非居住存量房屋（含商业办公用房、工业厂

房改造后出租用于居住的房屋）建设的保障性租赁住房，取得保障性租赁住房项目认定书后，企事业单位、社会团体及其他组织向个人出租保障性租赁住房的，减按4%的税率征收房产税。

8. 向专业化、规模化住房租赁企业出租符合条件的保障性租赁住房，减按4%征收房产税

对利用非居住存量土地和非居住存量房屋（含商业办公用房、工业厂房改造后出租用于居住的房屋）建设的保障性租赁住房，取得保障性租赁住房项目认定书后，企事业单位、社会团体及其他组织向专业化、规模化住房租赁企业出租上述保障性租赁住房的，减按4%的税率征收房产税。

9. 非营利性老年服务机构自用房产免征房产税

对政府部门和企事业单位、社会团体及个人等社会力量投资兴办的福利性、非营利性的老年服务机构，暂免征收企业所得税，以及老年服务机构自用房产、土地、车船的房产税、城镇土地使用税、车船使用税。

10. 社区养老、托育、家政机构免征房产税

对为社区提供养老、托育、家政等服务的机构自有或其通过承租、无偿使用等方式取得并用于提供社区养老、托育、家政服务的房产、土地，免征房产税、城镇土地使用税。

11. 企业纳税困难减免房产税

除《中华人民共和国房产税暂行条例》第五条规定者外，纳税人纳税确有困难的，可由省、自治区、直辖市人民政府确定，定期减征或者免征房产税。

12. 非营利性科研机构自用的房产免征房产税

对非营利性科研机构自用的房产、土地，免征房产税、城镇土地使用税。

13. 科技企业孵化器、大学科技园和众创空间免征房产税

为继续鼓励创业创新，财政部、税务总局、科技部、教育部《关于继续实施科技企业孵化器、大学科技园和众创空间有关税收政策的公告》，对国家级、省级科技企业孵化器、大学科技园和国家备案众创空间自用，以及无偿或通过出租等方式提供给在孵对象使用的房产、土地，免征房产税和城镇土地使用税；对其向在孵对象提供孵化服务取得的收入，免征增值税（所称孵化服务，是指为在孵对象提供的经纪代理、经营租赁、研发和技术、信息技术、鉴证咨询服务）。

14. 为居民供热所使用的厂房免征房产税

财政部、税务总局《关于延续实施供热企业有关税收政策的公告》（财政部、税务总局公告 2023 年第 56 号）对供热企业向居民个人（简称"居民"）供热取得的采暖费收入免征增值税。向居民供热取得的采暖费收入，包括供热企业直接向居民收取的、通过其他单位向居民收取的和由单位代居民缴纳的采暖费。免征增值税的采暖费收入应当单独核算。通过热力产品经营企业向居民供热的热力产品生产企业，应当根据热力产品经营企业实际从居民取得的采暖费收入占该经营企业采暖费总收入的比例，计算免征的增值税。

对向居民供热收取采暖费的供热企业，为居民供热所使用的厂房及土地免征房产税、城镇土地使用税；对供热企业其他厂房及土地，应当按照规定征收房产税、城镇土地使用税。

对专业供热企业，按其向居民供热取得的采暖费收入占全部采暖费收入的比例，计算免征的房产税、城镇土地使用税。

对兼营供热企业，视其供热所使用的厂房及土地与其他生产经营活动所使用的厂房及土地是否可以区分，按照不同方法计算免征的房产税、城镇土地使用税。可以区分的，对其供热所使用厂房及土地，按向居民供热取得的采暖费收入占全部采暖费收入的比例，计算免征的房产税、城镇土地使用税；难以区分的，对其全部厂房及土地，按向居民供热取得的采暖费收入占其营业收入的比例，计算免征的房产税、城镇土地使用税。

对自供热单位，按向居民供热建筑面积占总供热建筑面积的比例，计算免征供热所使用的厂房及土地的房产税、城镇土地使用税。

（三）城镇土地使用税的涉税优惠

1. 地震造成纳税困难免征城镇土地使用税

纳税人因地震灾害造成严重损失，纳税确有困难的，可依法申请定期减免城镇土地使用税。

2. 棚户区改造安置住房建设用地免征城镇土地使用税

对改造安置住房建设用地，免征城镇土地使用税。

在商品住房等开发项目中配套建造安置住房的，依据政府部门出具的相关材料、房屋征收（拆迁）补偿协议或棚户区改造合同（协议），按改造安置住房建筑面积占总建筑面积的比例免征城镇土地使用税。

3. 易地扶贫搬迁安置住房用地免征城镇土地使用税

对安置住房用地，免征城镇土地使用税。

4. 公共租赁住房用地免征城镇土地使用税

对公租房建设期间用地及公租房建成后占地，免征城镇土地使用税。在其他住房项目中配套建设公租房，按公租房建筑面积占总建筑面积的比例免征建设、管理公租房涉及的城镇土地使用税。

（四）城市维护建设税的涉税优惠

（1）对进口货物或者境外单位和个人向境内销售劳务、服务、无形资产缴纳的增值税、消费税税额，不征收城市维护建设税。

（2）对出口货物、劳务和跨境销售服务、无形资产，以及因优惠政策退还增值税、消费税的，不退还已缴纳的城市维护建设税。

（3）对增值税、消费税实行先征后返、先征后退、即征即退办法的，除另有规定外，对随增值税、消费税附征的城市维护建设税，一律不予退（返）还。

（五）车辆购置税的涉税优惠

（1）对外国驻华使馆、领事馆和国际组织驻华机构及其外交人员自用的车辆免税。

（2）对中国人民解放军和中国人民武装警察部队列入军队武器装备订货计划的车辆免税。

（3）对设有固定装置的非运输车辆免税。

（4）对有国务院规定予以免税或者减税的其他情形的，按照规定免税或者减税。

（六）资源税的税收优惠

有下列情形之一的，减征或者免征资源税：

（1）对开采原油过程中用于加热、修井的原油免税。

（2）对于纳税人开采或者生产应税产品过程中，因意外事故或者自然灾害等原因遭受重大损失的，由省、自治区、直辖市人民政府酌情决定减税或者免税。

（3）国务院规定的其他减税、免税项目。

（七）印花税的税收优惠

《中华人民共和国印花税法》规定的免税凭证包括：

（1）应税凭证的副本或者抄本。

（2）依照法律规定应当予以免税的外国驻华使馆、领事馆和国际组织驻华代表机构为获得馆舍书立的应税凭证。

（3）中国人民解放军、中国人民武装警察部队书立的应税凭证。

（4）农民、家庭农场、农民专业合作社、农村集体经济组织、村民委员会购买农业生产资料或者销售农产品书立的买卖合同和农业保险合同。

（5）无息或者贴息借款合同、国际金融组织向中国提供优惠贷款书立的借款合同。

（6）财产所有权人将财产赠与政府、学校、社会福利机构、慈善组织书立的产权转移书据。

（7）非营利性医疗卫生机构采购药品或者卫生材料书立的买卖合同。

（8）个人与电子商务经营者订立的电子订单。

第三节　热点问题

一、如何优化"互联网+"背景下的建筑物资采购问题

对"互联网+"背景下的建筑物资采购，主要通过部门组织优化、集采平台搭建和集采平台的大数据应用三方面进行优化。

（一）部门组织优化

在建筑企业中，采购管理中心主要是管控整体的采购交易环节，采购需求单位按照合同将具体的采购任务落实下去，而业务部门主要负责供应商在合作过程中的履约情况。建筑物资采购模式在三者的配合下才能发展。与传统的采购方法不同，"互联网+"的采购模式可以让这三者进行线上合作，同时也可以在合作的过程中将一些资料放在互联网平台上，使这几个部门能够及时了解供应商的相关信息，从而采取更加有效的应对措施。

（二）集采平台搭建

在互联网时代，企业进行集采管理时必须遵循控制成本、促进发展、保障增长的原则，实行企业内部的集中统一采购，充分发挥分级管理体制的规模优势，降低集采成本，提升产品质量，并与现实生活接轨。构建互联网交易平台是实现上述目标的理想和科学的手段之一。

（三）集采平台的大数据应用

集采平台投入运行后，交易数据将形成大数据，经过互联网筛选、统

计和分析等环节，可为企业制订典型采购计划、为未来材料成本控制提供参考和数据支持。其中，材料采购量数据尤为重要，能提供企业在一定时期内采购各种建筑材料的数量，以及下属单位的整体采购数量。这不仅可作为制订后续采购计划和分析材料占比情况的重要依据，同时也为材料损耗率分析提供有力支撑。另一项关键数据是企业在一定时期内采购建筑材料的平均价格和某一批次的具体采购价格。利用这一数据能充分分析出企业建筑材料的具体变化趋势，为企业研判市场走向和做出采购决策提供依据，同时也可对下属企业的采购成本进行科学分析，发现管理问题，为持续改进提供更多支持。

二、建筑企业使用农业生产用地建设厂房是否应缴纳城镇土地使用税

本部分主要讨论城市、县城、建制镇和工矿区范围内的土地，不涉及农村集体所有的土地。根据《中华人民共和国城镇土地使用税暂行条例》第二条规定："在城市、县城、建制镇、工矿区范围内使用土地的单位和个人，为城镇土地使用税的纳税人，应当依照本条例的规定缴纳土地使用税。"根据上述规定，城镇土地使用税纳税人不包括集体土地的使用者。

但 2017 年 3 月 31 日财政部、国家税务总局《关于集体土地城镇土地使用税有关政策的通知》明确指出，在城镇土地使用税征收区域内，所有从集体经济组织承租农业用地的单位和个人都必须缴纳城镇土地使用税，以保证农业用地的科学利用和有效开发。该文件将大幅拓展城镇土地使用税的征收范围，将其扩展至集体建设用地。

三、对已向税务机关缴纳车船税的纳税人，保险机构是否应代收代缴车船税

对已向税务机关缴纳车船税的纳税人，保险机构不应代收代缴车船税。

依据《国家税务总局 中国保险监督管理委员会关于机动车车船税代收代缴有关事项的公告》第二条第（五）款规定：对于已缴纳车船税的纳税人，保险机构应根据纳税人出示的完税证明原件，将车辆的完税凭证编号和税务机关信息录入交强险系统中。这一要求旨在规范车船税代收代缴行为，以保证税款的合法性与准确性，缩短办理时间，提升业务质量。对

纳税人而言，他们无须重复缴纳车船税，从而节约了时间与精力。另外，完税单据的录入还确保了纳税人的利益得以维护。

四、增值税、消费税实行先征后返、先征后退、即征即退的，是否可以退还随两税附征的城建税

根据《国家税务总局关于城市维护建设税征收管理有关事项的公告》的规定，两税实行先征后返、先征后退、即征即退的，除另有规定外，不予退还随两税附征的城建税。

第四节　案例分析

【案例内容】

某建筑机械设备企业业务订单逐年递增，业务利润随之逐年增加，企业规模也在不断扩大，人员由成立之初的不到 60 人增加到现在的 250 人，管理人员由原来的 10 人增加到现在的 30 人。截至 2022 年年末，营业收入总额为 16 450 万元，固定资产总额为 6050 万元。企业主要经营租赁业务，每年都有新设备的增加和旧设备的淘汰。企业在固定资产经营管理过程中存在诸多问题，通过一系列改进，取得了良好的效果。

某建筑机械设备企业每年的营业额大幅增加，固定资产投资额也在逐年增加。随着企业规模的扩大，必然会出现管理漏洞。同时，市场竞争也愈发激烈。因此，企业必须加强管理、降低成本，从过去的粗放式管理转变为精细化管理，如表 6-8 所示。

表 6-8　固定资产服务收入及增长趋势　　　　单位：万元

年份	2018	2019	2020	2021	2022
服务营业额	988	1750	4000	10 000	16 450
固定资产总额	655	1150	2625	5000	6050

在运营初期，首先，企业对固定资产管理的重视程度不足，对经济效益的重视导致了对固定资产管理的疏忽，产生了一系列问题。一方面，企业对固定资产的配置和使用情况不够重视，导致账实不符；另一方面，对闲置和报废的固定资产处置随意，缺乏审批手续和评估，导致资产流失。

其次，企业固定资产管理混乱，缺乏一套有效的固定资产管理制度，没

有专人负责，导致责任不清，管理松散。主要表现在：未建立固定资产台账或登记不全、长期不对账、未及时建立固定资产卡片、资产使用维护不到位、没有量化管理、索赔制度执行不力等。这些问题导致资产使用状况不明、账实不符、监管力度不够、固定资产使用寿命缩短等问题。

例如，2019 年企业融资购入一批建筑用塔吊设备，价值 1400 万元，由于企业管理不到位，购机的固定资产发票被随便放在文件柜、抽屉里，财务人员不知道这一事情，也没有登记到账簿上，该批设备直到 2019 年 9 月才被登记入账，导致账实不符、成本费用不实。

最后，企业在固定资产管理方面存在账实不符的问题，主要表现为会计信息处理不及时、没有及时入账等，导致对固定资产无法进行真实的反映和有效的控制。

依据上述案例内容，对该公司的固定资产管理问题进行解析。

【案例解析】

固定资产管理是建筑企业管理的重要组成部分。建筑企业在固定资产数量不断增加、技术结构不断完善的过程中，更要解决如何用好、管好固定资产的问题，以充分发掘固定资产的潜力，使建筑企业的经济责任、经济利益与经济效益相结合，充分发挥固定资产在建筑生产经营中的作用，实现利益最大化。这对于保证再生产的顺利进行、全面提高中小企业的设备管理水平及经济效益，都具有非常重要的意义。现以此为例，对企业固定资产管理进行分析，以便提高企业管理水平，创造更大的效益。

1. 该企业固定资产管理存在问题的原因分析

首先，企业对固定资产管理的观念淡薄，只重视直接效益和利润总额，忽视了固定资产管理，没有定期维护、保养固定资产，造成资产流失。其次，企业的固定资产管理制度不健全，主要表现为内部调拨、处置、清查、监督惩罚制度不健全导致管理混乱，资产流失情况严重。最后，长期不盘点导致财务账面长期虚挂，没有将有效的惩处机制同个人业绩考核有机结合，造成资产管理松懈甚至失控。

2. 该企业固定资产管理的优化措施

2020 年以来，企业加强了对固定资产的管理，通过向管理层灌输企业管理知识，使其深刻认识到固定资产管理的重要性。为此，企业制订了相应的管理制度和方法，从人的思想到物的管理，都有了显著改善。一方面，引导树立正确的管理理念，增强相关人员的责任意识，使其充分认识到加强固定资产管理工作的必要性，以及违法违纪行为的危害性，从而提高员工遵纪守法的自觉性，最终在企业内部从上到下树立起正确的管理理念。另一方面，完善企业固定资产管理制度，优化管理手段，建立详细的固定资产管理制度，引入信息化管理系统，做好固定资产台账管理。

3. 该企业固定资产管理取得的成效

首先，该企业提高了固定资产使用效益（投入收益比=当年收入÷当年末固定资产总额）。其次，该企业保证固定资产的安全、完整性，在财务管理方面，保证账、卡、物一致。最后，对固定资产实行量化管理，权责分明，人尽其责，避免互相推诿。

从表 6-9 可以看出，投资收益比在 2020 年、2021 年增长较快。2018年公司的投入收益比为 1.51，2019 年的投资收益比为 1.52，2018—2019 年增长缓慢，2020 年投入收益比与 2019 年基本持平，没有增长。2020 年公司采取了一系列措施后，至 2022 年投入收益比明显提高，并且提高的幅度较大。

表 6-9 固定资产服务收入及增长趋势 单位：万元

年份	2020	2021	2022
服务营业额	4000	10 000	16 450
固定资产总额	2625	5000	6050
投入收益比	1.52	2	2.72

综上所述，为了优化固定资产管理制度，首先，企业应建立一套规范的管理制度，涵盖固定资产购置、领用、验收、使用、维护、报废等环节的具体操作流程和要求。其次，引入计算机化或信息化的资产管理系统，对固定资产进行全面跟踪和管理，该系统可以包括资产采购申请、领用归还、点位管理、维修记录、报废处理等功能，以提高管理的效率和准确性。再次，建立固定资产台账，对所有的固定资产进行登记和编号，并记录资产的名称、型号、数量、价值等详细信息，定期进行资产清查和盘点，确保资产台账的准确性和完整性。最后，企业应加强固定资产的维修与保养，加强固定资产的安全管理，做好固定资产的报废处理，并加强人员培训和监督。

第五节　本章小结

　　本章对物资采购和资产管理阶段的会计处理与涉税管理问题进行了探讨。对于建筑企业物资采购和资产管理阶段，在会计处理方面，主要对存货、固定资产和无形资产进行了概述，明确了其会计核算方法；在涉税管理方面，从涉税政策、涉税处理、涉税优惠三方面对本阶段可能涉及的增值税、房产税、城镇土地使用税、城市维护建设税、车辆购置税、资源税和印花税进行分析。然后通过对以上理论的分析和对政策的解读，提出当前物资采购和资产管理阶段的热点问题，包括在互联网背景下建筑企业应解决的物资采购问题，以及资产管理阶段的固定资产原值问题。针对以上问题，建议将物资采购和资产管理阶段与大数据结合，搭建集采平台，使交易数据形成大数据，经过互联网筛选、统计和分析等环节，为企业制定典型采购计划提供指导。最后结合相关案例分析，可为建筑企业在物资采购和资产管理环节相关会计实务工作提供参考。

第七章　劳务使用阶段的会计处理与涉税管理

劳务使用阶段是建筑企业施工过程中必不可少的环节，该阶段的会计处理与涉税管理对建筑企业施工的效益和质量具有重要影响，同时也是建筑企业经营和发展的基础和核心。本章主要从以下四方面进行阐述：首先在会计处理方面，主要介绍了劳务使用阶段涉及的职工薪酬核算和进城务工人员工资保证金的有关规定，以及在此期间涉及的计算与会计处理；其次在涉税管理方面，分析个人所得税的涉税政策及处理；再次阐述建筑企业中个人所得税的热点问题；最后结合案例分析，为建筑企业在实践中更好地把控劳务使用阶段的会计处理与涉税事项提供有益参考。

第一节　会 计 处 理

本节将深入探讨劳务使用阶段关于职工薪酬、进城务工人员工资保证金的会计处理问题。职工薪酬的确认、计量对于正确反映企业的财务状况和经营成果至关重要。关于进城务工人员工资保证金的会计处理，企业需要明确进城务工人员工资保证金的收取方式，并确保其符合相关法规和合同规定。

一、职工薪酬概述

（一）职工的范围

《企业会计准则第9号——职工薪酬》中所称职工，是指与企业订立劳动合同的所有人员，包含全职、兼职和临时职工，也包括虽未与企业订立劳动合同但由企业正式任命的人员，还包括通过企业与劳务中介公司签订用工合同而向企业提供服务的人员。

为了能够准确地计算出各种人员应该得到的薪酬，对薪酬计划的执行情况进行评估，并对员工的薪酬进行合理分配，就必须根据员工的工作性质和所处的劳动岗位对其进行分类。根据工作性质和工作岗位的不同，将建筑企业的员工划分为以下5类。

（1）管理人员。指负责组织和管理企业运营的专业人士，涉及行政、党务、管理和技术（又分为公司管理人员和项目部管理人员）等多个领域。

（2）生产人员。指负责建筑物的安装、维护、调试、维修等工作的专业技术人员。

（3）材料人员。指直接从事物资采购、保管和会计核算的人员。

（4）机械人员。指负责监督、操作和保养机械设备的专业人士。

（5）其他人员。指由企业开支工资但不包括在以上范围的人员，如长期病假人员、长期脱产学习人员等。

如果有临时雇佣的员工，那么涉及人员的薪水将被视为劳务报酬，并进行会计核算和处理。

（二）职工薪酬的组成

根据《企业会计准则第 9 号——职工薪酬》的规定，职工薪酬是指企业为获得职工提供的服务或终止劳动合同关系而给予的各种形式的报酬或补偿。职工薪酬包括短期薪酬、离职后福利、辞退福利和其他长期职工福利。企业提供给职工配偶、子女、受赡养人、已故员工遗属及其他受益人等的福利，也属于职工薪酬。从薪酬的涵盖时间和支付形式来看，职工薪酬包括企业给予职工在职期间和离职后的所有货币性薪酬和非货币性福利；从薪酬的支付对象来看，职工薪酬包括企业提供给职工本人及其配偶、子女或其他被赡养人的福利，如支付给因公伤亡职工的配偶、子女或其他被赡养人的抚恤金。

1. 短期薪酬

短期薪酬，是指企业在职工提供相关服务的年度报告期间结束后 12 个月内需要全部予以支付的职工薪酬，因解除与职工的劳动关系给予的补偿除外。短期薪酬具体包括：职工工资、奖金、津贴和补贴，职工福利费，医疗保险费、养老保险费等社会保险费，住房公积金，工会经费和职工教育经费，带薪缺勤，利润分享计划，非货币性福利，以及其他短期薪酬。

（1）职工福利费。由多项支出组成，包括但不限于因公出差产生的差旅费、职工生活补贴、未实施医疗统筹的职工的医疗保险费用，以及根据有关法律法规应当支付的其他福利。

（2）医疗保险费、养老保险费等社会保险费。根据国家有关规定，企业必须向社保管理部门缴纳各项社保费用，包括住房补助、失业保险、生育保险，以及其他各项基本生活保险费用。

（3）住房公积金。根据国家有关政策，企业应当依据相关基准及其对应的比例，将其住房公积金缴纳至对应的管理机构。

（4）非货币性福利。包括提供免费医疗保健、提供优质住房，以及提供公司补贴的商品和服务等。

（5）利润分享计划。是指因职工提供服务而与其达成的基于利润或其他经营成果提供薪酬的协议。

2. 离职后福利

离职后福利，是指企业为获得职工提供的服务而在职工退休或与企业解除劳动关系后，提供的各种形式的报酬和福利，不包括短期薪酬和辞退福利。

3. 辞退福利

辞退福利，是指企业在职工劳动合同到期之前解除与职工的劳动关系，或者为鼓励职工自愿接受裁减而给予职工的补偿。

4. 其他长期职工福利

其他长期职工福利，是指除短期薪酬、离职后福利、辞退福利以外的职工薪酬，包括长期带薪缺勤、长期残疾福利、长期利润分享计划等。

（三）职工薪酬的核算依据

1. 工作时间的核算

进行工资核算时，应首先了解每一名职工的出勤、缺勤和工作时间的利用情况，了解职工在每一个工作日的工作时间和在承担各项工程过程中所耗用的时间，可以进一步挖掘工时利用潜力，提高劳动生产率，准确核算工程项目人工费（记录工作时间的方法和凭证要视各单位的劳动组织和管理情况而定）。

（1）通常针对生产人员、一线技术人员和机械操作人员，要按班组分别设置考勤表，由考勤员按每一工人逐日记录其出勤情况，对于缺勤停工的人员，应注明其缺勤原因（出差、探亲、病假、事假、工伤等），还要将班组内工人作业时数逐日按工程项目等分析汇总填列在考勤表中，以便计算各项工程应分配的工资。每月末，根据考勤表计算每名职工的应得工资，编制工时汇总表，汇总各工程耗用工时情况，计算人工费。

（2）对于单位各职能部门管理人员、材料人员和其他非直接生产人员的考勤，要按部门分别设置考勤表，并根据考勤表记录计算工资。

2. 工程数量的计算

在工资核算中,采用计时或计件奖励工资时,还需记录职工完成的工程数量,进行工程数量的核算。常用的方法是使用工程任务单来记录职工完成的工程数量。工程任务单是施工人员根据施工作业计划,在施工前下达给工人班组的具体工作通知,也是用于记录完成工程数量、计算奖金的依据。施工人员通常在施工前会同定额员根据施工作业计划和劳动定额,参照施工图纸,按不同班组分别签发工程任务单。工程任务单中的工程完工后,班组长应及时向施工人员报告。施工人员根据工程任务单中规定的各项条件进行检查,并会同质量检查员进行验收,评定质量等级。每月签发的工程任务单应于月末进行结算,如果某些工程尚未全部完工,先将其完工部分按估计数进行结算,未完工部分可结合下月施工作业计划中的工程任务再签发给原来的班组,使当月完成的工程和当月应发的奖金或工资于当月结算,并正确反映工程成本中的人工费。

二、职工薪酬的会计核算

(一)职工薪酬的确认

《企业会计准则第 9 号——职工薪酬》规定,企业应当在职工为其提供服务的会计期间,将应付的职工薪酬确认为负债。除因解除与职工的劳动关系给予的补偿外,应当根据职工提供服务的受益对象,分下列情况处理。

(1)根据企业会计准则的规定,应由生产产品、提供劳务负担的职工薪酬,计入产品成本或劳务成本。在生产产品和提供劳务过程中,直接生产人员和直接提供劳务人员发生的职工薪酬,根据《企业会计准则第 1 号——存货》的规定,应当计入存货成本。然而,非正常消耗的直接生产人员和直接提供劳务人员的职工薪酬,则应当在发生时被确认为当期损益。

(2)根据《企业会计准则第 4 号——固定资产》和《企业会计准则第 6 号——无形资产》的规定,应由在建工程无形资产负担的职工薪酬,需计入固定资产或无形资产成本。而在企业自建固定资产和自主研发无形资产的过程中,发生的职工薪酬是否应计入固定资产或无形资产成本,需要根据具体情况来确定。例如,企业在研究阶段发生的职工薪酬通常不应计入自行开发无形资产的成本,而在开发阶段发生的职工薪酬,如果符合《企业会计准则第 6 号——无形资产》中规定的资本化条件,则应当计入自行开发无形资产的成本。

（3）公司总部管理人员、董事会成员、监事会成员等（除直接生产人员、直接提供劳务人员、建造固定资产人员、开发无形资产人员）相关的职工薪酬，因难以确定直接对应的受益对象，均应当在发生时计入当期损益。

（二）职工薪酬的计量

建筑企业为获得职工提供的服务而给予各种形式的报酬及其他相关支出，应设置"应付职工薪酬"账户。本账户为用于核算企业应当支付给职工的工资、奖金、津贴和补贴的负债类账户。职工薪酬又可分为货币性职工薪酬和非货币性职工薪酬。

1. 货币性职工薪酬

对于货币性职工薪酬，企业需要考虑职工的表现及收入水平、工资标准，计算应计入薪酬的工资总额，并按照受益对象计入相关资产的成本或当期费用。发放薪酬时，企业应借记"应付职工薪酬"账户，贷记"银行存款"等账户。

对于职工福利费，企业应根据国家相关法律法规的要求和当期福利计划，预计应计入职工薪酬的福利费金额，并对实际发生的福利费金额进行及时调整。

企业应当依据国务院相关部门，省、自治区、直辖市人民政府或经批准的企业年金计划所规定的基础和比例，来计算并确认职工薪酬义务，同时将其计入成本费用中。

（1）"五险一金"。"五险一金"是社会保障性支出，包括医疗保险、生育保险、养老保险、失业保险、工伤保险和住房公积金。为了确保员工的合法权益，企业必须遵守国家、省级、市级的社会保险费用计划，并计量应付职工薪酬金额和应计入成本费用的薪酬金额。

（2）工会经费和职工教育经费。这部分费用是企业为了改善职工文化生活、帮助职工学习先进技术和提高文化水平与业务素质，用于开展工会活动、职工教育及职业技能培训等的相关支出。企业可按照职工工资总额的2%计提工会经费；对从业人员开展职业技能培训的企业，可根据国家相关规定，按照职工工资总额的8%在税前列支。现举例说明应付职工薪酬核算的会计处理，见例7-1。

【例7-1】某建筑企业提取现金889 000元，以备发工资。月份终了，分配本月应付的工资总额825 000元，其中工程施工现场人员工资460 000元，企业行政管理人员工资 80 000 元，改、扩建工程人员工资 285 000 元，会计分录如下：

① 从银行提取现金时

借：库存现金	889 000	
贷：银行存款		889 000

② 月份终了分配工资时

借：合同履约成本　　——工程施工——直接人工	460 000	
管理费用	80 000	
在建工程	285 000	
贷：应付职工薪酬　——工资		825 000

③ 发放工资时

借：应付职工薪酬　　——工资	825 000	
贷：库存现金		825 000

④ 企业预计该月应承担的职工福利费金额为职工工资总额 825 000 元的 14%

借：合同履约成本　　——工程施工——直接人工	64 400	
管理费用	11 200	
在建工程	39 900	
贷：应付职工薪酬　——职工福利		115 500

2. 非货币性职工薪酬

非货币性职工薪酬，是企业以非货币性资产支付给职工的薪酬形式，主要包括企业以自产产品和外购商品发放给职工作为福利、将企业拥有的资产无偿提供给职工使用、为职工无偿提供医疗保健服务等。根据会计准则规定，非货币性福利也属于"职工薪酬"；但是在税务上，由于涉及实物等，非货币性福利会涉及增值税、企业所得税和个人所得税等问题。

《企业会计准则第 9 号——职工薪酬》第六条规定："企业发生的职工福利费，应当在实际发生时根据实际发生额计入当期损益或相关资产成本。职工福利费为非货币性福利的，应当按照公允价值计量。"

三、进城务工人员工资保证金的会计核算

（一）进城务工人员工资保证金的规定

依照《国务院办公厅关于清理规范工程建设领域保证金的通知》和《建

设工程质量保证金管理办法》的要求，对保留的投标保证金、履约保证金、工程质量保证金、进城务工人员工资保证金，推行银行保函制度，建筑业企业可以银行保函方式缴纳。未经国务院批准，各地区、各部门一律不得以任何形式在工程建设领域新设保证金项目。

进城务工人员工资保证金是指施工总承包单位在银行设立账户并按照工程施工合同额的一定比例存储，用于支付进城务工人员被拖欠工资的专项资金。相关部门鼓励用银行保函替代现金支付，以减少建筑企业的资金占用问题。

一般情况下，施工总承包单位应当自工程取得施工许可证（开工报告批复）之日起20个工作日内（依法不需要办理施工许可证或批准开工报告的工程自签订施工合同之日起20个工作日之内），持营业执照副本与建设单位签订的施工合同在经办银行开立工资保证金专门账户存储工资保证金。根据人力资源社会保障部、住房和城乡建设部、交通运输部、水利部、银保监会、铁路局、民航局关于印发《工程建设领域农民工工资保证金规定》的通知，进城务工人员工资保证金实行差异化缴存办法，按工程施工合同额的一定比例存储，原则上不低于1%，不超过3%。对于同一地区多个在建工程的施工总承包单位，存储比例可适当下浮，但不得低于0.5%。对于施工合同额低于300万元的工程，且该工程的施工总承包单位在签订施工合同前一年承建的工程未发生工资拖欠的，可免除存储工资保证金。对一定时期内未发生工资拖欠的企业，实行减免措施；对发生工资拖欠的企业，适当提高缴存比例。

进城务工人员工资保证金专款专用，仅用于清偿施工总承包单位所承包工程中拖欠的进城务工人员工资。若施工总承包单位拒不履行清偿义务，属地人力资源和社会保障行政部门可以向经办银行出具进城务工人员工资保证金支付通知书，书面通知有关施工总承包单位和经办银行。经办银行应在收到支付通知书5个工作日内，从工资保证金账户中将相应数额的款项以银行转账方式支付给属地人力资源和社会保障行政部门指定的被拖欠工资进城务工人员本人。工资保证金使用后，施工总承包单位应当自使用之日起10个工作日内将工资保证金补足。

（二）进城务工人员工资保证金的会计核算

自2021年11月1日起，建筑业总承包企业需自行开立专用账户并存入规定比例的工资保证金，不再向人力资源和社会保障单位或其他第三方支付进城务工人员工资保证金。在支付进城务工人员工资时，借记"其他应收款——进城务工人员工资保证金"账户，贷记"银行存款"账户。在竣工手续办理完毕并支付完进城务工人员工资后，可收回保证金并冲减"其他应收款——进城务工人员工资保证金"账户。因此，在会计处理上，除了企业内部银行间转账的账务处理以外，还要借记"其他应收款——进城务工人员工资保证金"账户，贷记"其他货币资金"账户。

如果采用银行保函方式支付上述保证金，建筑企业实际并未支付资金，则通过"其他货币资金"账户进行核算。在支付保证金时，借记"其他应收款——进城务工人员工资保证金"账户，贷记"其他货币资金"账户，保证金到期后做相反的会计分录。支付的银行保函手续费记入"财务费用"账户，如例 7-2 所示。

【例 7-2】某建筑企业发放进城务工人员工资保证金：银行存款 100 万元，会计分录如下：

借：其他应收款　　　——进城务工人员工资保证金　1000 000
　　贷：银行存款　　　　　　　　　　　　　　　　　1000 000

第二节　涉税管理

本节从涉税政策、涉税处理、涉税优惠三个方面对劳务使用阶段涉及的个人所得税问题进行了梳理及介绍。

一、涉税政策

劳务使用阶段涉及的个人所得税涉税政策阐述如下。

（一）个人所得税的涉税政策

根据《中华人民共和国个人所得税法》的相关规定，个人所得税综合所得汇算清缴是在年度终了后，通常在纳税人取得所得的次年 3 月 1 日至 6 月 30 日内进行。纳税人汇总其取得的工资薪金、劳务报酬、稿酬、特许权使用费四项综合所得的收入额，减除费用 60 000 元，以及专项扣除、专项附加扣除、依法确定的其他扣除和符合条件的公益慈善事业捐赠后，适用综合所得个人所得税税率并减去速算扣除数（税率表见第二章），计算最终应纳税额，再减去已预缴税额，得出应退或应补税额，向税务机关申报并办理退税或补税。具体如下。

（1）应纳税额是应纳税所得额乘以适用的税率，应纳税所得额是企业所得税的计税依据。应纳税所得额为居民个人的综合所得，以每一纳税年度的收入额减除费用 60 000 元，以及专项扣除、专项附加扣除和依法确定的其他扣除后的余额。计算收入时，工薪收入全额计入收入总额；劳务报酬所得、稿酬所得、特许权使用费所得以收入减除 20% 的费用后的余额计入收入额；稿酬所得在收入额的基础上再减按 70% 计算。

（2）专项扣除，包括居民个人按照国家规定的范围和标准缴纳的基本养老保险、基本医疗保险、失业保险等社会保险费和住房公积金等。专项附加扣除，包括子女教育、继续教育、大病医疗、住房贷款利息、住房租金、赡养老人、婴幼儿照护支出。其他扣除，包括个人缴付符合国家规定的企业年金、职业年金，个人购买符合国家规定的商业健康保险、税收递延型商业养老保险的支出，以及国务院规定可以扣除的其他项目。

（3）专项扣除、专项附加扣除和依法确定的其他扣除，以居民个人一个纳税年度的应纳税所得额为限额；一个纳税年度扣除不完的，不结转以后年度扣除。

（4）个人通过中华人民共和国境内公益性社会组织、县级以上人民政府及其部门等国家机关，向教育、扶贫、济困等公益慈善事业的捐赠支出，可按个人所得税法有关规定在计算应纳税所得额时扣除。境内公益性社会组织，包括依法设立或登记并按规定条件和程序取得公益性捐赠税前扣除资格的慈善组织、其他社会组织和群众团体。

（5）应退或应补税额＝［（综合所得收入额 -60 000-"三险一金"等专项扣除 - 子女教育等专项附加扣除 - 依法确定的其他扣除 - 符合条件的公益慈善事业捐赠）×适用税率 - 速算扣除数］- 已预缴税额

（二）劳务用工环节个人所得税涉税政策

根据《建筑安装业个人所得税征收管理暂行办法》，承包建筑安装业各项工程作业的承包人取得的所得，应区别不同情况计征个人所得税：经营成果归承包人个人所有的所得，或按照承包合同（协议）规定，将一部分经营成果留归承包人个人的所得，按"对企事业单位的承包经营、承租经营所得"项目征税；以其他分配方式取得的所得，按"工资、薪金所得"项目征税。从事建筑安装业的个体工商户和未领取营业执照承揽建筑安装业工程作业的建筑安装队和个人，以及建筑安装企业实行个人承包后工商登记改变为个体经济性质的，其从事建筑安装业取得的收入应依照"个体工商户的生产、经营所得"项目计征个人所得税。从事建筑安装业工程作业的其他人员取得的所得，按照"工资、薪金所得"项目和"劳务报酬所得"项目计征个人所得税。

（三）代发进城务工人员工资涉及个人所得税扣缴义务人的问题

"多重支付"下的个人所得税扣缴义务人认定：根据《中华人民共和国个人所得税法》的规定，个人所得税以支付所得的单位或者个人为扣缴义务人，但在实务中由于支付所得的单位和个人与取得所得的人之间有多重支付的现象，有时难以确定扣缴义务人。《国家税务总局关于个人所得税偷税案件查处中有关问题的补充通知》对在多重支付的情况下如何认定扣缴义务人做出了规定："凡税务机关认定对所得的支付对象和支付数额有决定权的单位和个人，即为扣缴义务人。"因此在实务中，只需要对进城务工人员劳动关系进行判定，即可确定其劳动报酬的个人所得税扣缴义务人，具体程序如图 7-1 所示。

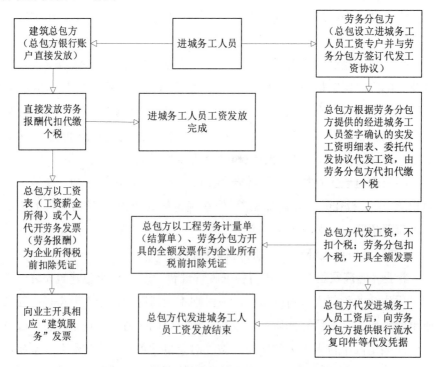

图 7-1　总包企业代发进城务工人员工资流程图

资料来源：林久时. 建筑施工企业全生命周期财税处理与风险防范（案例版）[M]. 北京：中国铁道出版社，2022.

二、涉税处理

劳务使用阶段涉及的个人所得税涉税处理阐述如下。

（一）个人所得税的计算

我国实行综合与分类相结合的个人所得税制。工资、薪金所得，劳务报酬所得，稿酬所得，特许权使用费所得等综合所得，适用 3%～45% 的累进税率。居民个人综合所得按年计税，非居民个人综合所得按月或按次计税。经营所得按年计税，适用 5%～35% 的累进税率。

1. 居民综合所得个人所得税的计算

（1）月度综合所得应纳个人所得税的计算

为了正确计算个人所得税应纳税额，尽量减少纳税人退税工作量，自 2019 年 1 月 1 日起，我国对居民个人所得税采用累计预扣法。扣缴义务人向居民个人支付工资、薪金所得时，应当按照累计预扣法计算预扣税款，并按月办理扣缴申报。

具体计算公式如下：累计预扣预缴应纳税所得额=累计收入-累计免税收入-累计减除费用-累计专项扣除-累计专项附加扣除-累计依法确定的其他扣除（其中累计减除费用按照 5000 元/月乘以纳税人当年截至本月在本单位的任职受雇月份数计算）

本期应预扣预缴税额=（累计预扣预缴应纳税所得额×预扣率-速算扣除数）-累计减免税额-累计已预扣预缴税额

本期应预扣预缴税额为负值时，暂不退税。纳税年度终了后，余额仍为负值时，由纳税人通过办理综合所得年度汇算清缴，税款多退少补。居民个人工资、薪金所得预扣预缴适用税率如表 7-1 所示。

表 7-1 居民个人工资、薪金所得预扣预缴个人所得税适用税率

级数	累计预扣预缴应纳税所得额	预扣率（%）	速算扣除数（元）
1	不超过 36 000 元的部分	3	0
2	超过 36 000 元至 144 000 元的部分	10	2520
3	超过 144 000 元至 300 000 元的部分	20	16 920
4	超过 300 000 元至 420 000 元的部分	25	31 920
5	超过 420 000 元至 660 000 元的部分	30	52 920
6	超过 660 000 元至 960 000 元的部分	35	85 920
7	超过 960 000 元的部分	45	181 920

扣缴义务人向居民个人支付劳务报酬所得、稿酬所得、特许权使用费所得时，应当按次或者按月预扣预缴税款，如表7-2所示。

表7-2 劳务报酬所得、稿酬所得、特许权使用费收入计算

每次收入	收入额
＞4000	收入额=每次收入或每月收入×（1-20%）
≤4000	收入额=每次收入或每月收入-800

居民个人劳务报酬所得适用个人所得税预扣率，如表7-3所示。

表7-3 居民个人劳务报酬所得预扣预缴个人所得税适用税率

级数	预扣预缴应纳税所得额	预扣率（%）	速算扣除数（元）
1	不超过20 000元的	20	0
2	超过20 000元至50 000元的部分	30	2000
3	超过50 000元的部分	40	7000

注：稿酬所得、特许权使用费所得适用20%的比例预扣率。其中，稿酬所得的收入额减按70%计算。

（2）年度综合所得应纳个人所得税的计算

居民个人办理年度综合所得汇算清缴时，应当依法计算劳务报酬所得、稿酬所得、特许权使用费所得的收入额，并入年度综合所得计算应纳税款，税款多退少补。

【例7-3】某建筑企业工程师张强专项扣除额为6000元，各月专项附加扣除均为5000元。其于2022年2月取得的收入如下：

①每月单位支付其工资18 000元，取得住房补贴2000元，企业为其购买商业保险3000元。

②应邀到建明建筑企业提供技术指导，取得指导费30 000元。

③出售一项个人持有的专利，取得专利费100 000元。

④出版一本专业图书，取得稿酬15 000元。

请计算各付款单位应预扣个人所得税。

【解析】

①工资收入=18 000+2000+3000=23 000（元）

　1月工资应税所得额=23 000-5000-5000-6000=7000（元）

　1月工资预扣个税=7000×3%=210（元）

2 月工资累计所得额=46 000-10 000-10 000-12 000=14 000（元）

2 月工资预扣个税=14 000×3%-210=210（元）

②技术指导费属于劳务报酬

计税收入=30 000×（1-20%）=24 000（元）

预扣税率 30%，扣除数 2000 元

付款方预扣个税=24 000×30%-2000=5200（元）

③出售专利权，属于特许权使用费

计税收入=100 000×（1-20%）=80 000（元）

预扣税率 20%，付款方预扣个税=80 000×20%=16 000（元）

④稿酬计税收入=30 000×（1-20%）×70%=16 800（元）

预扣税率 20%，付款方预扣个税=16 800×20%=3360（元）

2. 全年综合所得应纳个人所得税计算

居民的全年应纳税所得额=全年工薪所得+劳务报酬所得×（1-20%）+特许权使用费所得×（1-20%）+稿酬所得×（1-20%）×70%-专项扣除-专项附加扣除-60 000

即：居民的全年应纳税所得额=全年工薪所得+劳务报酬所得×80%+特许权使用费所得×80%+稿酬所得×56%-专项扣除-专项附加扣除-60 000

根据应纳税所得额，查询七级超额累进税率表（见表 7-4），找出适用税率和扣除数，即可计算出综合所得应纳个人所得税的金额，计算公式为

应纳个人所得税=应纳税所得额×税率-速算扣除数

表 7-4 综合所得税率表

级数	月应税所得额	速算扣除数	税率（%）	全年应税所得额	速算扣除数（元）
1	3000 元以下部分	0	3	36 000 元以下部分	0
2	3000～12 000 元	210	10	36 000～144 000 元	2520
3	12 000～25 000 元	1410	20	144 000～300 000 元	16 920
4	25 000～35 000 元	2660	25	300 000～420 000 元	31 920
5	35 000～55 000 元	4410	30	420 000～660 000 元	52 920
6	55 000～80 000 元	7160	35	660 000～960 000 元	85 920
7	80 000 元以上部分	15 160	45	960 000 元以上部分	181 920

【例 7-4】王某是在境内城市建筑外资企业工作的中国公民，全年工薪收入 700 000 元，全年个人负担基本养老保险 25 684 元，基本医疗保险

6286 元，失业保险 712 元，住房公积金 36 678 元。另有特许权使用费所得 60 000 元，稿酬所得 30 000 元。王某抚养子女 2 人，全年首套住房贷款利息 20 559 元（注：子女教育专项附加扣除标准，由每个子女每月 1000 元提高到 2000 元，本部分由王某一方扣除；发生的首套住房贷款利息支出，在实际发生贷款利息的年度，按照每月 1000 元的标准定额扣除）。王某全年应纳个人所得税计算如下。

【解析】

专项扣除=25 684+6 286+712+36 678=69 360（元）

专项附加扣除=24 000+12 000=36 000（元）

计税收入=700 000+60 000×（1−20%）+30 000×（1−20%）×70%=700 000+48 000+16 800=764 800（元）

应纳税所得额=764 800−69 360−36 000−60 000=599 440（元）

应缴纳的个人所得税=599 440×30%−52 920=126 912（元）

（二）代发进城务工人员工资涉及的个人所得税

建筑总包企业按照相关规定代发分包企业进城务工人员工资，只是在资金支付上与常规的分包款存在差别，即常规的分包款（非进城务工人员工资部分）应按合同约定的银行账户直接支付给分包方；分包款中的进城务工人员工资部分通过进城务工人员工资专用账户直接向其个人的银行账户支付。

账务处理上，建筑总包企业在发生劳务分包和专业分包成本时，借记"合同履约成本——工程施工（人工费、分包费）""应交税费"等账户，贷记"应付账款"等账户；代发分包方进城务工人员工资和支付分包款时，借记"应付账款"账户，贷记"银行存款"账户。

三、涉税优惠

劳务使用阶段涉及的个人所得税的税收优惠政策，免纳个人所得税情况如下：

（1）省级人民政府、国务院部委和中国人民解放军军以上单位，以及外国组织、国际组织颁发的科学、教育、技术、文化、卫生、体育、环境保护等方面的奖金。

（2）国债和国家发行的金融债券利息。

（3）按照国家统一规定发给的补贴、津贴。所说的按照国家统一规定发给的补贴、津贴，是指按照国务院规定发给的政府特殊津贴、院士津贴、资深院士津贴，以及国务院规定免纳个人所得税的其他补贴、津贴。

（4）福利费、抚恤金、救济金。所说的福利费，是指根据国家有关规定，从企业、事业单位、国家机关、社会团体提留的福利费或者工会经费中支付给个人的生活补助费；所说的救济金，是指各级人民政府民政部门支付给个人的生活困难补助费。

（5）保险赔款。

（6）军人的转业费、复员费。

（7）按照国家统一规定发给干部、职工的安家费、退职费、退休金、离休工资、离休生活补助费。

（8）依照我国有关法律规定应予免税的各国驻华使馆、领事馆的外交代表、领事官员和其他人员的所得。

（9）中国政府参加的国际公约、签订的协议中规定免税的所得。

（10）经国务院财政部门批准免税的所得。

第三节　热点问题

随着建筑业发展规模不断扩大，建筑企业也面临着巨大的挑战，在劳务使用阶段存在着更多的会计处理与涉税管理问题。本节先针对其中职工薪酬管理、保证金收取，以及异地施工增值税问题进行简单讨论。

一、如何解决建筑企业薪酬等级设置过多导致职工薪酬差距较小，难以体现员工能力和贡献的问题

建筑企业要优化薪酬等级设置。建筑施工企业需要重新审视薪酬等级设置，适当减少薪酬等级数量，合理设置不同职位之间的薪酬差距，以更好地体现员工的能力和贡献。同时，企业可扩大每个薪酬级别的范围，为员工提供更大的薪酬晋升空间。具体而言，在薪酬等级设置方面，企业可以考虑采用以下措施：

（1）实施基于绩效的薪酬体系，让职工的薪酬直接与其工作表现和绩效挂钩。通过明确设定绩效目标和衡量指标，定期进行绩效评估和奖励，以提升职工的竞争力和工作质量。

（2）推行股权激励计划。股权激励计划能够将职工薪酬的一部分以股

权形式给予，使职工能够分享企业的成长和价值增长。通过这种方式，能够增强职工的归属感和责任感，激发职工的积极性和创造力。

（3）采用弹性薪酬制度。根据职工的个人需求和工作特性，设定弹性薪酬制度，使职工能够根据自身需求调整工作时间、工作地点、工作强度等，同时也相应调整薪酬水平，进而提高职工的满意度。

（4）利用现代化技术建立薪酬管理系统，实现薪酬数据的自动化管理和分析，进而提高薪酬管理的效率和准确性。同时，为员工提供透明、公正的薪酬体系。

二、建筑企业发生进城务工人员工资拖欠，如何动用进城务工人员工资保证金

施工总承包单位所承包工程发生拖欠进城务工人员工资的，由人社部门依法作出责令限期清偿或先行清偿的行政处理决定。施工总承包单位到期拒不履行的，属地人社部门可向银行出具《农民工工资保证金支付通知书》，由银行从工资保证金账户中将相应数额的款项直接支付给被欠薪进城务工人员。

在使用工资保证金后，施工总承包单位需要补足工资保证金或开立新的银行保函。如果未按照规定存储、补足工资保证金，或未提供、更新银行保函的，由人社部门、相关行业工程建设主管部门按照职责责令限期改正；逾期不改正的，责令项目停工，并处5万元以上10万元以下的罚款；情节严重的，给予施工单位限制承建新工程、降低资质等级、吊销资质证书等处罚。

三、异地施工建筑安装企业如何扣缴个人所得税

《国家税务总局关于建筑安装业跨省异地工程作业人员个人所得税征收管理问题的公告》规定：在异地工作期间，总承包企业、分承包企业派驻的管理人员、技术人员和其他工作人员的工资、薪金所得个人所得税，由总承包企业、分承包企业依法代扣代缴，并向工程作业所在地税务机关申报缴纳。同时，通过劳务派遣公司聘用的劳务人员，其个人所得税由劳务派遣公司代扣代缴，并向工程作业所在地税务机关申报缴纳。

跨省异地施工单位必须提交工程作业人员的全额扣缴明细申报，如未提交，可能面临核定征收个人所得税。为保障异地工程作业人员权益，总

承包企业、分承包企业和劳务派遣公司所在地税务机关需要掌握异地工程作业人员的个人所得税缴纳情况。同时，工程作业所在地税务机关需要提供相关信息并确保准确完整。另外，为避免对异地工程作业人员已纳税工资、薪金所得重复征税，两地税务机关需要加强沟通协调，确保纳税人权益得到切实维护。

第四节　案例分析

案例一：

【案例内容】

本案例是关于某建筑企业高管人员收入的一种低税负设计的涉税事项，建筑企业高管人员所得的低税负设计针对的是建筑企业高管人员高收入、高奖金的现象。某建筑企业高级管理人员李明一年收入 648 000 元，每月收入 50 000 元，年终奖 48 000 元。应如何进行低税负设计，使李明税后收入达到最大化？

【案例解析】

低税负设计的技巧是把建筑企业高管的一年收入分成两部分，即月工资和年终奖，准确划分好月工资和年终奖的比例。可以通过削减每月的部分工资并将其添加到年终奖中，或者削减部分年终奖并将其分配到每个月的工资中。这两种"削峰填谷"的操作应该根据企业为高管人员支付的工资和年终奖的具体金额来权衡确定，从而帮助高管人员合理规划收入，实现税务优化，同时保持企业的稳定运营。上述建筑企业高管人员李明收入低税负设计的分析如下：

（1）低税负设计前的税负分析

李明应纳个人所得税为：

每月应纳个人所得税=（50 000-5000）×30%-4410=9090（元）

全年工资收入应纳个人所得税=9090×12=109 080（元）

年终奖应纳个人所得税为 48 000÷12=4000（元），应适用的个人所得税率为 10%，速算扣除数为 210 元。应纳的个人所得税=48 000×10%-210=4590（元）。全年应纳个人所得税为 109 080 + 4590 = 113 670（元）。

李明全年总的税后收入为 648 000-113 670=534 330（元）

（2）低税负设计方案

将原工资收入分为工资收入与年终奖金两部分，每月领工资 35 000 元，一年的工资薪金合计为 420 000 元，年终发奖金 228 000 元，全年共计收入额仍为 648 000 元。

（3）低税负设计后的税负分析

根据国家税务总局《关于调整个人取得全年一次性奖金等计算征收个人所得税方法问题的通知》，个人取得全年一次性奖金或年终加薪，分两种情况计算缴纳个人所得税：

第一，个人取得全年一次性奖金且获取奖金当月个人的工资、薪金所得高于（或等于）税法规定的费用扣除额的，以全年一次性奖金总额除以 12 个月，按其商数对照工资、薪金所得项目"七级税率表"，确定适用税率和对应的速算扣除数，计算缴纳个人所得税。计算公式：应纳个人所得税税额=个人当月取得的全年一次性奖金×适用税率-速算扣除数。

第二，个人取得全年一次性奖金且获取奖金当月个人的工资、薪金所得低于税法规定的费用扣除额的，用全年一次性奖金减去"个人当月工资、薪金所得与费用扣除额的差额"后的余额除以 12 个月，按其商数对照工资、薪金所得项目"七级税率表"，确定适用税率和对应的速算扣除数，计算缴纳个人所得税。计算公式：应纳个人所得税税额=（个人当月取得的全年一次性奖金-个人当月工资、薪金所得与费用扣除额的差额）×适用税率-速算扣除数。

经过低税负设计，李明工资所得应纳的个人所得税为（个人起征点为5000）：

每月应纳个人所得税=（35 000-5 000）×25%-2660=4840（元）

全年工资收入应纳个人所得税=4840×12=58 080（元）

李明年终奖应纳个人所得税为 228 000÷12=19 000（元），应适用的个人所得税税率为 20%，速算扣除数为 1410 元，应纳的个人所得税=228 000×20%-1410=44 190（元）。全年应纳个人所得税为 58 080+44 190=102 270 元。比低税负设计前节省 11 400 元[113 670-102 270=11 400（元）]。

李明一年总的税后收入为 648 000-102 270=545 730（元），相比低税负设计前，税后收入多 11 400 元[545 730-534 330=11 400（元）]。

国家税务总局《关于贯彻执行修改后的个人所得税法有关问题的公告》规定，自 2011 年 9 月 1 日起，纳税人按照以下税率表中的税率计算个人所得税（见表7-5）（注：个人所得税税率表已在第二章进行阐述）。

表7-5　工资、薪金所得适用税率表

级数	全年应纳税所得额	税率（%）	速算扣除数（元）
1	不超过 36 000 元的	3	0
2	超过 36 000 元至 144 000 元的部分	10	2520
3	超过 144 000 元至 300 000 元的部分	20	16 920
4	超过 300 000 元至 420 000 元的部分	25	31 920
5	超过 420 000 元至 660 000 元的部分	30	52 920
6	超过 660 000 元至 960 000 元的部分	35	85 920
7	超过 960 000 元的部分	45	181 920

注：①本表含税级距中应纳税所得额，是指每月收入金额-各项社会保险金（五险一金）-起征点5000元（外籍5000元）的余额。②含税级距适用于由纳税人负担税款的工资、薪金所得，不含税级距适用于由他人（单位）代付税款的工资、薪金所得。

案例二：

【案例内容】

对于劳务派遣合同中不同用工费用条款约定的处理见如下案例：建明企业与某劳务派遣公司签订两份劳务派遣协议，要求劳务派遣公司给建明企业派遣劳动者，建明企业向劳务派遣公司支付劳务派遣费用和被派遣者的工资、社会保险费用，建明企业是增值税一般纳税人。

第一份劳务派遣协议约定，建明企业支付劳务派遣企业总费用200万元（其中含建明企业直接支付劳务派遣公司的劳务派遣费用10万元、劳务派遣公司支付给被派遣劳动者的工资150万元，以及劳务派遣公司支付给被派遣者的社会保险费用40万元）。

第二份劳务派遣协议约定，建明企业直接支付劳务派遣公司劳务派遣费用10万元，直接支付被派遣劳动者工资150万元，直接支付被派遣者社会保险费用40万元。基于这两份劳务派遣协议中用工费用的约定，建明企业的账务和税务处理如何？（假设劳务派遣公司选择差额纳税计算增值税，按简易计税方法5%的征收率计算缴纳增值税）

【案例解析】

根据《财政部　国家税务总局关于进一步明确全面推开营改增试点有关劳务派遣服务、收费公路通行费抵扣等政策的通知》（财税〔2016〕47号）规定："选择差额纳税的纳税人，向用工单位收取用于支付给劳务派遣员工工资、福利和为其办理社会保险及住房公积金的费用，不得开具增值税专用发票，可以开具普通发票。"本案例中的建明企业基于劳务派遣协议用工费用约定的财税处理分析如下：

应交增值税的计算公式为 100 000×5%÷（1+5%）=4762（元）

（1）劳务派遣协议用工费用的账务处理

第一份劳务派遣协议中用工费用约定的账务处理：

借：管理费用	——劳务派遣费用	1 995 238
应交税费	——应交增值税（进项税额）	4762
贷：银行存款		2 000 000

第二份劳务派遣协议中用工费用约定的账务处理：

借：管理费用	——劳务派遣费用	95 238
应交税费	——应交增值税（进项税额）	4762
应付职工薪酬	——工资	1 500 000
	——社会保险费用	400 000
贷：银行存款		2 000 000

（2）劳务派遣协议用工费用的税务处理

第一份劳务派遣协议中，200 万元劳务派遣费用直接作为"管理费用——劳务费"在建明企业的企业所得税税前扣除。

第二份劳务派遣协议中，10 万元劳务派遣费用直接作为"管理费用——劳务派遣费"在建明企业的企业所得税税前扣除；150 万元作为"工资"费用，在建明企业的企业所得税税前扣除，同时作为建明企业的工资薪金总额基数，计算工会经费、职工福利费和教育经费并在企业所得税前扣除。

第五节　本章小结

本章探讨了劳务使用阶段的会计处理与涉税管理。在会计处理方面，主要介绍了职工薪酬和进城务工人员工资保证金的概念，以及借贷记账法的原理和计算方法。同时介绍了企业在薪酬核算、福利费用、辞退福利等方面的问题，建议企业应按照会计准则和实际情况进行非货币性福利的计量和计提，进而健全职工薪酬核算体系。在涉税管理方面，介绍了个人所得税的概念、征税范围、优惠政策及计算方法，然后通过对以上理论进行分析和政策解读，对劳务使用阶段的热点问题进行分析，包括职工薪酬管理、保证金收取，以及异地施工个人所得税等问题。总之，企业应规范会计处理和税务管理，遵守相关法规，有助于提高企业经济效益和社会效益。

第八章　成本和费用的会计处理与涉税管理

成本和费用的会计处理与涉税管理是建筑企业施工过程中必不可少的环节，决定着建筑企业的经济效益，同时也是建筑企业经营发展的基础和核心。本章主要从四方面进行阐述。首先在会计处理方面，在阐述建筑企业费用的含义、分类及核算特殊性的基础上，厘清成本核算的对象、组织与程序，合同履约成本的核算与结算，以及期间费用的计算；其次在涉税管理方面，分析建筑企业成本费用、工程结算的涉税政策及处理；再次阐述建筑企业成本的控制与预测、费用的管理等热点问题；最后结合案例分析，为建筑企业在实践中更好地把控工程成本与费用的会计处理与涉税管理提供有益借鉴。

第一节　会计处理

本节分析了建筑企业成本和费用的相关内容及成本核算的对象、组织与程序，对合同履约成本及期间费用的会计核算进行了阐述，可为建筑企业成本与费用的涉税管理提供会计处理方法。

一、成本和费用的概述

（一）费用的含义及分类

1. 费用的含义

根据《企业会计准则——基本准则》，费用是指企业在日常活动中发生的、会导致所有者权益减少的、与向所有者分配利润无关的经济利益的总流出。它表示企业为取得营业收入所发生的经济资源的耗费，是建筑企业在工程施工过程中消耗一定数量的人力、物力和财力的货币表现。例如，建筑企业消耗的原材料或机器设备、支付的职工薪酬和管理费用等。费用发生表现为资产减少或负债增加，最终导致所有者权益的减少。

费用是企业在日常经营活动中发生的支出，但企业发生的支出不都是费用，如企业对外投资支出、固定资产购置支出、偿付债务支出等，或者不影响资产总额的变化，或者导致资产和负债同时减少，且所有者权益没有变化，因此不符合会计准则对费用的定义。费用的发生需要满足以下条件：同时导致资产减少和所有者权益减少，或同时导致负债增加和所有者权益减少。如果一项支出只导致资产减少但所有者权益未减少，或导致负债增加但所有者权益未减少，则该支出不能被确认为费用。只有支出同时导致资产减少和所有者权益减少，或负债增加和所有者权益减少才可以被确认为费用。此外，利润分配虽然会导致资产和所有者权益同时减少，但它是对经营成果的分配，因此不属于费用。

费用的发生会导致所有者权益减少，但导致所有者权益减少的不都是费用。例如，投资损失、公允价值变动损失、资产减值损失等属于损失，不属于费用；营业外支出是与企业的正常建筑生产经营活动无直接关系的损失，也不属于费用。

2. 费用的分类

为了正确地计算企业的成本，客观反映企业的各期损益，同时控制企业费用的发生，进而降低企业的费用支出，根据费用的性质和特征，可以按照不同的标准对其进行分类。

（1）按经济内容或性质分类

按照经济内容或性质不同对费用进行分类，在会计上称为费用要素。建筑企业的生产经营过程既是建筑产品的生产过程，也是各种耗费的发生过程。将各种耗费按其经济内容或性质分类，不外乎劳动资料耗费、劳动对象耗费和活劳动耗费三大方面，这三大方面的费用被称为企业费用的三大要素。

（2）按照经济用途分类

按照经济用途分类，也就是按照费用是否构成产品实体，可以分为合同履约成本和期间费用两大类。合同履约成本依据配比性原则，可以和某一项工程的施工收入相联系配比；期间费用很难和某一项工程的施工收入相联系配比，而是作为建筑企业整体的支出，作为企业当期的一项成本耗费，从当期的总收入中扣除。

①合同履约成本

合同履约成本即建筑企业建造工程的实际成本，是建筑企业为建造工程而发生的各种耗费，是按一定的成本对象进行归集而形成的对象化的费用，与建造的工程紧密相关。计入成本的费用再按其经济用途进行分类是多数企业计算产品成本时分类的依据，因此称为成本项目。《企业会计准则第 14 号——收入》和《企业产品成本核算制度（试行）》规定，建筑企业成本项目包括直接人工、直接材料、机械使用费、其他直接费用和间接费用。建筑企业将部分工程分包的，还可以设置分包成本项目，如表 8-1 所示。

表 8-1　合同履约成本核算种类

具体项目	定义	处理方式
材料费	在工程实施过程中所耗用的、构成工程实体或有助于工程形成的各种主要材料、外购结构件（包括内部独立核算附属工业企业供应的结构件）的费用，以及周转材料的摊销及租赁费用	在发生时应当直接计入合同履约成本
人工费	在工程实施过程中从事建筑安装合同履约成本的生产工人的各项开支费用，包括工资性补贴、职工福利费等	
机械使用费	建筑合同履约过程中使用工程施工机械所发生的费用（包括机上操作人员人工费，燃料、动力费，机械折旧、修理费，替换工具及部件费，润滑及擦拭材料费，安装、拆卸及辅助设施费，养路费，牌照税等）和按照规定支付的工程施工机械进出场费等	
其他直接费用	直接费以外的工程实施过程中发生的其他费用，具有较大弹性。具体包括与设计有关的技术援助费用、工程建设现场材料的二次搬运费、生产工具和用具使用费、检验试验费、工程定位复测费、工程点交费用、场地清理费用等其他直接费用	
间接费用	企业下属的工程实施单位或生产单位为组织和管理工程生产活动所发生的费用，通常是指分公司或项目经理部为工程准备、组织工程生产和管理所需的费用，包括临时设施摊销费用和工程生产单位管理人员工资、奖金、职工福利费、劳动保护费、固定资产折旧费及修理费、物料消耗、低值易耗品摊销、取暖费、水电费、办公费、差旅费、财产保险费、工程保修费、排污费等	在期末按照合理的方法分摊计入成本
分包成本	指按照国家规定开展分包，支付给分包单位的工程价款	

资料来源：作者整理。

②期间费用

期间费用是指建筑企业当期发生的必须从当期收入得到补偿的费用。

期间费用与一定的会计期间相联系，与某项工程没有直接的联系，因而不计入合同履约成本，应于发生时直接计入当期损益。建筑企业的期间费用包括管理费用、财务费用与销售费用，如表 8-2 所示。

表 8-2　期间费用的核算种类

具体项目	具体内容
管理费用	包括人员工资、办公费、培训费、差旅费、印刷费、注册登记费及不计入固定资产成本的借款费用等
财务费用	企业为筹集生产经营所需资金而发生的应予费用化的筹资费用，主要包括利息支出、汇兑损失、金融机构手续费、其他财务费用。除以上各项外，还包括企业因筹资而发生的其他费用，如企业发生的现金折扣或收到的现金折扣等
销售费用	企业在进行销售产品、提供劳务等日常经营过程中发生的各项费用，以及专设销售机构的各项经费，包括保险费、包装费、展览费和广告费、商品维修费、运输费、装卸费等，以及为销售本企业商品而专设的销售机构（含销售网点、售后服务网点等）的职工薪酬、业务费、折旧费等经营费用

资料来源：作者整理。

按照经济用途对费用进行分类，合理划分了合同履约成本和期间费用的界限，全面反映了合同履约成本的构成及各项成本支出是否合理；便于建筑企业组织成本核算，加强成本控制，进行成本分析考核及计算盈亏；有利于建筑企业降低合同履约成本，进而提高工程的盈利水平。

（二）建筑企业成本和费用核算的特殊性

建筑产品的多样性导致工程生产的单件性，建筑工程的长周期导致工程生产的长期性，建筑产品的露天性导致工程生产容易受自然环境的影响，建筑产品的复杂性要求工程生产各环节要相互协调。与传统的工业企业相比，建筑企业生产任务获得方式具有独特性，即首先要获得订单，获得工程预付款后再进行工程施工。建筑单位在工程建设过程中所采取的项目管理方式和工程建筑单位的运作特性，决定了工程建设单位的会计核算有自己的特点。

1. 工程项目部成为独立的会计主体

企业的会计工作按照组织方式分为两类：集中核算与非集中核算。由于建筑企业工程生产分散，工程项目部是公司在工程项目所在地设立的代表公司从事生产经营活动的机构。工程项目部作为企业的委派组织，不具有法人资格，但在一定程度上代表企业对特定的工程项目进行经营管理。在实施项目管理时，建筑企业通常采取非集中核算的方法，将工程项目部作为核算单元，对工程项目的成本和相关费用进行核算。

工程项目部可以按照企业内部会计制度管理的需要，设置会计科目进行会计核算，对工程项目的资产、负债、收入和费用的变化进行完整、持续的记录，并定期对工程项目的损益进行计算，进而编制财务报表。企业也可以对工程项目的部分资产、负债等业务进行统一核算，以强化公司总部对工程项目的控制。

2. 成本核算以特定工程项目为对象

虽然建筑企业都会涉及货币资金、存货、固定资产、负债等业务的核算，但以特定的工程项目为对象进行成本核算是会计处理的一项重要任务。工程生产的单件性导致不能根据一定时期内所发生的全部工程生产费用和已完工的项目数量来对各项工程的单位成本进行估算，而必须按照订单分别归集工程生产费用，对每项工程的成本单独核算。同时，由于不同建筑产品之间差异较大，不同建筑产品之间的实际成本不具可比性，工程项目成本的分析、控制和考核一般不是以可比产品成本为依据，而是以工程预算成本为标准。在工程建设中，工程项目需要通过对工程的实际成本与预算成本进行对比来确定工程成本的升降情况。

3. 分段进行工程价款结算，确认合同收入与费用

由于工程项目的建设周期较长，且需要较多的资金投入，对于已完成预算定额所规定的全部工序或工程内容的分部工程或分项工程，建筑企业应将其作为"已完工程"，及时与建设单位办理工程价款的中间结算，待工程全部竣工后再进行清算。因此，企业必须加强工程价款结算的会计核算工作，正确计算已完工程的预算价值，及时收回工程价款，加大对项目成本的控制力度，提高对项目成本的控制水平。同时，强化对预收工程款的核算和管理，并定期与建设方（或发包方）进行清算。工程生产的长周期性要求建筑企业需按照企业会计准则的规定，以工程的履约进度为依据，对各年度的工程合同收入和合同费用进行单独计量和确认，以明晰各年度的经营成果。

4. 会计方法的选择需要考虑自然环境

工程生产所使用的固定资产、临时设施等通常都露天存放，而建筑工程本身体积庞大，一般也都处于露天作业状态，受气候条件、自然侵蚀影

响较大，尤其在工程实施条件十分恶劣的情况下，资产耗损更为显著。建筑企业会计要选择合理的固定资产折旧方法和周转材料、低值易耗品、临时设施的摊销方法，根据实际损耗情况对其进行价值补偿。

5. 内部往来事项众多

工程项目部与公司总部之间业务往来频繁，既包括资金、材料、设备的调拨，也包括成本费用的结转等，各方均需对往来事项进行明确、及时的记录与反映。在公司总部与工程项目部会计核算中，通常设置相关科目，用于记录内部往来业务引起的公司总部与工程项目部之间债权和债务的变动情况。

二、成本核算的对象、组织与程序

（一）成本核算对象

成本核算对象是工程费用的归属目标，也是工程费用的承担者。企业在进行工程项目管理时，应当依据项目管理的具体要求，结合项目管理的实际情况与工程项目组织的特点，选择相应的成本核算对象。

一般情况下，企业把与建设单位签订的有独立工程图预算的单项建造合同作为成本核算依据，对每个单项合同的收入、费用和利润进行单独计量和确认。但是在某些情况下，为了反映一项或一组合同的实质情况，需要将单项合同进行分立或将数项合同进行合并，具体情况如表8-3所示。

表8-3　合同合并与合同分立的特殊情况

情况	条件
若一项建造合同涉及建造数项资产，在同时满足下列条件时，每项资产应分立为单项合同处理，否则不可以进行合同分立	①每项资产均有独立的建造方案； ②建造承包商与客户就每项资产单独进行谈判，双方能够接受或拒绝与每项资产有关的合同条款； ③可单独辨认每项资产的收入和成本
若为建造一项或数项资产而签订一组合同，无论对应单个客户还是几个客户，在同时具备下列条件的情况下，应合并为单项合同处理，否则不能将该组合同合并	①该组合同按一揽子交易签订； ②该组合同具有很强的关联性，每项合同实际上已成为一项综合利润工程的组成部分； ③该组合同同时或依次履行
在符合以下任何一条规定的情况下，新增资产的建设应以单项合同的形式进行	①该追加资产在设计、技术或功能上与原合同包括的（一项或数项）资产存在重大差异； ②在确定新增资产价格时，无需考虑原有的合同价格

资料来源：作者整理。

（二）成本核算组织

成本核算是建筑企业成本管理中的重要组成部分。通过有效地组织工程成本核算，建筑企业可以更好地控制和降低成本，提高经济效益。建立和完善相应的成本核算组织体系，可以使企业的核算组织与施工管理体制相适应，更好地实现成本管理目标。在实践中，建筑企业一般会根据自身的规模和管理体制，选择适合的成本核算组织体系。常见的包括公司、工区和施工队三级核算或公司、工区两级核算体系。这些体系旨在更好地组织和管理成本核算工作，确保各项成本准确核算和记录，为企业的决策提供有力支持，无论选择哪种成本核算组织体系，建筑企业都应该确保成本核算的准确性和及时性。同时，企业还应该加强内部经济责任制的管理，明确各级部门和人员的职责和权限，确保成本核算工作有效开展。

1. 实行三级核算的建筑企业

实行三级核算的建筑企业，其成本核算组织体系通常包括公司、工区和施工队三个层级。

公司一级的成本核算主要负责全面领导所属单位的成本核算工作，包括指导所属单位建立、健全成本管理制度，核算公司本身的管理费用，汇总整个建筑企业的施工生产成本，审核汇总所属单位的成本报表，进行全面合同履约成本分析等。

工区（或工程处、分公司）一级的成本核算主要负责核算工区本身的管理费用，并对合同成本进行归集和分配。同时，还要对施工队（或项目经理部）的各项成本进行核算、汇总和分析，并向公司报送有关报表。

施工队（或项目经理部）一级的成本核算则主要负责组织、记录和计算各项工程成本。在项目经理部的领导下，根据各班组记录的原始资料，归集和分配实际成本，编制施工队（或项目经理部）的成本报表。

这样的三级核算体系有助于更好地组织和管理成本核算工作，确保各项成本的准确核算和记录，为企业的决策提供有力支持。

2. 实行两级核算的建筑企业

实行两级核算的建筑企业，其成本核算组织体系通常包括公司和施工队两个层级。公司一级核算的内容与实行三级核算的建筑企业的公司一级核算内容基本相同。

公司一级的成本核算主要为了指导和监督施工队的成本核算工作。它通常会对整个企业的施工生产成本进行汇总和分析，并审核和监督施工队的成本核算过程。

施工队一级的成本核算则主要负责组织和记录各项工程成本。它通常会根据实际施工情况记录各项成本，包括人工、材料、设备和其他相关成本，并进行归集和分配。施工队还会根据公司的要求编制成本报表，并及时向公司汇报。

（三）成本核算程序

合同履约成本核算程序是指建筑企业根据成本管理和核算的基本要求，对建筑生产费用进行分类核算并将发生的各项要素费用按照经济用途进行归类时所应遵循的一般程序和步骤。建筑企业的合同履约成本核算一般实施二级或三级核算，对一些规模较小的建筑企业也可以实行一级核算。在建筑企业实行合同履约成本二级核算或三级核算的体制下，公司级一般只核算期间费用，合同履约成本的总分类核算主要是在工区及施工队进行。建筑企业在进行合同履约成本核算时，对施工过程中发生的各项成本，首先应按成本项目通过成本核算会计科目进行归集，然后把归集的成本按照受益原则分配到各成本核算对象。分配时，对于能够分清受益对象的直接成本，直接计入各受益的成本核算对象；对于不能分清受益对象的成本，需要按照一定的方法分摊计入各受益的成本核算对象。

建筑企业工程成本核算的基本程序分为6个步骤，具体如下：第一步，确定成本核算对象。成本核算对象的确定应结合工程特点和成本管理的需要。第二步，归集合同履约成本。设置成本核算会计科目及账户，建立成本核算台账，核算和归集合同履约成本。第三步，确定成本分配方法。按照受益原则，确定应分配合同履约成本在各成本核算对象之间的分配方法和标准。第四步，在成本核算对象之间分配成本。将归集的合同履约成本按确定的方法和标准在各个成本核算对象之间进行分配。第五步，计算各成本核算对象的实际总成本。编制工程成本计算表，计算各成本核算对象的实际合同履约总成本。第六步，结转完工合同的履约成本。正确划分已完工合同和未完工合同的成本，结转完工合同的履约成本。建筑企业成本核算的基本程序如图8-1所示。

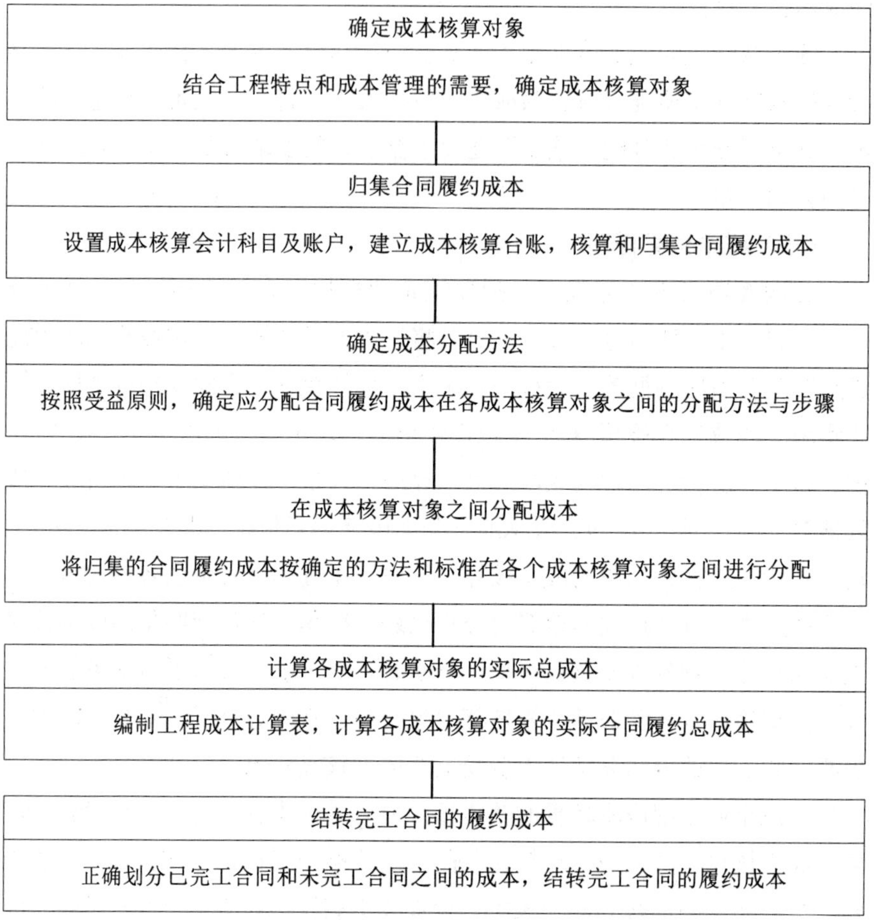

| 确定成本核算对象 |
| 结合工程特点和成本管理的需要，确定成本核算对象 |

| 归集合同履约成本 |
| 设置成本核算会计科目及账户，建立成本核算台账，核算和归集合同履约成本 |

| 确定成本分配方法 |
| 按照受益原则，确定应分配合同履约成本在各成本核算对象之间的分配方法与步骤 |

| 在成本核算对象之间分配成本 |
| 将归集的合同履约成本按确定的方法和标准在各个成本核算对象之间进行分配 |

| 计算各成本核算对象的实际总成本 |
| 编制工程成本计算表，计算各成本核算对象的实际合同履约总成本 |

| 结转完工合同的履约成本 |
| 正确划分已完工合同和未完工合同之间的成本，结转完工合同的履约成本 |

图 8-1 成本核算程序

资料来源：作者整理。

三、合同履约成本的会计处理

（一）合同履约成本核算应设置的会计账户

1. "合同履约成本"账户

本账户用于核算企业为履行当前或逾期取得的合同所发生的、不应属于其他企业会计准则规范范围，且按照《企业会计准则第 14 号——收入》的规定确认为一项资产的成本。建筑企业根据建设工程设计文件的要求，对建设工程进行新建、扩建、改建所发生的施工成本通过"合同履约成本"账户进行核算。本账户下设"工程施工"二级明细账户，"工程施工"账户可以根据直接成本和间接费用相关明细内容设置三级账户。期末按照履约进度结转合同履约成本，将本账户当期发生额结转到"主营业务成本"账户中。采用投入法测算履约进度的建筑企业，当期账户在结转以后一般无余额。

"合同履约成本——工程施工"明细账户的借方登记企业在建筑生产经营过程中发生的直接费用和归集的间接费用，以及期（月）末分配计入有关合同履约成本的间接费用。贷方登记结转的合同履约成本，以及期（月）末以前归集分配计入有关合同履约成本的间接费用。其借方余额反映尚未结转的合同履约成本。

2．"合同履约成本减值准备"账户

本账户用于核算与合同履约成本有关的资产的减值准备，可按合同进行明细核算。与合同履约成本有关的资产发生减值的，按应减记的金额，借记"资产减值损失"账户，贷记本账户；转回已计提的资产减值准备时，做相反的会计分录。本账户期末贷方余额，反映企业已计提但尚未转销的合同履约成本减值准备。

3．"合同结算"账户

本账户用于核算同一合同下属于在某一个时段内履行履约义务涉及与客户结算对价的合同资产或合同负债。此账户下设置"合同结算——价款结算"账户、"合同结算——收入结转"明细账户，前者反映阶段性与客户（建设方）进行结算的金额，后者核算按履约进度确认的收入金额。本账户期末如为借方余额，反映建筑企业已经履行履约义务但尚未与客户结算的金额，依据其流动性，在资产负债表中分别列示为"合同资产"（建筑企业预计与客户结算期限不超过1年或1个正常营业周期）或"其他非流动资产"（施工企业预计与客户结算期限在1年或1个正常营业周期以上）项目。期末如为贷方余额，反映建筑企业已经与客户结算但尚未履行履约义务的金额，依据其流动性，在资产负债表中分别列示为"合同负债"或"其他非流动负债"项目。

4．"机械作业"账户

本账户用于核算企业及其内部独立核算的工程单位、机械站和运输队使用自有工程施工机械和运输设备进行机械化工程实施和运输作业等所发生的各项费用。借方记录企业的内部工程单位在使用自有机械时所产生的机械作业支出，贷方登记根据受益对象在期末所结转或分配的机械作业费用。本账户一般无余额。账户以不同类型的工程机械或运输设备作为成本核算对象设置明细账，按规定的成本项目分设专栏，进行详细的会计处理。企业及其内部独立核算的工程单位，从外单位或本企业其他内部独立核算的机械站租入工程施工机械发生的机械租赁费，不通过本账户核算；而应按照规定的台班费定额支付的机械租赁费，直接计入成本核算对象的"合同履约成本——工程施工——机械使用费"账户。

（二）直接人工费的会计核算

1. 直接人工费的归集与分配

（1）计件工资制度下直接人工费用的分配

实行计件工资制度的建筑企业所支付的工资一般能分清是哪个工程所发生的。因此，可以根据工程任务单和工资结算汇总表将其所归集的人工费用直接计入各合同履约成本核算对象的直接人工成本项目。

（2）计时工资制度下直接人工费用的分配

实行计时工资制度的建筑企业，如果建筑生产只涉及一个工程单位，或发生的建筑施工生产工人工资能够分清为具体哪个工程，则可以直接计入该合同履约成本核算对象的直接人工成本项目；如果建筑安装工人同时为几项工程工作，则需要将发生的工资在各个合同履约成本核算对象之间进行分配。一般应按照当月工资总额和工人总出勤工日计算的日平均工资及各工程当月实际用工数计算分配。人工费用的分配可根据工程实施项目的实际情况，以"直接费"或者"完工产值"为标准。计算公式如下：

建筑安装工人日平均工资=企业当月建筑安装工人计时工资总额÷企业当月建筑安装工人实际工日总额

公式中，计时工资总额包括按计时工资标准和工作时间支付给职工的工资。

合同履约成本核算对象应负担的计时工资额=该合同履约成本核算对象当月实际耗用的工日数×建筑企业当月建筑安装工人日平均工资

2. 直接人工费的会计处理

建筑企业工程成本中的人工费用包括直接参与建筑工程工人的计时工资、计件工资、工资性津贴和补贴、奖金和社会保险及其他职工薪酬。从事建筑工程的生产人员工资首先应被归集到"应付职工薪酬"科目，分配时转入"合同履约成本——工程施工——××项目——直接人工费""合同履约成本——工程施工——待分配直接费""合同履约成本——工程施工——待分配间接费"等科目。人工费用的归集会计分录如下：

借：合同履约成本——工程施工——××项目——直接人工费

　　合同履约成本——工程施工——待分配间接费

　　　贷：应付职工薪酬工资

【例8-1】2022年某建筑工程公司第一项目部有甲、乙两个工程成本核算对象。本月份工资分配表中列明工人工资为6000元。本月，甲工程耗用100个工作日，乙工程耗用50个工作日，会计分录如下：

借：合同履约成本——工程施工　——甲工程（直接人工费）　4000

　　　　　　　　　　　　　　——乙工程（直接人工费）　2000

　　贷：应付职工薪酬　　　　　——工资　　　　　　　　　　6000

根据以上资料编制工人工资分配表，如表8-4所示。

表8-4　该建筑工程公司工人工资分配表

工程成本核算对象	实耗工日数（工日）	日平均工资（元）	应分配工资额（元）
甲工程	100	40	4000
乙工程	50	40	2000
合计	150	40	6000

（三）直接材料费的会计核算

1. 直接材料费的归集与分配

（1）发生时能够分清用料对象的。领用材料时能够点清数量、分清用料对象的，应在领料凭证上注明合同履约成本核算对象的名称，并直接计入合同履约成本核算对象的"直接材料"成本项目。对于工程施工中使用的周转材料，如模板、脚手架等，应根据各受益工程的实际在用数量和规定的摊销方法，计入各合同履约成本核算对象。

（2）剩余、残余材料。对于工程完工后剩余的材料，应办理材料退库手续，以便正确计算工程的实际成本。对于在施工中产生的残次材料和包装物等，应尽量回收利用，并冲减合同履约成本中的直接材料。

材料费用的分配，就是定期将审核后的领料凭证按材料的用途归类，并将应计入工程成本的材料费用计入工程成本，将不应计入工程成本的材料费用计入各自费用项目。

2. 直接材料费的会计处理

根据上述描述，如果建筑公司总部统一采购原材料，再将原材料调拨给各工程项目使用，项目部从公司领取原材料时，根据内部自制的材料结算单、到货点验单等凭据，借记"原材料"账户，贷记"内部往来""银行存款"等账户。项目部在消耗材料时，根据自制的领料单、出库单等凭据，借记"合同履约成本——工程施工——××项目——直接材料费"账户，贷记"原材料""材料成本差异"账户。

【例 8-2】某建筑工程公司第一项目部材料费用分配情况如表 8-5 所示。

表 8-5　材料费用分配表

成本核算对象材料类别			甲工程	乙工程	合计
主要材料	冶炼金属	计划成本	40 000	30 000	70 000
		成本差异（1%）	400	300	700
	钢材	计划成本	20 000	15 000	35 000
		成本差异（2%）	400	300	700
	木材	计划成本	30 000	20 000	50 000
		成本差异（2%）	600	400	1000
	小计	计划成本	90 000	65 000	155 000
		成本差异	1400	1000	2400
结构件		计划成本	100 000	80 000	180 000
		成本差异（2%）	2000	1600	3600
其他材料		计划成本	25 000	15 000	40 000
		成本差异（-1%）	-250	-150	-400
合计		计划成本	215 000	160 000	375 000
		成本差异	3150	2450	5600
周转材料摊销			14 000	9 000	23 000

某建筑工程公司第一项目部根据表 8-5 材料费用分配表，做出会计分录如下：

借：合同履约成本——工程施工	——甲工程（直接材料费）	215 000
	——乙工程（直接材料费）	160 000
贷：原材料	——主要材料	155 000
	——结构件	180 000
	——其他材料	40 000
借：合同履约成本——工程施工	——甲工程（直接材料费）	3150
	——乙工程（直接材料费）	2450
贷：材料成本差异	——主要材料	2400
	——结构件	3600
	——其他材料	-400
借：合同履约成本——工程施工	——甲工程（直接材料费）	14 000
	——乙工程（直接材料费）	9000
贷：周转材料	——周转材料摊销	23 000

（四）机械使用费的会计核算

1. 机械使用费的归集与分配

（1）租入机械费用的核算

建筑企业从外单位或本企业其他内部独立核算的机械站租入施工机械支付的租赁费，一般可以根据"机械租赁费结算单"所列的金额，直接记入有关合同履约成本核算对象的"机械使用费"成本项目中。如果租入的施工机械为两个或两个以上的工程服务，应以租入施工机械为各个合同履约成本核算对象所提供的作业台班数量为基数进行分配，并计入各合同履约成本核算对象的实际成本。其计算公式如下：

某工程成本核算对象应负担的租赁费=该工程成本核算对象实际使用的台班数量×平均台班租赁费

平均台班租赁费=支付的施工机械租赁费总额÷租入的施工机械作业总台班数

（2）自有机械费用的核算

建筑企业使用自有施工机械和运输设备进行机械作业所发生的各项费用，主要包括：①人工费，指驾驶和操作施工机械人员的基本工资、奖金、补贴、职工福利费、工资性质的津贴和劳动保护费等；②燃料及动力费，指建筑使用机械和运输设备进行机械作业所用的燃料及动力费；③折旧及修理费，指对施工机械和运输设备所计提的固定资产折旧费、发生的固定资产修理费用，以及替换工具和部件的摊销费和维修费；④其他直接费用，指施工机械和运输设备所用的润滑材料和擦拭材料费用，以及预算定额规定的其他费用，如将施工机械运到施工现场、远离施工现场（若运往其他现场，运出费用由其他施工现场的合同履约成本负担）和在施工现场范围内转移的运输、安装、拆卸及试车费用等；⑤间接费用，指建筑企业为组织和管理施工机械和运输作业所发生的费用，包括管理人员基本工资、奖金、补贴、职工福利费、工资性质的津贴、劳动保护费、固定资产折旧费及修理费、办公费等。

若能区分出机械使用费使具体某单项工程受益，则直接计入该单项工程机械使用费。

（3）机械使用费的分配方法

建筑企业使用自有施工机械所发生的机械使用费，其分配方法主要包括以下三种。

①台班分配法

台班分配法，是指根据成本核算对象使用建筑使用机械的台班数进行分配。其计算公式如下：

某合同履行成本核算对象应负担的机械使用费=该种机械的每台班实际成本×该工程成本核算对象实际使用的台班数

其中，某种机械的每台班实际成本=该种机械本月实际发生的费用总额÷该种机械本月实际工作的台班总数

台班分配法主要适用于按单机或机组进行成本核算的建筑机械。

②预算分配法

预算分配法，是指按照实际发生的机械使用费占预算定额规定的机械使用费的比率进行分配的方法。其计算公式如下：

某合同履约成本核算对象应负担的机械使用费=该合同履行成本核算对象预算机械使用费×实际发生的机械使用费占预算机械使用费比率

其中，某合同履行成本核算对象预算机械使用费=该合同履行成本核算对象实际完成的工作量×单位工程量机械使用费预算定额占预算机械使用费比率=实际发生的机械使用费总额÷合同履约成本核算对象的预算机械使用费总额×100%

预算分配法主要适用于不便于计算机械使用台班、无机械台班和无台班单价预算定额的中小型施工机械费的分配，如几个成本核算对象共同使用的混凝土搅拌机的费用。

③作业量法

作业量法，是指以各种机械所完成的作业量为基础进行分配的方法。其计算公式如下：

某合同履行成本核算对象应负担的某种机械使用费=该种机械为该工程成本核算对象提供的作业量×该种机械单位作业量的实际成本

某种机械单位作业量的实际成本=该种机械实际发生费用总额÷该种机械实际完成的作业量

2. 机械使用费的会计处理

工程项目单位以经营性租赁方式租入的工程机械和运输设备，按租赁合同规定支付的租赁费，通常可以直接计入受益的各工程成本核算对象的"机械使用费"项目中。对期末可以根据各成本核算对象使用的机械台班数、作业量，编制"机械使用费分配表"，将机械使用费分配给各个成本核算对象，借记"合同履约成本——工程施工——××项目——机械使用费"账户，贷记"机械作业"账户。

【例 8-3】2022 年某建筑工程公司第一项目部从某机械公司租入工程机械 2 台，当月为甲工程提供机械作业 30 个台班，为乙工程提供机械作业 20 个台班，租赁合同规定的台班单价为 250 元。甲、乙工程的机械使用费分别如下：

甲工程：30×250=7500（元）

乙工程：20×250=5000（元）

会计分录如下：

借：合同履约成本——工程施工　——甲工程（机械使用费）7500

合同履约成本——工程施工　——乙工程（机械使用费）5000

贷：机械作业　　　　　　　　　　　　　　　　　　　12 500

（五）其他直接费用的会计核算

建筑企业在施工生产经营过程中所发生的其他直接费用，通常能够分清受益对象，在发生时直接计入合同履约成本核算对象的合同成本明细账的"其他直接费用"成本项目中。建筑企业在工程施工过程中发生的其他直接费用，在发生时借记"合同履约成本——工程施工——××工程——其他直接费用"账户，贷记"银行存款"等账户。

【例 8-4】2022 年 8 月，某建筑工程公司发生其他直接费用为 198 900

元，其中 A 工程为 87 600 元，B 工程为 111 300 元。已通过银行存款支付，会计分录如下：

借：合同履约成本——工程施工 ——A 工程——其他直接	87 600
费用	
——B 工程——其他直接	111 300
费用	
贷：银行存款	198 900

（六）间接费用的会计核算

1. 间接费用的归集与分配

间接费用是建筑企业为管理多项工程而发生的费用，属于共同性费用，难以分清受益对象。因此，建筑企业应在"合同履约成本——工程施工"账户下设置"间接费用"明细账户，汇总本期发生的各项间接费用，期末再按照一定的标准分配计入各有关合同履约成本核算对象。建筑企业发生的间接费用，其分配标准应与预算取费基础相一致，而预算取费基础会因工程类别不同而有所不同。一般情况下，建筑工程应以各合同履约成本的直接费用作为分配标准。设备安装工程应以安装工程的人工费用作为分配标准。但是，在实际工作中，由于建筑企业承担的施工工程往往既有建筑工程又有设备安装工程，有的辅助生产单位生产的产品或劳务可能还会对外销售，因此建筑企业的间接费用一般需要进行两次分配。

第一，建筑企业发生的全部间接费用应在不同类别的工程、产品、劳务和作业间进行分配。在实际工作中，由于间接费用中的许多费用项目，同生产工人的工资、工人人数或劳动时间等有着一定的内在联系，因此，通常以各类工程、产品、劳务和作业中的人工费作为间接费用第一次分配的标准。

间接费用分配率=企业本期实际发生的间接费用总额÷各类工程（产品、劳务、作业等）成本中人工费总额×100%

某类工程（产品、劳务、作业等）应分配的间接费用=该类工程（产品、劳务、作业等）成本中人工费总额×间接费用分配率

第二，月末各工程建设单位应对本月发生的间接费用进行分摊。建筑企业间接费用的第二次分配是将第一次分配到各类工程和产品的间接费用再分配到本类工程或产品，以及劳务内部各成本核算对象中。第二次分配

是按照工程（产品、劳务、作业）类别不同，分别以直接费或人工费为基础进行分配。

（1）安装工程间接费用分配法。这是以各成本核算对象当期实际发生的人工费为基础分配间接费用的一种方法，一般适用于安装工程。计算公式如下：

安装工程间接费用分配率=安装工程本期应发生的间接费用总额÷全部安装工程人工费成本总额×100%

某安装工程成本核算对象应分配的间接费用=该安装工程成本核算对象本期实际发生的人工费×间接费分配率

（2）建筑工程间接费用分配法。这是以各成本核算对象当期实际发生的直接费用为基础分配间接费用的一种方法，一般适用于建筑工程。计算公式如下：

间接费用分配率=建筑工程本期应分配的间接费用总额÷全部建筑工程本期直接费实际成本总额

某建筑工程成本核算对象应分配的间接费用=该建筑工程成本核算本期实际发生的直接费×建筑工程间接费分配率

在进行间接费用的分配时做会计分录，借记"合同履约成本——工程施工——××项目"等账户，贷记"合同履约成本——工程施工——间接费用"账户。

2. 间接费用的会计处理

间接费用一般难以分清具体的受益对象，无法直接计入有关成本核算对象账户。因此，在费用发生时，应先经过一个归集与分配的过程，才能计入合同履约成本，再采用系统、合理的方法分配计入各项工程成本。建筑企业应在"合同履约成本——工程施工"账户下设置"间接费用"明细账户。在发生间接费用时，借记"合同履约成本——工程施工——间接费用"账户，贷记"银行存款"等有关账户；月末按照一定的方法进行分配后，借记"合同履约成本——工程施工——××工程——间接费用"账户，贷记"合同履约成本——工程施工——间接费用"账户。

【例8-5】2022年8月，某建筑工程公司第一项目部发放管理人员工资45 000元，奖金10 000元；管理用固定资产折旧费50 000元；现金支付办公费2500元（取得增值税普通发票），差旅费3500元（取得住宿费增值税普通发票）；临时设施摊销10 500元；向政府部门支付相关规费1000元。

会计分录如下：

借：合同履约成本——工程施工——间接费用——管理人员工资 55 000

　　　　　　　　　　　　　　　　　　——折旧及修理 50 000

　　　　　　　　　　　　　　　　　　——办公费 2500

　　　　　　　　　　　　　　　　　　——差旅费 3500

　　　　　　　　　　　　　　　　　　——临时设施摊销 10 500

　　　　　　　　　　　　　　　　　　——其他费用 1000

　　　贷：应付职工薪酬 55 000

　　　　　累计折旧 50 000

　　　　　库存现金 6000

　　　　　临时设施摊销 10 500

　　　　　银行存款 1000

【例 8-6】2022 年 9 月，某建筑工程公司第一项目部只有甲、乙两项建筑工程的施工任务，9 月实际发生的间接费用总额为 104 400 元。采用建筑工程间接费用分配法，编制"间接费用分配表"（见表 8-6）。会计分录如下：

借：合同履约成本——工程施工——甲工程（间接费用）57 600

　　　　　　　　　　　　　　　——乙工程（间接费用）46 800

　　贷：合同履约成本——工程施工——间接费用 104 400

表 8-6　间接费用分配表

核算对象	直接费成本（元）	分配率（%）	分配金额（元）
甲工程	640 000	9	57 600
乙工程	520 000		46 800
合计	1 160 000		104 400

以上人工费、材料费、机械使用费、其他直接费用构成建筑企业的直接成本，间接费用为建筑企业的间接成本，直接成本加间接成本构成建筑企业工程成本，即合同履约成本。

（七）工程完工结转实际合同履约成本

为了正确组织合同履约成本的核算，建筑企业应当按照工程合同确定的成本核算对象，开设合同履约成本明细账，及时将施工过程中发生的成本计入相应的成本明细账中，以便及时反映成本信息。当工程完工时，合同履约成本明细账的累计发生额就是该项工程的实际合同履约总成本。现举例说明工程完工结转实际合同履约成本的会计处理。

【例8-7】2022年5月，某建筑工程公司的A工程已完工（当年建造、当年完工，且双方合同约定竣工后结算工程价款），工程实际发生成本为15 000 000元。根据双方合同约定，该工程的造价为20 000 000元，上述价款均不含增值税。假定建筑企业与客户结算时即发生增值税纳税义务，增值税税率为13%，客户在实际支付工程价款时支付对应的增值税款。会计分录如下：

①确认合同收入

| 借：合同结算 | ——收入结转 | 20 000 000 |
| 贷：主营业务收入 | | 20 000 000 |

②结转合同成本

| 借：主营业务成本 | | 15 000 000 |
| 贷：合同履约成本 | ——工程施工 | 15 000 000 |

③结算工程价款

借：应收账款		22 600 000
贷：合同结算	——价款结算	20 000 000
应交税费	——应交增值税	2 600 000
	（销项税额）	

四、期间费用的会计处理

期间费用，是指建筑企业当期发生的必须从当期收入得到补偿的费用。期间费用与一定的会计期间相联系，与某项工程没有直接联系，因而不计入合同履约成本，直接计入当期损益的各项费用。具体包括管理费用、财务费用和销售费用。

（一）期间费用核算应设置的账户

1. "管理费用"账户

本账户已在第四章进行阐述。

2. "财务费用" 账户

本账户用于核算建筑企业在施工生产经营过程中为筹集生产经营所需资金等发生的费用。其借方登记企业发生的各项财务费用，贷方登记发生的冲减财务费用的利息收入、汇兑收益及现金折扣。期末应将本账户的余额全部转入 "本年利润" 账户，结转后应无余额。

3. "销售费用" 账户

本账户用于核算企业销售费用的发生情况，属于损益类账户，借方登记本期实际发生的各项销售费用，贷方登记期末转入 "本年利润" 账户的销售费用，结转后无余额。本账户应按销售费用的组成项目设置明细账来进行明细分类核算。如果企业销售费用的发生额很少，可以不单独设置 "销售费用" 账户进行核算，实际发生的销售费用可并入 "管理费用" 账户中进行核算。

（二）期间费用的会计核算

现举例说明期间费用核算的会计处理。管理费用明细账的设置见表8-7。

表 8-7　管理费用明细账

年		凭证号数	摘要	借方							贷方	余额
月	日			招待费	公司经费	工会经费	职工教育经费	咨询费	税金	合计		
		（1）	支付招待费	1000						1000		
		（2）	分配工资		5000					5000		
		（3）	计提福利费			700				700		
		（4）	支付咨询费					1250		1250		
		（5）	报销差旅费		1100					1100		9050
		（6）	结转管理费								9050	0
			月计	1000	6100	700		1250		9050	9050	

【例 8-8】根据表 8-7，某建筑工程公司 2022 年 6 月管理费用的发生

情况如下（税率为13%）。

①现金支付业务招待费1000元，会计分录如下：

借：管理费用	——业务招待费	1000
应交税费	——应交增值税（进项税额）	130
贷：库存现金		1130

②本月分配行政管理人员工资5000元，会计分录如下：

借：管理费用	——公司经费	5000
贷：应付职工薪酬	——工资	5000

③按上述人员工资总额的14%计提职工福利费，会计分录如下：

借：管理费用	——福利费	700
贷：应付职工薪酬	——职工福利	700

④以现金支付技术咨询费1250元，会计分录如下：

借：管理费用	——咨询费	1250
应交税费	——应交增值税（进项税额）	162.5
贷：库存现金		1412.5

⑤公司管理人员李宁出差回来报销差旅费1100元，原借款1000元，补付现金100元，会计分录如下：

借：管理费用	——公司经费	1100
贷：备用金	——李宁	1000
库存现金		100

⑥月末，将本月发生的管理费用全部计入当月损益，转入"本年利润"账户，会计分录如下：

借：本年利润	9050
贷：管理费用	9050

【例 8-9】某建筑工程公司于 2022 年 1 月 1 日向银行借入生产经营用短期借款 300 000 元，期限 6 个月，年利率为 5%。该借款本金到期后一次归还，利息分月预提，按季支付。假定其中 120 000 元于 1 月暂时作为闲置资金存入银行，并获得利息收入 400 元，所有利息均不符合利息资本化条件。会计分录如下：

①1 月末，预提当月应计利息：300 000×5%÷12=1250（元）

借：财务费用	1250
贷：应付利息	1250

②同时，当月取得的利息收入 400 元应作为冲减财务费用处理

借：银行存款	400
贷：财务费用	400

【例 8-10】某建筑工程公司销售部于 2021 年 6 月共发生费用 320 000 元，其中销售人员薪酬 150 000 元，销售部专用办公设备折旧费 80 000 元，业务费 90 000 元（均用银行存款支付）。会计分录如下：

借：销售费用		320 000
贷：应付职工薪酬	——工资	150 000
累计折旧		80 000
银行存款		90 000

第二节　涉税管理

从企业所得税的角度来讲，建筑企业工程成本主要通过分配结转形成主营业务成本，进而从所得税应税收入中扣除。另外，购进材料物资、发生相关成本费用支出过程中取得的增值税进项税额抵扣、支付劳务费用代扣个人所得税等问题，也是进行成本核算时应该注意的问题。本节详细介绍了工程成本费用、工程结算的相关涉税政策及处理措施。

一、涉税政策

（一）建筑企业成本和费用的涉税政策

1. 不得扣除支出、未进行纳税调整的涉税政策

企业所得税法在规定了企业实际发生的与取得收入有关的、合理的支出允许税前扣除这一一般规则的同时，又明确了禁止扣除和特殊扣除项目，构成了企业所得税税前扣除的一般框架。设置不得扣除项目的原因是为了防止企业在报账时出现恶意报账或不合理报账的现象，同时也是为了避免企业通过过多扣减税前成本的方式来降低其税收负担。这样既能够确保税收收入的准确性，又可以保障国家税收体系的公平公正。

2. 跨年度费用支出的涉税政策

针对企业的跨年度业务，必须要明确应该怎样对收入和支出进行确认，以及此过程中涉及哪些相关税务问题。整体来说，跨年度涉税事项包括成本费用当年未取得发票能否扣除，税前扣除凭证有哪些类型，怎样判断费用的所属期，跨年度支出或扣除凭证的税会处理是否存在差异。

（1）成本费用当年未取得发票能否扣除

企业真实且实际发生的支出，应当取得而未取得凭证，或者虽然取得但取得的凭证不符合规定时，应当在企业所得税汇算清缴期结束前获得合法合规的有效凭据，如跨年度支出、费用真实发生且在汇算清缴期结束前取得合法合规的有效凭证，企业可以扣除相关成本费用。

（2）跨年度税前扣除凭证的类型

实践中，部分企业财税人员对税前扣除有效凭证的类型认识不清，以为仅包括发票，导致跨年度扣除凭证在采集时产生疏漏。实际上，税前扣除凭证按照来源不同分为内部凭证和外部凭证。内部凭证通常指企业按照国家会计法律、法规等相关规定填制并运用于成本、费用、损失和其他支出核算中的会计原始凭证，如企业在支付职工工资表、差旅费报销单、材料入库单等其他会计原始凭证，均为内部凭证。外部凭证是指企业在发生经营活动和其他事项时，从其他单位、个人取得的用于证明企业支出的凭证，包括但不限于发票（包括纸质发票和电子发票）、财政票据、完税凭证、收款凭证、分割单等。

（3）判断费用的所属期

企业财税人员在实际工作中常遇到相关支出时间判断的问题，尤其是对于跨年度费用，有些财税人员对于如何准确判断其所属年份并不明确，从而造成不必要的税务风险。

按照现行政策规定，计算企业应纳税所得额，应以权责发生制为原则，属于当期收入和费用的，不论款项是否收付，均作为当期的收入和费用；不属于当期收入和费用的，即使款项已经在当期收付，均不作为当期的收入和费用。据此，企业财税人员应当准确把握权责发生制原则和"当期"的标准，对跨年度费用的所属期做出准确判断。

（4）跨年度支出或扣除凭证的处理，是否存在税会差异

按照相关规定，除结账和更正错账的记账凭证可以不附原始凭证外，其他所有的记账凭证必须附有原始凭证。由此看来，税法规定和会计规定对于凭证的要求基本一致，因而在凭证要求中通常不存在税务上的差异。不过，在对支出费用的具体处理上，税法和会计准则中可能存在不同的处理口径，从而产生税务差异。

（二）工程结算的涉税政策

工程结算决定了项目成本的大小，会对公司的税金产生较大影响，主要是增值税、企业所得税和土地增值税。土地增值税以纳税人转让房地产的增值额为征税对象，通过增值额与适用税率计算得出税额，其中可扣除项目包括取得土地使用权所支付的金额；开发土地的成本；新建房屋及附属设施的成本、费用，或者旧房及建筑物的评估价格；与转让房产有关的税金；财政部规定的其他扣除项目。

建筑企业在工程结算计价环节未必会发生增值税纳税义务，但如果建设工程合同的付款条款与工程计价周期绑定在一起，则取得工程计价单据的时间与增值税纳税义务发生的时间可能就存在必然联系了。

1. 建筑企业增值税纳税义务发生时间的判断标准

（1）建筑企业是否已经收到了工程进度款或结算款。无论工程施工合同中是否约定了相关收款条件及收款时间，只要收到了进度款或结算款，多项目的增值税纳税义务发生时间即为收款日期当天。如果收到的为预收数且未开具相应增值税应税发票的，不发生增值税纳税义务，只需要预缴增值税。

（2）建筑企业是否已经向建设方（发包方）开具工程进度款或结算款对应的增值税发票。只要开具了相应税率的增值税发票，不论是否收到相应款项，也不论合同中约定的收款日期是否已经到达，该项目的增值税纳

税义务发生时间即为开具发票的当天。如果开具的发票为"不征税"的预收款发票，则不发生增值税纳税义务，只存在增值税预缴义务。

（3）建筑企业提供建筑服务签订了书面合同的，合同中约定了具体收款日期，增值税纳税义务发生时间为具体收款日当天。合同中只要约定了具体收款日期，不论到期是否实际收到工程进度款或者结算款，都将发生增值税纳税义务。当然，建筑企业一般不会直接约定具体收款日期，但是合同中会有一些间接条款和辅助要件可以推算出具体的收款时间。例如，关于付款周期的约定：每月 28 日前乙方应向甲方提交本月已完成工程量报告，甲方在收到工程量报告后 5 个工作日内审定完毕，并在审定完毕后 5 个工作日内按照审定金额的 80%支付进度款。上述条款能够根据建筑企业的"工程量计价单"推算出具体的收款日，即能据此推算出增值税纳税义务发生时间。

2. 建筑服务企业所得税纳税义务发生时间

企业所得税以企业的生产、经营所得和其他所得的收入为征税对象，也可以称为企业应纳税所得额。建筑服务行业的企业所得税与增值税的纳税义务时间确认条件存在差异。合同收入即企业所得税应税收入按照合同履约进度确认。根据《中华人民共和国企业所得税法实施条例》的规定，企业受托加工制造大型机械设备、船舶、飞机，以及从事建筑、安装、装配工程业务或者提供其他劳务等，持续时间超过 12 个月的，按照纳税年度内完工进度或者完成的工作量确认收入的实现。也就是说，建筑企业的工程项目工期超过 12 个月，且建造合同结果能够可靠估计，则履约进度就能合理确定，会计上按照履约进度确认的合同收入就等于企业所得税收入。理论上，工程项目开始施工后即存在履约进度，企业所得税纳税义务就产生了，而此时建筑企业未必就收到了客户支付的进度款或者向客户开具了相关应税发票，抑或是到达合同约定收款日，即未必发生增值税纳税义务。建筑服务增值税纳税义务主要以收到的工程进度款或结算款时间、开具应税发票的时间、约定的收款时间三者孰早来确定。

工程竣工并结算后，建筑企业已经按照履约内容完全确认了合同收入，并据此开具建筑服务发票时，该项目的增值税销售额和企业所得税营业收入才完全一致。工程结算对企业所得税计算中的准予扣除项目的金额影响巨大。工程结算的高低对项目公司的土地增值税、企业所得税及项目利润有较大影响，与土地增值税、企业所得税和净利润呈反方向变动。

二、涉税处理

（一）建筑企业成本和费用的涉税处理

1. 对不得扣除支出、未进行纳税调整的涉税处理

对于无法扣除的支出项，企业必须按照相关规定进行纳税调整，以符合财务和税务要求。对于一些特定的情形，企业有必要采取特殊的处理方式来应对。①对于资本性支出，企业需要将其分配到未来的几个会计年度中，以便进行逐年摊销，不能在当期税前扣除。②对于未取得发票、发票不合规的费用，企业需要通过努力协商，尽量争取到合法的发票，从而获得相应的扣除。满足以下条件的，企业可以追补超过 5 年的跨年发票，一能够提供发票原件，二能够重新出具发票，三能够提供明细清单和具体事项的说明。③对于不涉及生产经营的支出，企业需要将其重新划分到营业外或非经常性损益中，以免影响企业所得税的扣除。④对于分公司间的发票，若存在跨公司销售的情况，应按照是否有独立核算的原则进行报销，以符合企业所得税征收管理的要求。总体而言，企业拥有充分的义务和责任确保其支出的合法性和合规性。对于不可扣除的支出项，需要及时进行调整。企业应严格对照财务账目与税务法规的对应条目，全面掌握会计报表中的具体内容，充分把握财务信息细节，最大限度地规避税务纠纷和风险。

2. 对跨年度费用支出的涉税处理

针对跨年度费用支出纳税调整问题，按照税法对费用列支期间的规定，跨年度取得的发票应入账，其在税收方面主要影响企业所得税。由于企业所得税按年计算、分期预缴，在纳税年度内发票跨月入账并不影响当年度所得税的计算。对跨年度取得的发票入账，虽然只是时间性差异，但是会影响不同纳税年度的配比和应纳所得税额的计算，有关税法的要求如下。

（1）费用税前列支的一般原则

①权责发生制原则。即纳税人应在费用发生时，而不是实际支付时确认扣除。

②配比原则。即纳税人发生的费用应当按比例或按照分配的当期申报扣除。纳税人某一纳税年度应申报的可扣除费用不得提前或滞后申报扣除。

（2）以前年度应计未计费用的处理

企业纳税年度内应计未计扣除项目，包括各类应计未计费用、应提未提折旧等，不得移转以后年度补扣。这些项目指年度终了，纳税人在规定的申报期申报后，发现的应计未计、应提未提的税前扣除项目。

（3）所得税汇算清缴期间发现漏计费用的处理

企业在所得税汇算清缴期限内，发现当年度所得税申报有误的，可在所得税汇算清缴期限内向税务主管机关重新办理年度所得税申报和汇算清缴。

（4）对广告费扣除的限制

内资企业申报扣除的广告费支出，必须符合以下条件：已实际支付费用并已取得相应发票，即广告费支出没有取得发票一律不允许在所得税前列支。

因此，从以上规定可以看出，根据税法规定，费用只能在所属年度扣除，不能提前或结转到以后年度扣除，若当年的费用当年没有取得发票，并不意味着这笔费用就不能在当年的所得税前列支。

（二）工程结算的涉税处理

从税务角度出发，就项目整体而言，某一竣工备案单位工程结算工作的处理原则如下。

1. 尽可能地降低结算金额，从而降低项目成本

在对开发费用进行会计核算时，往往以降低成本为主要方针，在增加税收的同时提高企业的利润，而利润的提高是企业经营的根本目标之一。

2. 尽可能加快结算进度，以便项目成本尽快取得合法凭据

工程结算能否顺利进行直接关系到项目公司能否尽早拿到对方出具的合法凭证。就土地增值税而言，对项目进行土地增值税清算时，其全部开发费用须有合法凭据予以支持，否则不能扣除。就企业所得税而言，允许扣除的项目成本应该是与收入有关的、合理的支出，并且要有合法有效凭据作为支撑。以下个别情况下可以预提：①外包工程尚未最终办理结算而未取得全额发票的，在证明材料充分的前提下，其发票不足金额可以预提，但最高不得超过合同总金额的10%。②对于尚未建造或尚未完工的公共配套设施，可按预算造价合理预提建造费用。此类公共配套设施必须符合已在售房合同、协议或广告的相关规定，且其中明确承诺建造后不可撤销，或依照法律法规配套建造。③应向政府上缴但尚未上缴的报批报建费

用、物业完善费用可以按规定预提。物业完善费用是指按规定应由企业承担的物业管理基金、公建维修基金或其他专项基金。

总体来说，企业所得税每年有年度纳税申报，土地增值税清算也有明确的时间要求，不会因为项目仍然有大量交易未结算而推迟。因此，结算迟延必然会给公司带来税收损失。

三、税收优惠

（一）不得扣除支出且未进行纳税调整的税收优惠

根据《中华人民共和国企业所得税法实施条例》规定，在计算应纳税所得额时，下列支出不得扣除：①向投资者支付的股息、红利等权益性投资收益款项；②企业所得税税款；③税收滞纳金；④罚金、罚款和被没收财物的损失；⑤本法规定以外的捐赠支出；⑥赞助支出；⑦未经核定的准备金支出；⑧与取得收入无关的其他支出。

（二）跨年度费用支出的税收优惠

企业当年度实际发生的相关成本、费用，由于各种原因未能及时取得该成本、费用的有效凭证，企业在预缴季度所得税时，可暂按账面发生金额进行核算；但在汇算清缴时，应补充提供该成本、费用的有效凭证。企业应当取得而未取得发票、其他外部凭证或者取得不合规发票、不合规其他外部凭证的，若支出真实且已实际发生，应当在当年度汇算清缴期结束前，要求对方补开、换开发票或其他外部凭证。补开、换开后的发票、其他外部凭证符合规定的，可以作为税前扣除凭证。汇算清缴期结束后，税务机关发现企业应当取得而未取得发票、其他外部凭证或者取得不合规发票、不合规其他外部凭证并且告知企业的，企业应当自被告知之日起 60 日内补开、换开符合规定的发票、其他外部凭证。除此情形外，企业以前年度应当取得而未取得发票、其他外部凭证，且相应支出在该年度没有税前扣除，在以后年度取得符合规定的发票、其他外部凭证或者可以证实其支出真实性的相关资料的，相应支出可以追补至该支出发生年度税前扣除，但追补年限不得超过 5 年。

（三）机械作业的税收优惠

"机械作业"是核算企业（建造承包商）及其内部独立核算的建筑单位、机械站和运输队使用自有建筑机械和运输设备进行机械作业（包括机械化建筑和运输作业等）所发生的各项费用的一个科目。《财政部 国家税务总局关于明确金融、房地产开发、教育辅助服务等增值税政策的通知》规定，纳税人将建筑工程建筑设备出租给他人使用并配备操作人员的，按照"建筑服务"缴纳增值税。

第三节　热点问题

近年来，我国建筑工程单位的组织管理和生产形式得到了较大完善，越来越多的建筑工程项目单位意识到了成本预测与成本控制的重要性，以及费用的管理对企业发展的巨大影响。本节分两部分阐述工程成本与费用的相关热点问题。

一、如何对建筑企业成本进行控制与预测

关于建筑企业成本控制方法，下面从建立健全成本控制体系、增强建筑成本预测能力、制订成本控制指导方针、采用综合成本管控模式与加强建筑工程项目费用要素管控五方面具体展开。关于建筑企业成本预测方法，从人工成本、材料和机械成本、措施项目费与成本风险控制四部分展开论述。

（一）成本控制方法

1. 建立健全成本控制体系

根据建筑企业成本的构成情况，控制直接成本需要依靠负责任的管理人员和合理的管理标准，而降低间接费用亦是如此。因此，在开展成本控制工作时，一方面要构建一个职位齐全、人员合理的组织机构，以工程建设的特点、工程和管理人员层级及负责内容为依据，建立一个成本管控小组，并对各自的职责、职权及权利进行明确，做到分工合作、共同参与。另一方面要构建完备、合理的管理体系。建筑企业要有与自己的发展特征相适应的成本控制标准与规范，按照成本控制的内容与人员构成制订出一套责任体系，对各个层次管理者的具体职责进行界定，分解建筑成本责任，设定不同的成本控制小目标，以责任制度来促使全员共同实现成本控制目标。

2. 增强建筑成本预测能力

必须事先明确建筑成本的控制所要实现的效果，在工程建设前为确定一个合适的控制目标，需要对成本进行科学预测，并以此为依据和标准来

制订各项管控措施。因此，须采用合理的预测方式对其展开详细的数据收集和综合分析，既要对工程基本情况、成本内容进行全面了解，又要足够清楚当地的建筑市场、相关管控政策，才能够对人工、材料、机械等方面的成本进行合理预估及判断，掌握与税率、税费相关的财务内容，提升成本控制的动态性。通过预测预期成本的变动幅度，对因工程建筑手段变化影响成本的大小进行预测，以制订高度可行且可调节的项目实施计划，作为编制工程组织设计的重要参考，从而优化资源配置，使各生产要素的费用消耗降至最低。此外，也要结合成本预测编制成本控制计划和工程预算，以确定成本控制的方向和范围，从而提升成本管控的有效性和效率，使最终的成本核算结果偏差降至最低。

3. 强化成本项目费用监管

依据监管成本支出和资金流动的相关准则，将工程图纸中所制定的预期成本项目及规范和标准作为成本费用凭据，对工程建设过程中的各项费用进行监管。根据参建各方共同认定的文件和工程资料来确定是否符合合同规定，并将其作为资金交易双方的重要约束条件和凭据，根据"以收定支"或者"量入为出"的原则，保证甲方可以按时、按量支付，乙方也能够获得合法工程款。此外，人工、材料、设备等费用的支出也更加有理有据，同时也会存在一定的额度限制，防止有人动手脚，同时避免实际费用虚高。按照工程预算来控制资源消耗，进而减少人力、物力支出，以降低实际成本。在工程开始前根据设计方案及相关计算方法，借助有关技术手段对工程量进行精准统计，确定工程预算，并根据工程建筑技术方案、工程进度计划等工程安排对派工单与限额领料单进行发放，做好详尽的记录，严禁随意修改或口头说明，确保后期可以用完整且准确的派工单与限额领料单来结算，以有效反映和控制实际成本。

4. 采用综合成本管控模式

鉴于影响工程成本的因素较多，且不同的管控手段取得的效果也存在差异，为此需要对影响成本的所有步骤和因素进行管理。首先，强化成本预算的管理，主要是要优选参与预算编制工作的财务人员，确保其具备相应的工程管理、财务专业方面的业务知识和管理水平，能按照预算准则和方式进行相关计算和分析工作，从而确保成本预算的准确性。其次，要加强投标管理，制订科学的投标文件，择优选择承包单位和材料供应商，以最佳的投标方案和中标价格来争取最大化的利益。再次，加强双方的合同管理，尤其要仔细拟定合同条款，保证条款表述清晰、完整，以免引起纠纷。最后，严格监督合同的落实过程，以合同为约束和依据进行工程建筑管控、成本管控，按时、达标完工并结算，避免出现违约的问题。

5. 加强建筑工程项目费用要素管控

建筑工程项目中的各项费用要素主要分为人工费用和材料费用。针对人工费用的管理，应根据施工方案和建筑技术要求保证施工质量。建筑管理人员应充分考虑施工各环节可能需要的工人数量，在避免人员浪费的情况下保证各个环节实现有效衔接，降低非必要的人员费用支出。在项目初期对团队成员进行成本控制培训和教育，并在项目执行过程中不断强调成本控制的重要性。通过提高团队成员的成本意识，可以形成全员参与的成本控制氛围，从而实现更好的成本控制效果。针对材料费用的管理，采购管理部门应提前进行市场调研并及时更新施工部门上报的施工计划和原材料需求，同时结合仓储存货数量调整采购计划，避免出现存货积压、流动资金短缺等情况。在原材料的选择上，应在保证质量的同时，选择价格更为低廉的产品，同时充分考虑运杂费等额外支出，完善采购后期的到货、入库、领用、核算等流程。

（二）成本预测方法

建筑企业成本预测主要包括工程成本预测指标的提取、识别确定工程相似度与预测工程成本三个方面。其中，工程成本预测指标的提取主要是对建筑工程成本的各项数据进行采集，如建筑面积、基础材料、层数、层高、结构形式等，为后续工程相似度的确定和成本预测提供参考。工程相似度的识别确定是在遵循优选已结工程和待建工程用途、类别相似原则的基础上，以建筑工程的特征、性质为切入点，从工程成本预测指标入手，构造指标的关系函数，进而确定工程相似度的工作。预测工程成本则是在前两步的基础上，根据理论算法进行建筑工程成本的计算。

成本预测是工程项目建设初期的一项重要任务，也是工程成本规划、制订科学合理的工程成本控制目标的依据。传统建筑工程成本预测常用的方法是生产能力估算方法、经验判断方法和回归分析方法。由于传统预测方法存在一定的局限性，同时随着人工智能技术的快速发展，以模糊数学、回归分析理论、人工神经网络等技术为基础，新的信息技术已日趋成熟并被广泛应用到各项工程经济指标预测等领域。

对工程成本进行预测的方法主要包括以下四种。

1. 人工成本的预测方法

人工费的预测主要以企业员工工资及市场价为基础，依照设备投入的人员数量及预计工期预测该项目的人工成本费用。同时，建筑企业要关注市场的价格变动情况，只有按照价格变动进行分析，人工费的预测结果才具有合理性和可操作性。

2. 材料和机械成本的预测方法

材料和机械成本的预测是总成本预测中最重要的步骤。在材料费方面，由于材料费在大多数工程项目费用中约占 7/10，可以说材料费的多少在很大程度上决定了工程成本的水平。材料成本的预测应当对主要材料、辅助材料及其他相关材料等逐一分析，在市场上对购买价格的高低、材料供货地点的远近、运输方式的便捷及运输距离的远近进行比较，及时制订材料缺失的应急预案，并对原定材料与替代材料之间的成本差异进行分析，若因差异较大引起总成本上升，则应当采取合理的处理措施。在机械成本方面，通过对企业自购固定机器设备的使用费和摊销费进行分析，并将其与企业租赁固定设备产生的费用相比较，如果出现企业租赁固定设备费用低于企业自购固定设备费用的情况，则机械费的主要成本应为租赁费。

3. 措施项目费的预测方法

措施项目费中有许多按照国家规定标准不存在预测的费用种类，如安全施工、文明施工的费用，也有必须进行预测的成本费用，如垂直机械运输费、二次搬运费等。因此，在措施项目费的预测环节，应当参照往期工程实施中的各项数据及经验，对工期的长短、工程规模的大小、投入人员设备的多少，以及建筑现场环境的优良等因素进行综合考虑。

4. 成本风险控制的预测方法

成本预测工作与工程投标报价工作有直接联系，工程企业为争取中标，往往选择在可接受范围之内进行最低报价，从而忽略了成本中存在的风险因素。这些风险因素包括市价变化风险、工程管理风险及工程建筑方案变更风险等，只有在工程完工且验收合格后，这些成本控制的风险才会消失。

随着经济持续发展，当前建筑企业面临着各种挑战。为加强对工程费用的控制、确保企业盈利、推动企业可持续发展，需要对建筑工程中所发生的各种成本进行精细化管理，及时发现存在的不足，以保证建筑工程顺利进行。在工程实施过程中，要积极落实成本管控，在确保工程质量的前提下，降低企业成本支出，实现企业利润最大化。

二、如何加强建筑企业费用管理

工程费用的管理是工程项目管理的重要组成部分，贯穿于项目建设的全过程。关于建筑企业费用的管理，从制订合理预算方案、构建定额管理体系、减少工程建筑过程中的非正常消耗与提高相关人员专业水平四方面具体展开。

1. 制订合理预算方案

预算制订是企业或组织在财务年度开始之前，根据预测的经济业务和财务状况，制订财务计划和预算的过程。通过明确费用管理的目标，使各部门对自己的职责和权利有清晰的认识，根据具体工程建设情况确保费用支出的合理性，从而提高项目工程整体水平。预算制订可以帮助企业更好地规划和管理其财务活动，有助于实现其长期战略目标。

2. 构建定额管理体系

为实现对建筑工程费用的有效控制，企业必须建立健全相应的管理体系。根据以往的实践经验，为保证工程费用使用的科学性与合理性，可以采取费用定额管理，对整个工程的支出情况进行监控，使其符合定额的要求，同时对工程实施过程的变化进行及时管理，确保费用控制的完整性与全面性。此外，风险管理也是工程费用控制的重要环节。在项目实施过程中，需要建立完善的风险管理体系，对项目可能面临的风险进行识别、评估和控制。通过采取相应的风险应对措施，可以减少因风险事件导致的费用损失。

3. 减少工程建筑过程中的非正常消耗

在建筑工程实施的过程中，材料费用占据整个工程的绝大部分，因此原材料有很大的节省空间，工程项目建设方应当严格执行"限额领料，工完料清"的原则。在领料时进行严格统计，避免多领、浪费的现象发生，更要杜绝私自倒卖建筑材料现象的发生，在工程建设的过程中应该做好材料的供应与支出的计划管理。

4. 提高相关人员专业水平

为解决有关人员自身知识储备缺乏的问题，企业可以组织相关技能培训，提高相关人员在费用管理方面的知识水平，还可以对一些典型案例展开分析，让有关人员在遇到类似情况时能够正确应对，从而保证企业的经济效益。除此之外，员工自身也要利用业余时间多学习相关知识，对可能存在的问题进行总结，为开展后续工作做好充足的准备。

通过加强上述方面的管理工作，可以确保项目费用控制在预算范围内，实现项目的顺利实施和经济效益的最大化。

第四节　案例分析

【案例内容】

2022年，某建筑公司承建天津市某高速公路第三标段，合同总造价200 000 000元，包括一条2000米长的隧道、一座900米长的特大桥和5000米的路基。该公司设西南项目部组织管理工程生产，并成立了一个隧道队、一个大桥队、一个路基队进行工程施工。

（1）1月，发生职工薪酬费用1 198 000元，其中隧道队450 000元、大桥队126 000元、路基队317 000元，以银行存款支付。

（2）3月，仓库发出水泥5000吨，单价每吨180元，其中隧道使用3000吨、大桥使用2000吨；发出钢材350吨，单价每吨3000元，其中隧道使用200吨、大桥使用150吨。

（3）5月，因隧道工程施工场地狭窄，水泥需要二次搬运，发生搬运费5600元，以银行存款支付；为大桥混凝土试件发生试验费价税合计3390元（取得增值税专用发票税率13%，税额390元），以库存现金支付；领用生产工具4500元（经统计，隧道应分摊1800元，路基应分摊1500元，大桥应分摊1200元）。

（4）8月，该公司项目部发放管理人员工资65 000元，奖金25 000元；管理用固定资产折旧费80 000元；现金支付办公费4500元（取得增值税普通发票），差旅费8000元（取得住宿费增值税普通发票）；临时设施摊销18 000元；向政府部门支付相关规费2800元。

（5）对该工程项进行核算，目前该分部分项工程整体包括三道工序。假设2023年5月该企业三道工序均已完工（当年建造当年完工，且双方合同约定竣工后结算工程价款），工程实际发生成本185 000 000元，根据双方合同，该工程的造价为200 000 000元，上述价款均不含增值税。假定建筑企业与客户结算时即发生增值税纳税义务，增值税税率为13%，客户在实际支付工程价款时支付其对应的增值税款。

【案例解析】

根据以上案例分析进行相关账务处理。通过本章前几节对工程成本与费用的细分种类，详细阐述业务活动发生时的会计处理，现依据具体案例，通过对华舟建筑公司每月发生的相关业务简单说明，做出会计分录。

（1）1月，以银行存款支付各部门职工薪酬

借：合同履约成本	——工程施工（隧道，直接人工费）	450 000
	——工程施工（大桥，直接人工费）	126 000
	——工程施工（路基，直接人工费）	317 000
贷：应付职工薪酬	——工资	893 000

（2）3月，各部门进行工程施工领用原材料

借：合同履约成本	——工程施工（隧道，直接材料费）	1 140 000
	——工程施工（大桥，直接材料费）	810 000
贷：原材料		1 950 000

（3）5月发生的业务

①因隧道工程施工场地狭窄，发生二次搬运费用

借：合同履约成本	——工程施工（隧道工程，其他直接费）	5600
贷：银行存款		5600

②为大桥混凝土试件发生试验费，同时取得增值税发票

借：合同履约成本	——工程施工（大桥工程，其他直接费）	3000
应交税费	——应交增值税（进项税额）	390
贷：库存现金		3390

③领用生产工具产生费用，并由各部门分摊

借：合同履约成本	——工程施工（隧道工程，其他直接费）	1800
	——工程施工（路基工程，其他直接费）	1500
	——工程施工（大桥工程，其他直接费）	1200
贷：周转材料	——低值易耗品	4500

（4）8月，发生一系列间接费用，考察间接费用的归集与分配

借：合同履约成本　——工程施工——间接费用	203 300
贷：应付职工薪酬	90 000
累计折旧	80 000
库存现金	12 500
临时设施摊销	18 000
银行存款	2800

（5）工程完工结转实际合同履约成本

①确认合同收入

借：合同结算　　　　——收入结转	200 000 000
贷：主营业务收入	200 000 000

②结转合同成本

借：主营业务成本	185 000 000
贷：合同履约成本　——工程施工	185 000 000

③结算工程价款

借：应收账款	226 000 000
贷：合同结算　——价款结算	200 000 000
应交税费　——应交增值税（销项税额）	26 000 000

第五节　本章小结

　　本章通过对建筑企业成本和费用的会计处理与涉税管理的相关内容进行阐述，在会计处理方面，介绍了建筑企业费用的含义及不同分类标准，分析了建筑企业工程成本核算的特殊性，同时在阐述成本核算的对象、组织与程序的基础上，厘清合同履约成本的核算与结算，以及期间费用的计算；在涉税管理方面，从企业所得税的角度，针对建筑企业成本和费用的涉税管理从不得扣除支出且未进行纳税调整与跨年度费用支出两方面介绍其涉税政策及涉税处理，同时介绍了工程结算的涉税处理及税收优惠政策。接着对建筑企业成本的控制与预测、费用管理的相关热点问题进行详细介绍。最后结合具体案例，对本章所讲述的具体内容进行实务练习，为建筑企业工程项目建设提供切实指导。

第九章 收入和利润的会计处理与涉税管理

收入和利润的会计处理与涉税管理是建筑企业工作的重要内容，决定着企业的财务绩效，可有效保障企业经营的顺利开展。本章主要从四个方面进行阐述：首先在会计处理方面，主要分析了合同收入和利润的会计核算；其次在涉税管理方面，梳理了建筑企业所得税的涉税政策、税务处理、税收优惠；再次深入探讨了异地预缴所得税、所得税税前扣除等热点问题；最后结合案例分析，为建筑企业在实践中处理好收入和利润的会计处理与涉税问题提供了有益参考。

第一节 会计处理

本节分析了建筑企业收入与利润的相关内容及会计核算问题，对合同收入、利润形成和利润分配的会计核算进行了阐述，可为建筑企业收入阶段涉税管理奠定会计处理的基础。

一、收入的概述

（一）收入的含义和特征

收入是指在企业日常活动中产生的、会导致所有者权益增加的、与所有者投入资本无关的经济利益的总流入。这里涉及的"日常活动"，是指企业为完成经营目标所从事的经营性活动，以及与之相关的活动。

收入具有如下特点：①从企业的日常活动中产生，而不是从偶然发生的业务中产生；②既可表现为企业资产的增加，也可表现为企业负债的减少；③能导致企业所有者权益增加，只包括本企业经济利益的流入，不包括为第三方或客户代收的款项，以及投资者投入的资本。

（二）收入的分类

收入按经营业务可分为主营业务收入和其他业务收入。

1. 主营业务收入

主营业务收入是指建筑企业为完成其经营目的而从事日常主营活动

所获得的收入，可以根据企业营业执照上注明的主营业务范围确定。建筑企业的日常主营业务是建筑安装工程，因此，建筑企业的主营业务收入是为客户进行建筑工程安装等履行了合同义务而确认的合同收入。

2. 其他业务收入

其他业务收入是指建筑企业为实现自身经营目的而从事与日常主营活动相关的非经常性、兼营的业务所获得的收入，具有每笔业务金额一般较小、不经常发生、在企业收入总额中占比较低等特点。建筑企业的其他业务收入包括机械作业收入、固定资产出租收入、无形资产出租收入、出租包装物收入等。

（三）收入核算的基本要求

1. 明确收益、收入和利得

收益是建筑企业在会计期间内增加的、除所有者投资以外的经济利益，包括收入和利得。其中，收入是企业主要的、经常性的经济利益流入；利得则是指收入以外的收益，它从偶发的经济业务中取得，会导致所有者权益增加，与所有者投入资本无关。利得分为直接计入当期损益的利得和直接计入其他综合收益的利得。

2. 准确地确认和计量收入

建筑企业应根据《企业会计准则第 14 号——收入》中的规定进行收入的确认和计量。为如实反映企业的生产经营成果，核算企业的损益状况，企业确认收入的方式要反映其向客户转让商品或提供服务的模式，收入的计量要反映企业因转让商品或者提供服务而收取的对价金额。

3. 及时结转与收入相关的成本

与合同履约成本有关的资产，应当采用与该资产相关的商品收入确认相同的基础（即在履约义务履行的时点或按照履约义务的履约进度）进行摊销，计入当期损益。

4. 正确计算收入和相关的成本、税金

建筑企业的收入种类很多，包括合同收入、租金收入等，为了正确地反映每一项收入和相关的成本、税金，建筑企业应按照企业会计准则的要求设置相关的收入、成本和税金账户进行核算。

（四）收入的确认

由于企业的收入来源不同，其收入的特点也相应不同，收入的确认条件也有所不同。通常情况下，只有当一项收益很有可能流入一家公司，由此造成该公司资产的增长，并且该收益的流入可以被可靠地测量，其才能被确认为一项收入。

根据《企业会计准则第 14 号——收入》，收入的确认和计量大致分为以下五步。

1. 识别与客户订立的合同

（1）合同的含义

合同是指双方或多方之间签订的有法律约束力的关于权利义务的协议。合同主要分为书面形式和口头形式。合同的存在是企业确认客户合同收入的前提，企业与客户之间的合同一经签订，企业即享有从客户处取得与转移商品或服务对价的权利，并承担着向客户转移商品或服务的履约义务。当企业与客户之间的合同同时满足下列五个条件时，企业应当履行合同中的义务：

①合同各方已批准该合同并承诺将履行各自义务。

②合同明确了合同各方与所转让商品相关的权利和义务。

③合同有明确的与所转让商品相关的支付条款。

④合同具有商业实质，即履行该合同将改变企业未来现金流量的风险、时间分布或金额。

⑤企业因向客户转让商品而有权取得的对价很可能收回。

企业在进行上述判断时，需要注意以下三点：第一，合同约定的权利和义务应具备法律约束力，需要根据企业所处的法律环境和实务操作进行判断；第二，合同应具有商业实质，没有商业实质的非货币性资产交换，无论何时均不应被确认为收入；第三，企业在评估其向客户转让商品而有权取得的对价是否有可能被收回时，仅应考虑客户的信用风险。

（2）合同合并

企业与同一客户（或该客户的关联方）同时订立或在相近时间内先后订立的两份或多份合同，在满足下列条件之一时，应当合并为一份合同进行会计处理：

①该两份或多份合同在同一商业目的下订立且构成一揽子交易。

②该两份或多份合同中的一份合同的对价金额取决于其他合同的定价或履行情况。

③该两份或多份合同中所承诺的商品（或每份合同中所承诺的部分商品）构成收入准则的单项履约义务。

（3）合同变更

合同变更，是指经合同各方同意对原合同范围或价格做出变更。合同变更可能形成新的具有法律约束力的权利和义务，也可能变更了合同方的权利和义务。企业应当区分下列三种情形，对合同变更分别进行会计处理。

①合同变更部分作为单独合同。合同变更增加了可明确区分的商品及合同价款，且新增合同价款反映了新增商品单独售价的，应当将该合同变更部分作为一份单独的合同进行会计处理。此类合同变更不影响原合同的会计处理。

②合同变更作为原合同终止及新合同订立。合同变更不属于上述第一种情形，且在合同变更日已转让的商品（或服务）与未转让的商品（或服务）之间可明确区分，应将原合同视为终止，将原合同未履约部分与合同变更部分合并为新合同进行会计处理。

③合同变更部分作为原合同的组成部分。应当将该合同变更部分作为原合同的组成部分，在合同变更日重新计算履约进度，并调整当期收入和相应成本等。

【例 9-1】某企业与客户签订了一项总金额为 12 000 万元的固定造价合同，在客户自有土地上建造一幢办公楼，预计合同总成本为 8400 万元。假定该建造服务属于在某一时段内履行的履约义务，并根据累计发生的合同成本占合同预计成本的比例确定履约进度。年末企业累计发生成本 5040 万元，履约进度为 60%（5040÷8400）。因此，企业在第一年确认收入 7200 万元（12 000×60%）。

第二年年初，合同双方同意更改该办公楼屋顶设计，合同价格和预计总成本因此分别增加 2400 万元和 1440 万元。

【解析】

在本例中，由于合同变更后拟提供的剩余服务与在合同变更日或之前已提供的服务不可明确区分（即该合同仍为单项履约义务），企业应当将该合同变更作为原合同的组成部分进行会计处理。合同变更后的交易价格为 14 400 万元（12 000+2400），企业重新估计的履约进度为 51.22%［5040÷（8400+1440）］，企业在合同变更日应额外确认收入 175.68 万元［51.22%×14 400-7200］。

2. 识别合同中的单项履约义务

履约义务是指合同中企业向客户转让可明确区分商品或服务的承诺，

也包括由企业已公开宣布的政策、特定声明或以往的习惯做法等导致合同订立时客户合理预期企业将履行的承诺。合同开始日，企业应当对合同进行评估，识别合同包含的单项履约义务，确定各单项履约义务是在某一时段内履行还是在某一时点履行，在履约时分别确认收入。识别合同中的单项履约义务时，如果某项商品不可明确区分，企业应当将该商品与合同中其他商品进行组合，直到该商品组合在一起构成单项履约义务。

3. 确定交易价格

交易价格是指企业因向客户转让商品而预期有权收取的对价金额，不包括企业代第三方收取的款项（如增值税），以及企业预期将退还给客户的款项。合同条款所承诺的对价，可能是固定金额、可变金额或二者兼有。在确定交易价格时，应当考虑可变对价（工程奖励、索赔等）、合同中存在的重大融资成分、非现金对价（以物抵债）、应付客户对价（甲供材料）等因素的影响，并应当假定将按照现有合同的约定向客户转移商品，且该合同不会被取消、续约或变更。

4. 将交易价格分摊至各单项履约义务

当合同中包含两项或多项履约义务时，需要将交易价格分摊至各单项履约义务。分摊的方法是在合同开始日，按照各单项履约义务所承诺商品的单独售价（企业向客户单独销售商品的价格）的相对比例，将交易价格分摊至各单项履约义务。通过分摊交易价格，使企业分摊至各单项履约义务的交易价格能够反映其因向客户转让已承诺的相关商品而有权收取的对价金额。

5. 履行各单项履约义务时确认收入

企业将商品转移给客户，客户取得了相关商品的控制权，意味着企业履行了合同履约义务，此时企业应确认收入。企业将商品控制权转移给客户，可能是在某一时段内（即履行履约义务的过程中）发生，也可能在某一时点（即履约义务完成时）发生。对于在某一时段内履行的履约义务，企业应当选取恰当的方法确定履约进度；对于在某一时点履行的履约义务，企业应当综合分析控制权转移的迹象，判断其转移时点。企业应当根据实际情况，首先判断履约义务是否满足在某一时段内履行的条件，如不满足，则该履约义务属于在某一时点履行的履约义务。

满足下列条件之一的，属于在某一时段内履行的履约义务，相关收入应当在该履约义务履行的期间内确认。①客户在企业履约的同时取得并消耗企业履约所带来的经济利益；②客户能够控制企业履约过程中在建的商品；③企业履约过程中所产出的商品具有不可替代性，且该企业整个合同期间内有权就累计至今已完成的履约部分收取款项。

需要强调的是，由于建筑企业所建造的所有产品均需与客户签订合同，按照客户的意愿在客户拥有的土地上为其建造，建造过程中客户有权修改设计，并如期支付工程款，说明客户能够控制企业履约过程中在建的产品，这就决定了建筑企业的履约义务一般都属于在某一时段内履行的履约义务。

二、合同收入的会计处理

（一）合同收入核算应设置的会计账户

合同收入核算应设置的会计账户主要有"主营业务收入""主营业务成本""其他业务收入""其他业务成本""税金及附加"账户。

1."主营业务收入"账户

本账户用于核算企业确认销售商品、提供服务等主营业务的收入。其贷方登记企业当期确认的合同收入，借方登记期末结转的主营业务收入。期末，应将本账户余额全部转入"本年利润"账户，转入后无余额。本账户可按主营业务的种类进行明细核算。

2."主营业务成本"账户

本账户用于核算企业确认销售商品、提供服务等主营业务收入时应结转的成本。其借方登记企业期末根据本期销售各种商品、提供各种服务等实际成本，计算应结转的主营业务成本；贷方登记期末结转的主营业务成本。期末，应将本账户的余额全部转入"本年利润"账户，转入后无余额。本账户可按主营业务的种类进行明细核算。

3."其他业务收入"账户

本账户用于核算企业除主营业务活动以外的其他经营活动获得的收入。其借方登记期末结转的其他业务收入，贷方登记企业当期确认的各项其他业务收入。期末，应将本账户余额全部转入"本年利润"账户，转入后无余额。本账户可按其他业务的种类进行明细核算。

4."其他业务成本"账户

本账户用于核算企业除主营业务活动以外的其他经营活动所发生的支出。其借方登记施工企业发生的其他业务成本，贷方登记期末结转的其他业务成本。期末，应将本账户的余额全部转入"本年利润"账户，转入后无余额。本账户可按其他业务的种类进行明细核算。

5."税金及附加"账户

本账户用于核算企业营业收入应负担的各种税金及附加费，包括按规定应缴纳的城市维护建设税和教育费附加等（不包括应交增值税）。其借方登记施工企业按规定计算的应由营业收入负担的城市维护建设税和教育费附加等，贷方登记期末结转的税金及附加。期末，应将本账户的余额全部转入"本年利润"账户，转入后无余额。本账户可按各种税金及附加费的种类进行明细核算。

（二）合同收入的会计核算

1. 在某一时段内履行履约义务确认

建筑企业的建造合同通常属于在某一时段内履行履约义务的合同。对于在某一时段内履行的履约义务，企业在该段时间内应当按照履约进度确认收入，履约进度不能合理确定的除外。企业应当根据商品的性质选择采用产出法或投入法确定恰当的合同履约进度，并且在确定履约进度时，应当不考虑控制权尚未转移给客户的商品。企业按照履约进度确认收入时，通常应当在资产负债表日，按照合同的协定价款总额乘以履约进度，扣除以前会计期间累计已确认的收入后的金额，确认为当期收入。

（1）产出法

产出法是根据已转移给客户的商品对于客户的价值确定履约进度，通常可根据实际测量的完工进度、评估已实现的结果、已达到的工程进度节点、时间进度、已完工或交付的产品等产出指标确定履约进度。企业应当按照具体的事实和情况确定是否采用产出法计算履约进度，并选择能够明确反映企业履约进度和向客户转移商品控制权的产出指标。当选择的产出指标无法计量控制权已转移给客户的商品时，不应采用产出法。

合同履约进度=已经完成的合同工作量÷合同预计总工作量×100%

【例9-2】2022年8月1日，某建筑企业与客户签订合同，为该客户安装300件设备，合同价格为200万元（不含税价）。截至2022年12月31日，祥瑞建筑企业共安装150件，剩余部分预计在2023年3月31日之前完成。该合同仅包含一项履约义务，且该履约义务满足在某一时段内履行的条件。假定不考虑其他情况。

【解析】

本例中,截至 2022 年 12 月 31 日,该合同的履约进度为 50%(150÷300),祥瑞建筑企业应确认的收入为 100 万元（200×50%）。

（2）投入法

投入法以企业履行履约义务的投入为基础确定履约进度,通常以投入的材料数量、花费的人工工时或机器工时、发生的成本和时间进度等作为投入指标确定履约进度。当企业从事的工作或发生的投入在整个履约期间内平均发生时,企业可按照直线法确认收入。在某些情况下,企业无法直接获取产出法下有关产出指标的信息,或者企业为获得这些信息需要花费很高的成本,这时可能需要采用投入法来确定履约进度。

实务中,履约进度通常按照实际累计发生的成本占预计总成本的比例（即成本法）确定。实际累计发生的成本包括发生的直接成本和间接成本,如直接人工、直接材料、分包成本,以及其他与合同相关的成本。在下列情形下,企业在采用成本法确定履约进度时,可能需要对已发生的成本进行适当调整。

①已发生的成本不能反映企业履行义务的进度。如企业生产效率低等原因导致的非正常消耗,不应包括在实际累计发生的成本中,但企业和客户在签订合同时已经将其包括在合同价款中的情况除外。

②已发生的成本与企业履行义务的进度不成比例。当企业已发生的成本与履约进度不成比例时,通常应以其已发生的成本为限确认收入。对于施工中尚未安装、使用、耗用的商品（不包含服务）或材料成本等,当企业在合同开始日就能够预期将满足下列所有条件时,应在采用成本法确定的履约进度中排除这些成本:一是该商品或材料不可明确区分,即不构成单项履约义务;二是客户先取得该商品的控制权,之后才接受与之相关的服务;三是该商品或材料的成本在预计总成本中占比较大的;四是企业自第三方采购该商品或材料,且未深入参与其设计和制造,对于包含该商品的履约义务而言,企业是主要责任人。

2. 在某一时段内履行履约义务的核算

建筑企业在根据成本法确认和计量当期的合同收入和合同成本时,包括以下两方面内容。

第一,对于当期完成的履约合同,要按照实际合同总收入扣除以前会计期间累计已确认合同收入后的金额,确认当期的合同收入。计算公式为:

当期确认的合同收入=合同总收入×累计履约进度-以前会计年度累计已确认的收入

第二，对于当期完成的履约合同，应按照累计实际发生的合同成本扣除以前会计期间累计已确认成本后的金额，确认当期的合同成本。计算公式为：

当期确认的合同成本=合同预计总成本×累计履约进度-以前会计年度累计已确认的成本

【例9-3】某建筑企业于2022年12月1日接受一项设备安装任务，安装期为3个月，合同总收入为120万元。截至年底，已预收安装费88万元，实际发生安装费用为36万元（假定均为安装人员薪酬），估计还将发生安装费用24万元。假定该建筑企业按实际发生的成本占估计总成本的比例确定安装的履约进度，不考虑增值税等其他因素。

【解析】

该建筑企业的账务处理如下：实际发生的成本占估计总成本的比例=36÷（36+24）×100%=60%，2022年12月31日确认的劳务收入=120×60%=72（万元）。

（三）其他业务收入核算的会计处理

建筑企业除了主要从事建筑安装工程业务获得合同收入以外，还开展其他业务并获得其他业务收入。建筑企业在获得其他业务收入的同时，也会发生与之相关的其他业务成本。

现举例说明其他业务收入核算的会计处理。

【例9-4】某建筑工程公司将本公司剩余的一批地砖对外销售。这批地砖的实际成本为40 000元，该公司对材料按照实际成本法进行核算。获得销售款60 000元，货款收到并存入开户银行，增值税为13%。会计分录如下：

①收到材料销售货款时

借：银行存款		67 800
贷：其他业务收入	——材料销售收入	60 000
应交税费	——应交增值税（销项税额）	7800

②结转材料实际成本

借：其他业务成本	——材料销售支出	40 000	
贷：原材料	——地砖		40 000

【例9-5】某建筑企业将扩底灌注桩专利的使用权转让给建设一公司，转让期为5年，每年收取使用费70 000元，增值税税率为6%。同时，派出两名技术人员进行技术指导，共发生费用6000元。会计分录如下：

①取得收入时

借：银行存款		74 200
贷：其他业务收入		70 000
应交税费	——应交增值税（销项税额）	4200

②发生费用时

借：其他业务支出	6000	
贷：银行存款		6000

三、利润的会计处理

（一）利润形成核算的内容

利润是指建筑企业在一定会计期间的经营成果，包括收入减去费用后的净额、直接计入当期损益的利得和损失等。其中，直接计入当期损益的利得和损失，是指应当计入当期损益、会导致所有者权益发生增减变动的、与所有者投入资本或者向所有者分配利润无关的利得或者损失。利润的形成包括利润总额的形成和净利润的形成两部分。

1. 利润总额的形成

利润总额，是指营业利润加上营业外收入减去营业外支出后的金额。

利润总额（或亏损总额）=营业利润+营业外收入-营业外支出

（1）营业利润

营业利润由主营业务利润和其他业务利润两部分组成，是企业利润的主要来源。主营业务利润是施工企业从事施工生产活动所实现的利润，其他业务利润是施工企业从事施工生产以外的其他活动所产生的利润。营业利润的计算公式如下：

营业利润=营业收入-营业成本-税金及附加-管理费用-财务费用-研发费用+其他收益±投资收益±公允价值变动损益+资产减值损失+资产处置收益

其中,

营业收入=主营业务收入+其他业务收入

营业成本=主营业务成本+其他业务成本

（2）营业外收入

营业外收入指企业发生的与其日常活动无直接关系的各项利得。在会计核算上,应当严格区分营业外收入与营业收入。主要包括以下内容:

①非流动资产毁损报废利得,是指因自然灾害等发生毁损、已丧失使用功能而报废的非流动资产所产生的净收益。

②盘盈利得,是指企业清查盘点中无法查明原因的各项溢余盘盈的资产,报批后计入营业外收入的金额。

③政府补助利得,是指企业从政府无偿取得与其日常活动无关的资产形成的计入当期损益的利得。

④捐赠利得,是指企业接受外部货币性资产或非货币性资产捐赠形成的利得。

⑤罚没利得,是指企业取得各项没收和罚款,在弥补由对方违反合同或协议造成的经济损失后的净收益。

⑥无法支付的应付款项,是指债权单位撤销或者其他原因导致的应付而无法支付,按规定报批后计入当期损益的应付项款。

（3）营业外支出

营业外支出,指企业发生的、与日常活动无直接关系的各项损失。营业外支出主要包括以下内容:

①非流动资产毁损报废损失,是指因自然灾害等毁损、已丧失使用功能而报废的非流动资产所产生的净损失。

②公益性捐赠支出,是指企业通过公益性社会团体或县级以上部门对外进行公益性捐赠发生的支出。

③非常损失,是指企业由客观因素造成的净损失,在扣除保险公司赔偿和残料价值后,计入营业外支出的净损失。

④盘亏损失,是指企业资产清查盘点中损失的部分资产,报批后计入营业外支出的金额。

⑤罚款支出，是指企业由于违反合同、税收法规、违法经营等而支付的各种违约金、罚款和滞纳金等支出。

营业外收入和营业外支出应当分别核算，按照具体收支内容设置明细项目，进行明细核算，并在利润表中分列项目反映。

2. 净利润的形成

净利润，是指企业一定期间的利润总额扣除所得税费用后的金额。计算公式如下：

净利润=利润总额-所得税费用

其中，所得税费用，是指施工企业按照税法规定计算的，应计入当期损益的所得税费。

（二）利润形成核算应设置的会计账户

利润形成核算应设置的会计账户主要有"营业外收入""营业外支出""其他收益""本年利润"账户。

1. "营业外收入"账户

本账户用于核算企业与生产经营活动没有直接关系的各种收入。贷方登记本期实际取得的各项营业外收入，借方登记期末转入"本年利润"账户的各项收入额。结转后本账户无余额。本账户应按项目设置明细账进行明细分类核算。

2. "营业外支出"账户

本账户用于核算企业与生产经营活动没有直接关系的各种支出。借方登记本期实际发生的各项营业外支出，贷方登记期末转入"本年利润"账户的各项支出额。结转后本账户无余额。本账户应按项目设置明细账进行明细分类核算。

3. "其他收益"账户

本账户用于核算企业发生的与其日常活动相关的政府补助，以及其他与日常活动相关且应直接计入本账户的项目。贷方登记企业发生的各项其他收益，借方登记期末转入"本年利润"账户的数额。结转后应无余额。本账户应按其他收益项目设置明细账进行核算。

4. "本年利润"账户

本账户用于核算企业本年度实现的净利润（或发生的净亏损）。借方登记期末从"主营业务成本""其他业务成本""税费及附加""营业外支出""管理费用""财务费用""研发费用""资产减值损失""信用减值损失""所得税费用""公允价值变动损益""投资收益""资产处置损益"等账户转入的抵减本年利润的数额，贷方登记期末从"主营业务收入""其他业务收入""营业外收入""其他收益""公允价值变动损益""资产处置""投资收益"等账户转入的增加本年利润的数额。年度终了，期末贷方余额反映累计实现的净利润，借方余额则表示发生了亏损，将全部转入"利润分配——未分配利润"账户。结转后本账户无余额。

（三）利润形成的会计核算

现举例说明利润形成的会计核算。

【例 9-6】某企业没收客户的存入质量保证金押金 43 600 元（含税），属于价外费用，增值税税率为 9%。会计分录如下：

借：其他应付款	43 600
贷：营业外收入	40 000
应交税费　——应交增值税（销项税额）	3600

【例 9-7】某企业处置因正常原因毁损的机器设备发生净损失 40 000元，予以转销。会计分录如下：

借：营业外支出　——处理固定资产净损失	40 000
贷：固定资产清理	40 000

【例 9-8】某企业在年度决算时，12 月 31 日各项损益类账户的余额如表 9-1 所示。

表 9-1　各损益类账户余额　　　　　　　金额单位：元

账户名称	结账前借方余额	结账前贷方余额
主营业务收入		2 160 000 000
主营业务成本	1 512 000 000	
其他业务收入		16 200 000
其他业务成本	12 960 000	
税金及附加	302 400 000	
管理费用	205 200 000	
财务费用	76 140 000	
资产减值损失	6 492 000	
公允价值变动损益		2 940 000
投资收益		4 644 000

账户名称	结账前借方余额	结账前贷方余额
资产处置损益		80 000
营业外收入		41 040 000
营业外支出	50 220 000	
其他收益		320 000
所得税费用	14 953 000	

企业根据上述资料，做如下会计分录：

①结转主营业务收入时

借：主营业务收入		2 160 000 000
贷：本年利润		2 160 000 000

②结转主营业务成本时

借：本年利润		1 512 000 000
贷：主营业务成本		1 512 000 000

③结转其他业务收入时

借：其他业务收入		16 200 000
贷：本年利润		16 200 000

④结转其他业务成本时

借：本年利润		12 960 000
贷：其他业务成本		12 960 000

⑤结转税金及附加时

借：本年利润		302 400 000
贷：税金及附加		302 400 000

⑥结转期间费用时

借：本年利润		281 340 000
贷：管理费用		205 200 000
财务费用		76 140 000

⑦结转资产减值损失时

借：本年利润	6 492 000	
贷：资产减值损失		6 492 000

⑧结转公允价值变动净损益时

借：公允价值变动损益	2 940 000	
贷：本年利润		2 940 000

⑨结转投资净收益时

借：投资收益	4 644 000	
贷：本年利润		4 644 000

⑩结转资产处置损益时

借：资产处置损益	80 000	
贷：本年利润		80 000

⑪结转营业外收入时

借：营业外收入	41 040 000	
贷：本年利润		41 040 000

⑫结转营业外支出时

借：本年利润	50 220 000	
贷：营业外支出		50 220 000

⑬结转其他收益时

借：其他收益	320 000	
贷：本年利润		320 000

⑭结转所得税费用时

借：本年利润	14 953 000	
贷：所得税费用		14 953 000

⑮结转本年净利润时

| 借：本年利润 | | 44 859 000 |
| 贷：利润分配 | ——未分配利润 | 44 859 000 |

四、利润分配的会计处理

（一）利润分配核算的内容和程序

1. 利润分配的内容

利润分配是指企业按照国家的有关规定及企业章程，对当年实现的净利润和以前年度未分配的利润进行分配。对于企业股东大会或类似企业批准的年度利润分配方案（除股票股利分配方案外），在股东大会或类似机构召开会议前，应报告其年度利润分配表。利润分配关系到企业的长期稳定发展，能够保障投资者或股东的权益，具有很强的政策性。

2. 利润分配的程序

建筑企业实现净利润时应按照有关规定进行分配，在利润分配前，要做好以下工作：

第一，企业需要弥补以前年度的亏损。根据税法规定，如果建筑企业在某个纳税年度出现亏损，可以通过下一纳税年度的所得来弥补这个亏损。也就是说，企业可以逐年延续弥补，但最长不得超过 5 年。

第二，企业需要按照税法规定缴纳所得税。根据规定，企业需要按照当期应纳税所得额和相应的所得税税率计算并缴纳所得税。

第三，企业用税前利润弥补亏损后仍存在亏损。对于超过 5 年期的亏损，只能由企业后续的税后利润进行弥补，不允许使用税前利润进行弥补。

《中华人民共和国公司法》等有关法规规定，施工企业当年可供分配的利润一般应按照以下顺序进行分配。

（1）计算可供分配的利润

将本年利润（或亏损）与年初未分配利润（或亏损）合并，计算可供分配的利润。若可供分配的利润为负数（即亏损），则不能进行后续分配；若可供分配的利润为正数（即盈利），则进行后续分配。

（2）可供分配的利润及其分配

企业可供分配的利润，按下列顺序进行分配：

①提取法定盈余公积。法定盈余公积一般按照企业当年税后利润（减

去弥补亏损）的 10%提取，但当法定盈余公积达到注册资本的 50%时不再提取。法定盈余公积不足以弥补以前年度亏损时，在提取法定公积之前用当年利润抵亏。

②提取任意盈余公积，指企业在从净利润中提取法定盈余公积后，按股东大会决议提取的任意盈余公积。

（3）可供投资者分配的利润及其分配

可供分配的利润减去应提取的法定盈余公积、任意盈余公积后，为可供投资者分配的利润，按照下列顺序分配：

①应付优先股股利。企业按照利润分配方案分配给优先股股东的现金股利。

②应付普通股股利。企业按照利润分配方案分配给普通股股东的现金股利，也包括公司分配给投资者的利润。

③转作资本（或股本）的股利。企业按照利润分配方案以分派股票股利的形式转作的资本（或股本），也包括企业以利润转增资本。

（4）未分配利润

可供投资者分配的利润经过上述分配后，余额为未分配利润（或未弥补亏损）。未分配利润可留待以后年度进行分配。企业如果发生亏损，可以按照规定由以后年度的利润进行弥补。未分配利润（或未弥补的亏损）应当在资产负债表的所有者权益项目中单独反映。

（二）利润分配核算应设置的会计账户

利润分配核算应设置的会计账户主要是"利润分配"账户，该账户用来核算企业年度内利润的分配（或亏损的弥补）和历年分配（或弥补）后的结存余额。在该账户下，需设置以下明细账户进行核算。

1."盈余公积补亏"明细账户

本账户用于建筑企业核算按照规定用盈余公积弥补的亏损。其贷方登记企业弥补亏损的数额。年度终了，应将本账户的余额全部转入"利润分配——未分配利润"账户，结转后无余额。

2."提取法定盈余公积"明细账户

本账户用于建筑企业核算提取的法定盈余公积。其借方登记企业提取的法定盈余公积数额。年度终了，应将本账户的余额全部转入"利润分配——未分配利润"账户，结转后无余额。

3. "提取任意盈余公积"明细账户

本账户用于建筑企业核算按照股东会决议提取的任意盈余公积。其借方登记企业提取的任意盈余公积数额。年度终了，应将本账户的余额全部转入"利润分配——未分配利润"账户，结转后无余额。

4. "应付现金股利或利润"明细账户

本账户用于建筑企业核算应当分配给普通股股东的现金股利或利润。其借方登记应当分配给普通股股东的现金股利或利润数额。年度终了，应将本账户的余额全部转入"利润分配——未分配利润"账户，结转后无余额。

5. "转作资本（或股本）的普通股股利"明细账户

本账户用于建筑企业核算股东大会或类似机构批准的应分配的股票股利或应转增的资本金额。其借方登记实际分派的股票股利数额和办理转增手续后应转增的资本金额。年度终了，应将本账户的余额全部转入"利润分配——未分配利润"账户，结转后无余额。

6. "提取储备基金"明细账户

本账户用于建筑企业核算外商投资企业提取的储备基金。其借方登记企业提取的储备基金数额。年度终了，应将本明细账户的余额全部转入"利润分配——未分配利润"账户，结转后无余额。

7. "提取企业发展基金"明细账户

本账户用于建筑企业核算外商投资企业提取的企业发展基金。其借方登记企业提取的企业发展基金数额。年度终了，应将本账户的余额全部转入"利润分配——未分配利润"账户，结转后无余额。

8. "提取职工奖励及福利基金"明细账户

本账户用于建筑企业核算外商投资企业提取的职工奖励及福利基金。其借方登记企业提取的职工奖励及福利基金数额。年度终了，应将本明细账户的余额全部转入"利润分配——未分配利润"账户，结转后无余额。

9. "未分配利润"明细账户

本账户用于建筑企业核算全年度净利润（或净亏损），以及批准的利润分配和未分配利润（或未弥补的亏损）。其贷方登记年末由"本年利润"账户借方转入的全年实现的净利润和盈余公积补亏数额，以及调整减少的利润分配数额；借方登记年末由"本年利润"账户贷方转入的全年发生的净亏损、调整增加的利润分配数额，以及年末从"利润分配"各明细账户的贷方转入的数额。年终结转后，若为贷方余额，反映企业未分配的利润；

若为借方余额，则反映企业未弥补的亏损。

年终结转后，除"未分配利润"明细账户外，"利润分配"的其他各明细账户应无余额。

（三）利润分配的会计核算

建筑企业在生产经营过程中，若出现亏损，应自"本年利润"账户的贷方转入"利润分配——未分配利润"账户的借方。第二年若盈利，应从"本年利润"账户的借方转入"利润分配——未分配利润"账户的贷方。结转后，"利润分配——未分配利润"账户的贷方发生额与借方余额自然抵补。因此，建筑企业以当年实现的净利润弥补以前年度亏损时，不需要进行专门补亏的会计处理。

【例 9-9】某企业本年净利润 30 000 000 元，按 10%提取法定盈余公积，按 5%提取任意盈余公积，并分派现金股利为 6 000 000 元。会计分录如下：

①结转本年实现的净利润时

借：本年利润		30 000 000
贷：利润分配	——未分配利润	30 000 000

②提取法定盈余公积和任意盈余公积时

借：利润分配	——提取法定盈余公积	3 000 000
	——提取任意盈余公积	1 500 000
贷：盈余公积	——法定盈余公积	3 000 000
	——任意盈余公积	1 500 000

③分配现金股利时

借：利润分配	——应付现金股利或利润	6 000 000
贷：应付股利		6 000 000

④年终，结转"利润分配"明细账户余额时

借：利润分配	——未分配利润	10 500 000
贷：利润分配	——提取法定盈余公积	3 000 000
	——提取任意盈余公积	1 500 000
	——应付现金股利或利润	6 000 000

第二节　涉税管理

建筑企业收入阶段主要涉及企业所得税。本节主要从涉税政策、涉税处理、税收优惠等方面介绍企业所得税的相关规定、汇算清缴、税额计算、税前扣除、优惠政策等内容。

一、涉税政策

企业所得税法是国家为调整企业所得税征缴双方的权利和义务关系而制定的法律规范。现行企业所得税法的基本规范，是2007年3月16日第十届全国人民代表大会第五次全体会议通过的《中华人民共和国企业所得税法》（简称《企业所得税法》）和2007年11月28日国务院第197次常务会议通过的《中华人民共和国企业所得税实施条例》（简称《企业所得税实施条例》），以及国务院财政部门、税务部门发布的相关规定。

我国所得税会计核算的方法有三种：应付税款法、纳税影响会计法（又分为递延法和债务法）和资产负债表债务法。新准则放弃了应付税款法和递延法，采用了资产负债表债务法（纳税影响会计法中债务法属于收益表债务法），与国际会计准则一致。

企业所得税核算应采用资产负债表债务法，对当期应交所得税进行调整计算后，据以确认应从当期利润总额中扣除的所得税费用，通过"所得税费用"科目进行核算。

（一）企业所得税应税收入

企业以货币形式和非货币形式取得的收入为收入总额。企业取得收入的货币形式，包括现金、存款、应收账款、应收票据、准备持有至到期的债券投资等；企业取得收入的非货币形式，包括固定资产、生物资产、无形资产、股权投资、存货、不准备持有至到期的债券投资、劳务及有关权益等，这些非货币资产应当按照公允价值确定收入。公允价值是指按照市场价格确定的价值，具体包括销售货物收入、提供劳务收入、转让财产收入、股息红利等权益性投资收益、利息收入、租金收入、特许权使用费收入、接受捐赠收入、其他收入。根据《中华人民共和国企业所得税法实施条例》第十五条规定，企业所得税法第六条第（二）项所称提供劳务收入，是指企业从事建筑安装、修理修配、交通运输、仓储租赁、金融保险、邮电通信、咨询经纪、文化体育、科学研究、技术服务、教育培训、餐饮住宿、中介代理、卫生保健、社区服务、旅游、娱乐、加工以及其他劳务服务活动取得的收入。

（二）企业所得税汇算清缴的基本政策

企业所得税汇算清缴是指纳税人在纳税年度终了之日起 5 个月内或实际经营终止之日起 60 日内，按照税收法律、法规、规章及其他有关规定，自行核算全年应纳税所得额和应纳所得税额，根据每月或每季预缴数额，确定该年度应补或者应退税额，并填写企业所得税年度纳税申报表，向主管税务机关办理企业所得税年度纳税申报、提供税务机关要求提供的有关资料、结清全年企业所得税税款的行为。

根据《企业所得税汇算清缴管理办法》，所有在纳税年度内从事生产、经营（包括试生产、试经营），或在纳税年度中间终止经营活动的纳税人，无论是否在减税或免税期间，也无论盈利或亏损，均应汇算清缴企业所得税。实行核定定额征收企业所得税的纳税人可以不进行汇算清缴。为了保证税款及时、均衡入库，对企业所得税采取分期（按月或季）预缴、年终汇算清缴的办法，预缴方法一经确定，不得随意改变。纳税人预缴所得税时，应当按纳税期限的实际数预缴，按实际数预缴有困难的，可以按上一年度应纳税所得额的 1/12 或 1/4，或者按经当地税务机关认可的其他方法分期预缴所得税。

1. 一般企业汇算清缴

①收入，核查企业收入是否全部入账，特别是往来款项是否还存在该确认为收入而没有入账的情况。

②成本，核查企业成本结转与收入是否匹配，是否真实反映企业成本水平。

③费用，核查企业费用支出是否符合相关税法规定，计提费用项目和税前列支项目是否超过税法规定标准。

④税收，核查企业各项税款是否提取并缴纳。

⑤补亏，用企业当年实现的利润对以前年度（5 年内）发生亏损的合法弥补。

⑥调整，对以上项目按税法规定分别进行调增和调减后，依法计算本企业年度应纳税所得额，从而计算并缴纳本年度实际应当缴纳的所得税税额。

对所属年度的所得税费用的调整，属于对所属年度财务报表信息的更正，应通过"以前年度损益调整——所得税费用"科目，进而结转计入"利润分配——未分配利润"科目，并调整计提的"盈余公积"等科目。

2. 跨地区征管规定

跨地区建筑业企业所得税征管，依据国家税务总局关于印发《跨地区经营汇总纳税企业所得税征收管理办法》的公告规定处理，建筑企业总机构直接管理的跨地区设立的项目部，应按项目实际经营收入的 0.2% 按月或按季由总机构向项目所在地预缴企业所得税，并由项目部向所在地主管税务机关预缴。以总机构名义进行生产经营的非法人分支机构，无法提供汇总纳税企业分支机构所得税分配表，也无法提供文件规定相关证据证明其二级及以下分支机构身份的，应视同独立纳税人并就地缴纳企业所得税。企业总机构应当自年度终了 5 个月内，汇总计算年度应纳所得税额，扣除已预缴的税款，计算出应缴应退税款，分别由总机构和各分支机构就地办理税款缴库或退库。

（1）统一计算、分级管理

建筑企业所属二级或二级以下分支机构直接管理的项目部不就地预缴企业所得税，其经营收入、职工工资和资产总额汇总到二级分支机构统一核算，由二级分支机构按照相关文件规定的办法预缴企业所得税。

（2）就地预缴、汇算清缴

汇总计算的企业所得税，包括预缴税款和汇算清缴应缴应退税款，50%在各分支机构间分摊，各分支机构根据分摊税款就地办理缴库或退库；50%由总机构分摊缴纳，其中 25% 就地办理缴库或退库，25% 就地全额缴入中央国库或退库。

（3）分支机构分摊公式

某分支机构分摊比例=（该分支机构营业收入／各分支机构营业收入之和）×0.35+（该分支机构职工薪酬／各分支机构职工薪酬之和）×0.35+（该分支机构资产总额／各分支机构资产总额之和）×0.30。

二、涉税处理

（一）企业所得税会计概述

我国企业所得税会计采用资产负债表债务法核算，企业通过比较资产负债表上列示的资产、负债，按照会计准则确定的账面价值与按照税法确定的计税基础，对于两者之间的差异，区分应纳税暂时性差异与可抵扣暂时性差异，确认相关的递延所得税负债和递延所得税资产，并在此基础上确定每一会计期间利润表所得税费用。

企业进行所得税核算时一般应遵循以下程序：

第一，按照会计准则规定，确定资产负债表中除递延所得税资产和递延所得税负债以外的其他资产和负债项目的账面价值。

第二，按照会计准则中对于资产和负债计税基础的确定方法，以适用的税收法规为基础，确定资产负债表中有关资产、负债项目的计税基础。

第三，比较资产、负债的账面价值与计税基础，对于两者之间存在差异的，分析其性质。除会计准则中规定的特殊情况外，区分应纳税暂时性差异与可抵扣暂时性差异，确定该资产负债表日递延所得税负债和递延所得税资产的应有金额，并与期初递延所得税资产和递延所得税负债的余额相比，确定当期应予进一步确认的递延所得税资产和递延所得税负债金额或应予转销的金额，作为构成利润表中所得税费用的递延所得税费用（或收益）。

第四，按照适用的税法规定计算确定当期应纳税所得额，将应纳税所得额与适用的所得税税率的计算结果确认为当期应交所得税，作为利润表中应予确认的所得税费用中的当期所得税部分。

第五，确定利润表中的所得税费用。利润表中的所得税费用包括当期所得税和递延所得税两部分。企业在计算确定当期所得税和递延所得税后，两者之和（或之差）即为利润表中的所得税费用。

（二）企业所得税费用的确认

按照资产负债表债务法核算所得税的情况，利润表中的所得税费用包括当期所得税和递延所得税两部分。

当期所得税是指企业按照税法规定计算、确定的针对当期发生的交易和事项，应缴纳给税务部门的所得税金额，即当期应交所得税。

递延所得税是指按照《企业会计准则第 18 号——所得税》规定，当期应予确认的递延所得税资产和递延所得税负债金额，即递延所得税资产和递延所得税负债当期发生额的综合结果，但不包括计入所有者权益的交易或事项的所得税影响。用公式表示为：

应交企业所得税=应纳税所得额×适用税率

应纳税所得额=税前会计利润+纳税调整增加额-纳税调整减少额

当期所得税费用=应纳税所得额×当期适用税率

递延所得税费用=（递延所得税负债的期末余额-递延所得税负债的期初余额）-（递延所得税资产的期末余额-递延所得税资产的期初余额）

所得税费用=当期所得税费用+递延所得税费用

需要说明的是，企业因确认递延所得税资产和递延所得税负债产生的递延所得税，一般应当计入"所得税费用"科目，但以下两种情况除外：

一是会计准则规定某项交易或事项应计入所有者权益，由该交易或事项产生的递延所得税资产或递延所得税负债及其变化也应计入所有者权益。

二是企业合并中取得的资产、负债，其账面价值与计税基础不同，应确认相关递延所得税的，该递延所得税的确认影响合并中产生的商誉或是计入当期损益的金额，不影响所得税费用。

【例9-10】某建筑公司2022年度利润表中的利润总额为3260万元，该公司适用的企业所得税税率为25%。公司的递延所得税资产和递延所得税负债不存在期初余额。与所得税核算有关的情况如下：

①公益性捐赠200万元。

②当年发生研究开发费2000万元，未形成无形资产成本。

③当期取得的交易性金融资产，投资成本4000万元，资产负债表日的公允价值为4500万元。

④环保罚款400万元。

⑤期末对存货计提1000万元的存货跌价准备。

⑥本期新增固定资产1200万元，会计上提取折旧额240万元，税法上允许的折旧额为120万元。

根据所给资料，对该企业年末企业所得税进行计算并做出会计核算分录。

【解析】

应交企业所得税的核算过程如下：

允许捐赠=3260×12%=391.2（万元），实际捐赠200万元，可以全额税前扣除。

加计扣除研发费=2000×100%=2000（万元），调减应税所得额。

以公允价值计量的金融资产，会计上确认增值额500万元，本期无须纳税，调减应税所得额500万元。

环保罚款 400 万元，不允许税前扣除，调增应税所得额。

存货跌价准备 1000 万元，本期不允许税前扣除，调增应税所得额 1000 万元。

会计上比税法多提取折旧额 120 万元，本期不允许税前扣除，调增应税所得额。

应交所得税=（3260-2000-500+400+1000+120）×25%

　　　　　　=2280×25%=570（万元）

会计分录如下：

借：所得税费用	5 700 000
贷：应交税费　　——应交所得税	5 700 000

三、税收优惠

（一）企业所得税不征税收入及免税收入的相关规定

为了扶持一些特殊的纳税人和特殊的项目，或者避免因征税对企业的正常经营造成影响，国家对企业获得的某些收入给予不征税的特别政策，以减轻企业的负担，推动经济发展。

1. 非应税所得

根据税法规定，非应税所得主要分为三类：一是财政拨款，二是依法征收并纳入财政管理的行政事业性收费和政府性基金，三是国务院规定的其他不征税收入。

①财政拨款。是指各级人民政府对事业单位、社会团体和其他组织纳入预算管理的财政资金，国务院和国务院财政部门、税务部门另有规定的除外。

②行政事业性收费和政府性基金。行政事业性收费是在实施社会公共管理过程中，依照法律法规和其他有关规定，按照国务院规定的程序批准，向特定对象收取并纳入财政管理的收费。政府性资金，是指企业依照法律、行政法规和其他有关规定，代政府募集的具有特定用途的财政资金。

③国务院规定的其他不征税收入。主要是指企业取得的并经国务院批准，由国务院财政、税务主管部门规定专项用途并经国务院批准的财政性资金。

2. 免税收入

根据《中华人民共和国企业所得税法》第二十六条，免税收入主要包括以下四类收入。

①国债利息收入；

②符合条件的居民企业之间的股息、红利等权益性投资收益；

③在中国境内设立机构、场所的非居民企业从居民企业取得与该机构、场所有实际联系的股息、红利等权益性投资收益；

④符合条件的非营利组织的收入。

目前，我国税法对建筑企业不征税收入及免税收入还没有做出特殊的规定。

（二）建筑企业所得税的税前扣除

根据《中华人民共和国企业所得税法》第八条，企业实际发生的与取得收入有关的、合理的支出，包括成本、费用、税金、损失及其他支出，准予在计算应纳税所得额时扣除。在实践中，计算应纳税所得额还应注意以下三方面的内容。

①企业发生的支出分为收益性支出和资本性支出，收益性支出在发生当期直接扣除，资本性支出应分期扣除或者计入有关资产成本。

②企业的不征税收入用于支出所形成的费用或财产，不得扣除或者计算对应的折旧、摊销扣除。

③通常企业实际发生的成本、费用、税金、损失和其他支出，不得重复扣除，有特殊规定除外。

（三）建筑企业所得税相关优惠政策

1. 投资公共基础设施项目的投资经营所得优惠

我国目前对投资公共基础设施、环境保护和节能节水项目的投资经营所得存在税收优惠政策。财政部、国家税务总局、国家发展改革委联合发布了《公共基础设施项目企业所得税优惠目录（2008 年版）》（简称《目录》），企业的公共基础设施项目符合《目录》内相关条件和技术标准及国家投资管理相关规定，且于 2008 年 1 月 1 日后被批准的，自该项目取得第一笔生产经营收入所属纳税年度起，第一年至第三年免征企业所得税，第四年至第六年减半征收企业所得税。其中，第一笔生产经营收入是指公共基础设施项目已建成并投入运营后所取得的第一笔收入。企业从事不在《目录》范围内的项目取得的所得，应与享受优惠的公共基础设施项目所得分开核算，并合理分摊期间费用，没有分开核算的，不得享受上述企业所得税优惠政策。

根据《财政部 国家税务总局关于公共基础设施项目享受企业所得税优惠政策问题的补充通知》（财税〔2014〕55 号），企业经营公共基础设施项目符合《目录》规定条件和标准且采用一次核准、分批次（如码头、泊位、航站楼、跑道、路段、发电机组等）建设的，凡同时符合以下条件，可按每一批次为单位计算所得，并享受企业所得税"三免三减半"优惠：①不同批次在空间上相互独立；②每一批次自身具备取得收入的功能；③以每一批次为单位进行会计核算，单独计算所得，并合理分摊期间费用。企业承包经营、承包建设和内部自建自用公共基础设施项目，不得享受上述企业所得税优惠。承包经营，是指与从事该项目经营的法人主体相独立的另一法人主体，通过承包该项目的经营管理而取得劳务性收益的经营活动。承包建设，是指与从事该项目经营的法人主体相独立的另一法人主体，通过承包该项目的工程建设而取得劳务性收益的经营活动。内部自建自用，是指项目的建设仅作为本企业主体经营业务的设施，满足本企业自身的生产经营活动需要，而不向他人提供公共服务业务的公共基础设施建设项目。

从事《目录》范围内项目投资的居民企业享受企业所得税优惠，应于该项目取得第一笔生产经营收入后 15 日内向主管税务机关备案并报送如下材料：

①有关部门批准该项目的文件复印件；

②该项目完工验收报告复印件；

③该项目投资额验资报告复印件；

④税务机关要求提供的其他资料。

因企业生产经营发生变化或《目录》调整，不再符合减免税条件的企业，应当自发生变化 15 日内向主管税务机关提交书面报告，并停止享受优惠，依法缴纳企业所得税。

企业在税收优惠期限内转让所享受减免税优惠项目的，可自受让之日起，受让方享受剩余优惠期限内规定的减免税优惠。减免税期限届满后转让的，受让方不得重复享受该项目的减免税优惠。

2. 专用设备投资额抵免应纳税额优惠

根据《中华人民共和国企业所得税法》第三十四条、《中华人民共和国企业所得税法实施条例》第一百条及《财政部 国家税务总局关于执行环境保护专用设备企业所得税优惠目录、节能节水专用设备企业所得税优惠目录和安全生产专用设备企业所得税优惠目录有关问题的通知》的规定，企业购置并实际使用列入《节能节水专用设备企业所得税优惠目录》《安全生产专用设备企业所得税优惠目录》范围内的环境保护、节能节水和安全生产专用设备，可以按专用设备投资额的10%抵免当年企业所得税应纳税额，当年应纳税额不足以抵免的，可以向以后年度结转，但结转期不得超过 5 个纳税年度。其中，专用设备投资额，是指购买专用设备发票价税合计价格，但不包括按有关规定退还的增值税税款，以及设备运输、安装和调试等费用。当年应纳税额，是指企业当年的应纳税所得额乘以适用税率，扣除依照企业所得税法和国务院有关税收优惠规定，以及税收过渡优惠规定减征、免征税额后的余额。

企业利用自筹资金和银行贷款购置专用设备的投资额，可以按企业所得税法的规定抵免企业应纳所得税额。企业利用财政拨款购置专用设备的投资额，不得抵免企业应纳所得税额。

企业购置并实际投入使用、已开始享受税收优惠的专用设备，如从购置之日起 5 个纳税年度内转让、出租的，应在该专用设备停止使用当月停止享受企业所得税优惠，并补缴已经抵免的企业所得税税款。转让的受让方可以按照该专用设备投资额的10%抵免当年企业所得税应纳税额；当年应纳税额不足以抵免的，可以在以后 5 个纳税年度结转抵免。

3. 研发费加计扣除

企业开发新技术、新产品、新工艺发生的研究开发费用，在计算应纳税所得额时，未形成无形资产计入当期损益的，在按照规定据实扣除的基础上，按照研究开发费用的100%加计扣除；形成无形资产的，按照无形资产成本的200%摊销。

根据《财政部 国家税务总局 科技部关于完善研究开发费用税前加计扣除政策的通知》和《财政部 税务总局关于进一步完善研发费用税前加计扣除政策的公告》规定，企业开展研发活动中实际发生的研发费用，未形成无形资产计入当期损益的，在按规定据实扣除的基础上，自2023 年 1月 1 日起，再按照实际发生额的100%在税前加计扣除；形成无形资产的，自2023 年 1 月 1 日起，按照无形资产成本的200%在税前摊销。

4. 高新技术企业税收优惠

根据《国家税务总局关于实施高新技术企业所得税优惠政策有关问题

的公告》，以境内、境外全部生产经营活动有关的研究开发费用总额、总收入、销售收入总额、高新技术产品（服务）收入等指标申请并经认定的高新技术企业，其来源于境外的所得可以享受高新技术企业所得税优惠政策，即对其来源于境外所得可以按照 15%的优惠税率缴纳企业所得税，在计算境外抵免限额时，可按照 15%的优惠税率计算境内外应纳税总额。

目前高新技术企业申报八大领域中，与建筑企业有关的主要有两方面：一是新能源与节能、绿色建筑设计技术，二是再生混凝土及其制品制备关键技术、再生混凝土及其制品施工关键技术、再生无机料在道路工程中的应用技术等。除此之外，建筑企业日常经营活动中用到的建筑工艺均可申请发明或实用新型专利、软件著作权，有了知识产权和高新技术产品（服务）收入，建筑企业可以申报高新技术企业。

第三节　热点问题

建筑业是国家重点扶持的行业之一，在国民经济中具有重要的地位。建筑企业所得税问题如果处理不当可能会给企业带来巨大的经济损失。本节列举了部分当前热点问题，并对其进行简单分析。

一、企业在注册地申报企业所得税时异地预缴的所得税能否抵扣

异地预缴的所得税能够抵扣在公司注册地申报的所得税，异地工程企业所得税征管执行应参考《国家税务总局关于跨地区经营建筑企业所得税征收管理问题的通知》第三条"建筑企业总机构直接管理的跨地区设立的项目部，应按项目实际经营收入的 0.2%按月或按季由总机构向项目所在地预缴企业所得税，并由项目部向所在地主管税务机关预缴"和第四条"总机构只设跨地区项目部的，扣除已由项目部预缴的企业所得税后，按照其余额就地缴纳"。

二、跨省总分机构预缴企业所得税期限不同时如何缴纳企业所得税

企业所得税实行按季或按月预缴，年度汇算清缴。汇总纳税企业所得税征收管理按照"统一计算、分级管理、就地预缴、汇总清算、财政调库"

的原则执行。企业所得税实行法人所得税，因此总分机构纳税期限应相同，即跨省的总公司按月预缴申报企业所得税，设立的分支机构也要按月预缴申报企业所得税。

三、建筑企业购买环境污染保险的费用能否在企业所得税税前扣除

根据《中华人民共和国企业所得税法实施条例》第四十五条规定，企业依照法律、行政法规有关规定提取的用于环境保护、生态恢复等方面的专项资金，准予扣除。上述专项资金提取后改变用途的，不得扣除。第四十六条规定，企业参加财产保险，按照规定缴纳的保险费，准予扣除。因此，企业购买环境污染保险的费用，可以在企业所得税税前扣除。

四、企业未按规定取得的合法有效凭据应如何处理

根据国家税务总局公告 2018 年第 28 号，企业应在当年度企业所得税法规定的汇算清缴期结束前取得税前扣除凭证。对依法无需办理税务登记的单位或者从事小额零星经营业务的个人，其支出以税务机关代开的发票或者收款凭证及内部凭证作为税前扣除凭证，收款凭证应载明收款单位名称、个人姓名及身份证号、支出项目、收款金额等相关信息。

第四节　案例分析

【案例内容】

2020 年 6 月 1 日，甲建筑企业与乙公司签订一项大型工程建造合同，工程总造价为 75 600 万元（不含税），由甲建筑企业承担工程的施工和全面管理，每半年结算一次。预计工程将于第二年 12 月 31 日竣工，预计总成本为 48 000 万元。假定该建造工程被视为单项履约义务，并属于在某一时段内履行的履约义务，企业采用成本法确定履约进度，增值税税率为 9%，不考虑其他相关因素。

2020 年 12 月 31 日，工程累计实际发生成本 18 000 万元，甲建筑企业与乙公司结算合同价款 30 000 万元，甲建筑企业实际收到价款 24 000 万元。2021 年 6 月 30 日，工程累计实际发生成本 36 000 万元，甲建筑企业与乙公司结算合同价款 13 200 万元，甲建筑企业实际收到价款 12 000 万

元。2021年12月31日，工程累计实际发生成本49 200万元，甲建筑企业与乙公司结算合同竣工价款32 400万元，并支付剩余款项46 404万元。上述价款均不含增值税。假定结算时即发生增值税纳税义务，乙公司在实际支付工程价款的同时需要支付其对应的增值税款。

2022年1月1日，甲建筑企业与乙公司又签订了该建筑的安装合同，为期3个月，增值税为9%。合同约定安装价款为1 000 000元，增值税税额为90 000元，安装费用每月末按完工进度支付。2022年1月31日，经专业测量师测量后，确定该项劳务的完工程度为25%。乙公司按完工进度支付价款及相应的增值税税款。甲建筑企业为完成该合同，累计发生劳务成本200 000元（假定均为安装人员薪酬），估计还将发生劳务成本600 000元。假定该业务全部由甲建筑企业自行完成，该安装服务构成单项履约义务，并属于在某一时段内履行的履约义务。

2022年2月28日，该项劳务的完工程度为70%。乙公司按完工进度支付价款，同时支付对应的增值税税款。2022年2月，甲建筑企业为完成该合同发生劳务成本360 000元（假定均为安装人员薪酬），为完成该合同估计还将发生劳务成本240 000元。

2022年3月31日，建筑安装完工，乙公司验收合格，按完工进度支付价款，同时支付对应的增值税税款。2022年3月，甲建筑企业为完成该合同发生劳务成本240 000元（假定均为安装人员薪酬）。该公司以上业务的会计处理如下。

【案例解析】

（1）2020年6月1日至12月31日，实际发生工程成本

借：合同履约成本	180 000 000
贷：原材料、应付职工薪酬等	180 000 000

（2）2020年12月31日，实际发生工程成本

履约进度=180 000 000÷480 000 000×100%=37.50%

合同收入=756 000 000×37.50%=283 500 000（元）

①确认合同收入时

借：合同结算	——收入结转	283 500 000
贷：主营业务收入		283 500 000

②结转合同成本时

借：主营业务成本	180 000 000	
贷：合同履约成本		180 000 000

③结算工程价款时

借：应收账款		327 000 000	
贷：合同结算	——价款结算		300 000 000
应交税费	——应交增值税（销项税额）		27 000 000

④收到工程价款时

借：银行存款	240 000 000	
贷：应收账款		240 000 000

（3）2021 年 1 月 1 日至 6 月 30 日，实际发生工程成本

借：合同履约成本	180 000 000	
贷：原材料、应付职工薪酬等		180 000 000

（4）2021 年 6 月 30 日

履约进度=360 000 000÷480 000 000×100%=75%

合同收入=756 000 000×75%-283 500 000=283 500 000（元）

①确认合同收入时

借：合同结算	——收入结转	283 500 000	
贷：主营业务收入			283 500 000

②结转合同成本时

借：主营业务成本	180 000 000	
贷：合同履约成本		180 000 000

③结算工程价款时

借：应收账款		143 880 000	
贷：合同结算	——价款结算		132 000 000
应交税费	——应交增值税（销项税额）		11 880 000

④收到工程价款时

借：银行存款	120 000 000
贷：应收账款	120 000 000

（5）2021 年 7 月 1 日至 12 月 31 日，实际发生工程成本

借：合同履约成本	132 000 000
贷：原材料、应付职工薪酬等	132 000 000

（6）2021 年 12 月 31 日，由于当日该工程已竣工结算，履约进度为 100%

合同收入=756 000 000-283 500 000-283 500 000=189 000 000（元）

①确认合同收入时

借：合同结算 ——收入结转	189 000 000
贷：主营业务收入	189 000 000

②结转合同成本时

借：主营业务成本	132 000 000
贷：合同履约成本	132 000 000

③结算工程价款时

借：应收账款	353 160 000
贷：合同结算 ——价款结算	324 000 000
应交税费 ——应交增值税（销项税额）	29 160 000

④收到工程价款时

借：银行存款	464 040 000
贷：应收账款	464 040 000

（7）2022 年 1 月，实际发生成本

借：合同履约成本	200 000
贷：应付职工薪酬	200 000

（8）2022 年 1 月 31 日，确认劳务收入并结转劳务成本

2022 年 1 月 31 日确认的劳务收入=1 000 000×25%=250 000（元）

借：银行存款	272 500	
贷：主营业务收入		250 000
应交税费　——应交增值税（销项税额）		22 500

借：主营业务成本	200 000	
贷：合同履约成本		200 000

（9）2022 年 2 月，实际发生劳务成本

借：合同履约成本	360 000	
贷：应付职工薪酬		360 000

（10）2022 年 2 月 28 日，确认劳务收入并结转劳务成本

2022 年 2 月 28 日确认的劳务收入=1 000 000×70%-250 000=450 000（元）

借：银行存款	490 500	
贷：主营业务收入		450 000
应交税费　——应交增值税（销项税额）		40 500

借：主营业务成本	360 000	
贷：合同履约成本		360 000

（11）2022 年 3 月，实际发生劳务成本

借：合同履约成本	240 000	
贷：应付职工薪酬		240 000

（12）2022 年 3 月 31 日，确认劳务收入并结转劳务成本

2022 年 3 月 31 日确认的劳务收入=1 000 000-250 000-450 000=300 000（元）

借：银行存款	327 000	
贷：主营业务收入		300 000
应交税费　——应交增值税（销项税额）		27 000

借：主营业务成本	240 000
贷：合同履约成本	240 000

第五节　本章小结

　　本章分析了建筑企业收入阶段的会计处理、涉税管理和热点问题的相关内容，并辅以案例分析，其中会计处理、涉税管理为重点内容。在会计处理阶段，主要涉及合同收入的会计处理。建筑企业收入主要分为建造工程合同收入和其他业务收入，详细分析了合同收入的主要内容、含义、特征、分类，以及账户设置和会计核算。此外，还对利润的会计处理进行了梳理。在涉税管理方面，主要梳理了企业所得税的应税收入、清缴政策、税前扣除、优惠政策及计算方法，为解决建筑企业在收入阶段的涉税问题提供了理论基础。在热点问题方面，主要关注所得税跨地区征缴、建筑企业购买环境污染保险费用的税前扣除，以及未取得发票如何处理等问题。

第十章　建筑企业财务报表与财务分析

在目前复杂的经济环境下，建筑企业面临激烈的市场竞争，各类成本不断上升，企业的经济效益受到严峻挑战。因此，建筑企业在实际经营过程中需积极开展财务分析来提高企业的经济效益，以增强企业竞争力。为此，本章就建筑企业财务报表与财务分析进行深入研究。首先对财务报表进行概述；其次进一步分析财务分析的方法，主要包括比较分析法、比率分析法、趋势分析法和因素分析法等；再次对财务指标分析进行阐述，主要包括偿债能力指标、运营能力指标、获利能力指标和发展潜力指标，在梳理财务综合分析的基础上，深入探讨财务分析应关注的问题；最后利用杜邦分析法对具体案例公司的财务报表进行了分析。

第一节　财务报表概述

财务报表是反映企业一定时期财务状况与经营成果的总结性书面文件，包括财务报表体系和附注。财务报表体系由资产负债表、利润表、现金流量表、所有者权益（或股东权益）变动表四张主要报表构成。资产负债表可以用于评估企业的财务状况和经营风险；利润表可以用来了解企业的盈利渠道和发展方向，以及各类费用的构成和比例，从而更好地了解企业的经营活动和经营业绩；现金流量表有助于评估企业的支付能力和偿还能力，以及投资和筹资活动能力；所有者权益变动表可帮助报表使用者更好地了解企业所有者权益状况，为企业进行财务分析和决策提供重要依据。

一、资产负债表

（一）概念及功能

资产负债表是反映企业在特定时期财务状况的报表，它以"资产=负债+所有者权益"为依据，按照一定的分类标准和顺序，把企业在一定时期内的资产、负债和所有者权益各个项目进行排列编制，是企业的第一张主要财务报表。资产负债表是一张静态报表，反映的是企业在某一会计期间期末的财务状况，主要有四个方面的功能：①了解企业的资产总额及分布与结构；②了解企业的负债总额及结构；③了解企业的短期偿债能力、现金支付能力等；④通过比较前后两期或更多期资产负债表资料，可以推断企业财务状况的发展趋势。

（二）项目的分类

资产负债表中的资产按其流动性不同可以分为流动资产和非流动资产。流动资产按其变现能力大小分为货币资金、交易性金融资产、应收票据、应收账款、预付款项、存货等；非流动资产分为可供出售金融资产、长期股权投资、投资性房地产、固定资产、无形资产、商誉等。负债按其流动性分为流动负债和非流动负债。流动负债又分为短期借款、应付账款、预收款项等；非流动负债又分为长期借款、应付债券、长期应付款等。所有者权益分为实收资本、资本公积、盈余公积和未分配利润等。

（三）基本内容及格式

资产负债表的整体框架由三部分组成，即表首、正表和附注。表首标明报表的名称、编制日期，以及表中所用的货币单位等内容；正表是资产负债表的主体内容；附注是对正表中列示项目所做的进一步说明，以及对未能在报表中列示项目的说明。

资产负债表内各项目的一般排列顺序如下：资产类项目按资产流动性程度的高低顺序，即资产的变现能力排列，流动资产在前，非流动资产在后，这对投资者进行投资决策和债权人进行信贷决策有重要意义；负债类项目按偿还期限长短和偿债风险大小排列，风险大的项目排在前面，一般来说，流动负债对企业的风险和压力要大于非流动负债；所有者权益项目一般按其永久性程度递减的顺序排列，实收资本在前，然后是资本公积、其他综合收益、盈余公积，最后是未分配利润。

其他综合收益项目反映企业根据其他会计准则规定，未在损益中确认的各项利得和损失扣除所得税影响后的净额，具体内容在利润表解读中详细介绍。在资产负债表中作为所有者权益的构成部分，采用总额列报的方式进行列报，无需按照明细子目列示，但列示的总额是扣除所得税影响后的金额。以中国建筑股份有限公司的财务报表为例的资产负债表基本格式如表 10-1 所示。

表 10-1 资产负债表

编制单位：中国建筑股份有限公司　　　2022 年 12 月 31 日　　　　单位：千元

资产	年末余额	年初余额	负债和股东权益	年末余额	年初余额
流动资产：			**流动负债：**		
货币资金	20 029 597	22 054 786	短期借款	20 917 854	30 947 377
其中：存放财务公司款项	3 759 894	5 722 693	应付账款	55 843 707	48 935 866
应收票据	23 376	164 340	合同负债	11 634 516	12 400 313
应收账款	24 745 860	25 073 418	应付职工薪酬	414 569	359 814
应收款项融资	65 550	12 000	应交税费	2 722 102	3 020 084
预付款项	7 408 728	6 381 174	其他应付款	46 957 924	45 350 607
其他应收款	24 582 358	19 783 629	一年内到期的非流动负债	17 305 991	7 941 396
存货	132 987	126 677	其他流动负债	3 951 737	3 623 984
合同资产	14 514 926	11 932 569	**流动负债合计**	159 748 400	152 579 441
持有待售资产	1 818 947	1 373 488			
其他流动资产	4 688 909	4 007 670	**非流动负债：**		
流动资产合计	98 011 238	90 909 751	长期借款	19 610 000	2 861 000
			应付债券	—	9 994 870
非流动资产：			租赁负债	558 645	286 967
债权投资	9 170 625	5 916 668	长期应付款	9 598 952	9 734 635
长期应收款	653 489	22 537	长期应付职工薪酬	113 510	129 050
长期股权投资	216 923 658	205 860 857	预计负债	15 965	26 621
其他权益工具投资	620 008	1 353 916	递延收益	2354	2452
其他非流动金融资产	282 427	305 804	**非流动负债合计**	29 899 426	23 035 595
投资性房地产	487 913	512 764	**负债合计**	189 647 826	175 615 036
固定资产	1 005 720	962 829	**股东权益：**		
在建工程	98 486	188 792	股本	41 934 433	41 948 168
使用权资产	656 546	403 122	其他权益工具	10 000 000	10 000 000
无形资产	116 030	115 395	资本公积	30 538 929	29 824 590
长期待摊费用	50 000	35 867	减：库存股	（1 880 038）	（3 485 347）

资产	年末余额	年初余额	负债和股东权益	年末余额	年初余额
递延所得税资产	1 625 028	1 244 055	其他综合收益	（228 173）	（693 172）
其他非流动资产	6 167 158	6 886 085	专项储备	35 061	—
非流动资产合计	237 857 088	223 808 691	盈余公积	14 349 125	12 843 667
			未分配利润	51 471 163	48 665 500
			股东权益合计	146 220 500	139 103 406
资产总计	335 868 326	314 718 442	负债和股东权益总计	335 868 326	314 718 442

资料来源：中国建筑股份有限公司 2022 年度财务报表，https://www.cscec.com.cn/tzzgxnew/dqbg_new/。

二、利润表

（一）概念及作用

利润表是反映企业在一定会计期间的经营成果的财务报表。利润表以"利润=收入-费用"这一会计等式为依据，根据企业一定会计期间发生的各项收入与各项成本费用支出经过配比计算编制而成。利润表属于动态报表，表现的是企业一定会计期间的生产经营成果。利润表是企业第二张主要财务报表。通过利润表可以了解企业经营业绩，分析和预测企业的获利能力，指导发展方向；债权人和所有者可以通过分析企业损益的变化趋势，做出对其有利的信贷和投资决策；管理人员运用此表提供的构成企业利润或亏损的各种资料，可以分析出企业损益的形成原因，从而做出合理的经营决策。

（二）内容及格式

利润表的整体框架由三部分组成，即表首、正表和附注。表首标明报表的名称、编制日期，以及表中所用的货币单位等内容。附注是对正表中列示项目所做的进一步说明，以及对未能在报表中列示项目的说明。正表是利润表的主体内容，从内容上看，主要由收入、费用、利得和损失四部分构成；从结构上看，由营业利润、利润总额、净利润和每股收益四部分构成。利润表各项目之间的关系如下：

营业总成本=营业成本+营业税金及附加+销售费用+管理费用+财务费用+资产减值损失

营业利润=营业总收入-营业总成本+公允价值变动收益+投资收益

利润总额=营业利润+营业外收入-营业外支出

净利润=利润总额-所得税费用

综合收益总额=净利润+其他综合收益的税后净额

总体来看，营业收入、营业成本、各类费用和利润项目构成利润表的主体。利润表中收入的列报应能反映企业的盈利渠道和发展方向。对于各类费用，企业应按照费用在公司经营与管理活动中所发挥的功能进行分类列报，通常分为从事生产经营业务发生的成本、销售费用、管理费用和财务费用等。这样有助于财务报告使用者了解企业的活动领域和相应的开支。销售费用反映企业在市场营销这一领域的开支大小，管理费用是企业为日常经营管理所发生的费用，财务费用表示企业为融资所发生的费用。向财务报告使用者提供这种结构性信息，能更清楚地揭示企业经营业绩的主要构成，增强相关会计信息的有效性。

其他综合收益的税后净额项目应当根据其他相关会计准则的规定分为以下两类列报。

（1）以后会计期间不能重分类进损益的其他综合收益项目，如按照权益法核算的在被投资单位以后会计期间不能重分类进损益的其他综合收益中所享有的份额。

（2）以后会计期间在满足规定条件时将重分类进损益的其他综合收益项目，如可供出售金融资产公允价值变动形成的利得或损益、持有至到期投资重分类为可供出售金融资产形成的利得或损益等。在综合收益总额项目之下单独列示归属于母公司所有者的综合收益总额和归属于少数股东的综合收益总额。

以中国建筑股份有限公司财务报表为例的利润基本格式如表 10-2 所示。

表 10-2　利润表

编制单位：中国建筑股份有限公司		单位：人民币（千元）
	2022 年	2021 年
营业收入	72 670 029	86 061 467
减：营业成本	68 657 169	81 661 678
税金及附加	72 290	91 924
管理费用	1 799 195	1 706 239

	2022 年	2021 年
研发费用	283 107	224 910
财务费用	1 650 727	2 126 214
其中，利息费用	1 974 945	1 932 186
利息收入	224 500	202 669
加：其他收益	4825	6854
投资收益	17 087 774	29 971 620
其中，对联营企业和合营企业的投资收益/（损失）	277 925	（155 552）
以摊余成本计量的金融资产终止确认损失	（2510）	（1073）
公允价值变动收益	（23 377）	5804
信用减值损失	（892 217）	（1 604 500）
资产减值损失	（19 084）	（12 500）
资产处置收益	7598	（133）
营业利润	16 373 060	28 617 647
加：营业外收入	5056	5853
减：营业外支出	233 140	122 660
利润总额	16 144 976	28 500 840
减：所得税费用	1 090 402	1 080 493
净利润	15 054 574	27 420 347
其中，持续经营净利润	15 054 574	27 420 347
其他综合收益的税后净额	524 061	45 553
不能重分类进损益的其他综合收益	21 251	108 082
重新计量设定收益计划变动额	5390	7160
其他权益工具投资公允价值变动	15 861	100 922
将重分类进损益的其他综合收益	502 810	（62 529）
权益法下可转损益的其他综合收益	（173）	（626）
外币财务报表折算差额	502 983	（61 903）
综合收益总额	15 578 635	27 465 900

资料来源：中国建筑股份有限公司 2022 年度财务报表，https://www.cscec.com.cn/tzzgxnew/dqbg_new/。

三、现金流量表

（一）相关概念

现金流量表是指反映企业在一定会计期间现金和现金等价物流入和

流出情况的报表。现金流量表中的现金是指企业库存现金和可以随时用于支付的银行存款，包括库存现金、银行存款和其他货币资金。现金等价物是指企业持有的期限短、流动性强、易于转换为已知金额现金、价值变动风险很小的投资。期限短一般是指从购买日起 3 个月内到期，现金等价物通常包括 3 个月内到期的债券投资等，股权投资变现的金额通常不确定，因而不属于现金等价物。经营活动是指企业投资活动和筹资活动以外的所有交易和事项。投资活动是指企业长期资产的购建和不包括在现金等价物范围内的投资及处置活动。筹资活动是指导致企业资本及债务规模和构成发生变化的活动。现金流量是指企业一定会计期间内现金和现金等价物流入和流出的数量，包括经营活动产生的现金流量、投资活动产生的现金流量和筹资活动产生的现金流量。

（二）作用

现金流量表主要提供有关企业现金流量方面的信息。在市场经济条件下，企业的现金流转情况在很大程度上影响着企业的生存和发展。企业现金充裕，就可以及时购入必要的材料物资和固定资产，及时支付工资、偿还债务、支付股利和利息；企业现金不充裕时，可能会影响企业的正常生产经营活动，甚至危及企业的生存。现金管理已经成为企业财务管理重点关注的一个方面。企业编制的现金流量表有助于评价企业支付能力、偿债能力、周转能力，有助于预测企业未来的现金流量，有助于分析企业收益质量及影响现金净流量的因素。

（三）内容

现金流量表的整体框架由三部分组成，即表首、正表和附注。表首标明报表的名称、编制日期，以及表中所用的货币单位等内容。附注是对正表中列示项目的进一步说明，以及对未能在报表中列示项目的说明，包括将净利润调节为经营活动现金流量的信息、以总额披露当期取得或处置子公司及其他营业单位的信息、与现金和现金等价物有关的信息。正表是现金流量表的主体内容，从内容上看，主要由经营活动产生的现金流量、投资活动产生的现金流量、筹资活动产生的现金流量、汇率变动对现金及现金等价物的影响，以及现金及现金等价物净增加额五部分构成。以中国建筑股份有限公司为例的现金流量表的简要内容及格式如表 10-3 所示。

现金流量按照经营活动、投资活动和筹资活动进行分类报告，其目的是便于报表使用者深入了解各类活动对企业财务状况的影响，以及预测评估企业现金流量未来前景。现金流量表各项目之间的关系如下：

现金及现金等价物的净增加额=经营活动产生的现金流量净额+投资活动产生的现金流量净额+筹资活动产生的现金流量净额+汇率变动对现金及现金等价物的影响

期末现金及现金等价物余额=现金及现金等价物的净增加额+期初现金及现金等价物余额

表 10-3　现金流量表

编制单位：中国建筑股份有限公司　　　　　　　　单位：人民币（千元）

项目	2022 年	2021 年
一、经营活动产生的现金流量		
销售商品、提供劳务收到的现金	73 343 601	84 813 566
收到的税金返还	67 139	33 230
收到其他与经营活动有关的现金	3 868 247	7 219 308
经营活动现金流入小计	77 278 987	92 066 104
购买商品、接受劳务支付的现金	65 755 717	83 942 735
支付给职工以及为职工支付的现金	2 665 370	2 249 935
支付的各项税费	2 207 876	1 389 799
支付其他与经营活动有关的现金	6 174 962	3 440 679
经营活动现金流出小计	76 803 925	91 023 148
经营活动产生的现金流量净额	475 062	1 042 956
二、投资活动产生的现金流量		
收回投资收到的现金	1 239 480	506 606
取得投资收益收到的现金	14 469 731	29 590 909
处置固定资产、无形资产和其他长期资产收回的现金净额	10 795	12 595
收到其他与投资活动有关的现金	1 124 495	3 760 120
投资活动现金流入小计	16 844 501	33 870 230
购建固定资产、无形资产和其他长期资产所支付的现金	241 577	547 593
投资支付的现金	8 078 862	21 674 396
支付其他与投资活动有关的现金	4 347 331	603 694
投资活动现金流出小计	12 667 770	22 825 683
投资活动使用的现金流量净额	4 176 731	11 044 547
三、筹资活动产生的现金流量		
取得借款收到的现金	45 721 000	43 460 000
收到的其他与筹资活动有关的现金		200 000

续表

项目	2022 年	2021 年
筹资活动现金流入小计	45 721 000	43 660 000
归还投资支付的现金		
偿还债务支付的现金	39 386 167	45 522 000
分配股利、利润或偿付利息支付的现金	12 719 189	11 027 366
其中，子公司支付给少数股东的股利、利润		
支付的其他与筹资活动有关的现金	507 187	1 092 512
筹资活动现金流出小计	52 612 543	57 641 878
筹资活动产生使用的现金流量净额	(6 891 543)	(13 981 878)
四、汇率变动对现金及现金等价物的影响	**350 441**	**(70 063)**
五、现金及现金等价物净减少额	**(1 889 309)**	**(1 964 438)**
加：年初现金及现金等价物余额	21 698 935	23 663 373
六、年末现金及现金等价物余额	**19 809 626**	**21 698 935**

资料来源：中国建筑股份有限公司 2022 年度财务报表，https://www.cscec.com.cn/tzzgxnew/dqbg_new/。

四、所有者权益变动表

（一）概念与内容

所有者权益是指公司资产扣除负债后由股东享有的"剩余权益"，又称为净资产，是股东投资资本与经营过程中形成的留存收益的集合，是股东投资和公司发展实力的资本体现。所有者权益在公司经营期内可供企业长期、持续地使用，是公司生存和发展的基础。按其来源分为投入资本（包括实收资本和资本公积）和留存收益（包括盈余公积和未分配利润），前者主要来自股东投入，后者源于企业经营积累。

所有者权益变动表是反映企业在一定期间内所有者权益的各组成部分当期增减变动情况的报表。在所有者权益变动表中，净利润、其他综合收益，以及由所有者的资本交易导致的所有者权益的变动分别列示。

（二）所有者权益变动表的信息的作用

所有者权益变动表的格式和内容，为财务分析提供了丰富的信息。从不同角度来看，所有者权益变动表提供的信息及其作用主要体现在以下四个方面。

1. 所有者权益变动的原因

在所有者权益变动表中，导致所有者权益变动的原因按照"净利润""其他综合收益"及"与所有者的资本交易"等不同类别分别进行列示。这种列示方法，提供了不同活动对所有者权益变动产生的影响，能够清晰明确地反映所引发所有者权益变动的原因。

2. 列示所有者权益内部结构的变动

在所有者权益变动表中，除了提供对所有者权益产生影响的因素之外，还列示了所有者权益的内部结构变动。资本公积或盈余公积转增资本、盈余公积弥补亏损等造成所有者权益内部结构变动的因素都分别列示，为了解所有者权益的内部结构变动提供了信息。

3. 为利润表和资产负债表提供辅助信息

所有者权益变动表中的"其他综合收益"及"利润分配"与利润表之间存在较强的关联性。所有者权益变动表中的"其他综合收益"与利润表中的"其他综合收益"相辅相成，共同反映了公允价值变动对企业产生的影响。"利润分配"则提供了企业利润分配的去向和数量，为利润表提供辅助信息。所有者权益变动表提供的所有者结构变动信息与资产负债表中所有者权益部分相辅相成，提供了所有者权益变动的详细信息。

4. 提供企业全面收益的信息

从企业所有者的角度来看，所有者权益的变动反映了其在公司中所拥有财务情况的变动。若不考虑增资、发放股利及内部的结转，影响所有者权益变动的主要因素是经营活动的收益和直接计入股东权益的利得和损失，两者之和被视为企业的全面收益。全面收益不但反映了企业的经营情况，还反映了公允价值变动对企业所有者财富状况产生的影响，能为所有者提供更为全面的投资决策信息。

以中国建筑股份有限公司为例的 2022 年和 2021 年股东权益变动表的简要内容及格式分别如表 10-4 和表 10-5 所示。

表 10-4 股东权益变动表（2022 年）

单位：人民币（千元）

中国建筑股份有限公司	股本	其他权益工具永续债	资本公积	减：库存股	其他综合收益	专项储备	盈余公积	未分配利润	股东权益合计
2022 年									
一、本年年初余额	41 948 168	10 000 000	29 824 590	(3 485 347)	(693 172)	—	12 843 667	48 665 500	139 103 406
二、本年增减变动金额									
（一）综合收益总额	—	—	—	—	524 061	—	—	15 054 574	15 578 635
（二）股东投入和减少资本									
1.股份支付计入股东权益的金额	—	—	746 275	—	—	—	—	—	746 275
2.回购并注销未解锁的限制性股票	(13 735)	—	(31 936)	45 671	—	—	—	—	—
3.限制性股票解锁的影响	—	—	—	1 559 638	—	—	—	—	1 559 638
（三）利润分配									
1.提取盈余公积	—	—	—	—	—	—	1 505 458	(1 505 458)	—

中国建筑股份有限公司

2022 年

单位：人民币（千元）

	股本	其他权益工具永续债	资本公积	减：库存股	其他综合收益	专项储备	盈余公积	未分配利润	股东权益合计
2. 对股东的分配	—	—	—	—	—	—	—	（10 485 215）	（10 485 215）
3. 对其他权益工具持有者的分配	—	—	—	—	—	—	—	（317 300）	（317 300）
（四）专项储备									
1. 本年提取	—	—	—	—	—	1 292 275	—	—	1 292 275
2. 本年使用	—	—	—	—	—	（1 257 214）	—	—	（1 257 214）
（五）所有者权益内部结转									
1. 其他综合收益结转留存收益	—	—	—	—	（59 062）	—	—	59 062	—
三、本年年末余额	41 934 433	10 000 000	30 538 929	（1 880 038）	（228 173）	35 061	14 349 125	51 471 163	146 220 500

资料来源：中国建筑股份有限公司 2022 年度财务报表，https://www.cscec.com.cn/tzzgxnew/dqbg_new/。

表 10-5　股东权益变动表（2021 年）

中国建筑股份有限公司

单位：人民币（千元）

	2021 年								
	股本	其他权益工具 永续债	资本公积	减：库存股	其他综合收益	专项储备	盈余公积	未分配利润	股东权益合计
一、本年初余额	41 965 072	10 000 000	29 016 685	（4 204 385）	（738 725）	25 106	10 101 632	33 307 760	119 473 145
二、本年增减变动金额	—	—	—	—	—	—	—	27 420 347	27 465 900
（一）综合收益总额	—	—	—	—	45 553	—	—	27 420 347	27 465 900
（二）股东投入和减少资本	—	—	836 446	—	—	—	—	—	836 446
1.股份支付计入股东权益的金额	—	—	836 446	—	—	—	—	—	836 446
2.回购并注销未解锁的限制性股票	（16 904）	—	（40 495）	57 399	—	—	—	—	—
3.限制性股票解锁的影响	—	—	—	661 639	—	—	—	—	661 639
其他	—	—	11 954	—	—	—	—	—	11 954
（三）利润分配	—	—	—	—	—	—	—	—	—
1.提取盈余公积	—	—	—	—	—	—	2 742 035	（2 742 035）	—
2.对股东的分配	—	—	—	—	—	—	—	（9 006 272）	（9 006 272）
3.对其他权益工具持有者的股利	—	—	—	—	—	—	—	（314 300）	（314 300）
（四）专项储备	—	—	—	—	—	—	—	—	—
1.本年提取	—	—	—	—	—	614 982	—	—	614 982
2.本年使用	—	—	—	—	—	（640 088）	—	—	（640 088）
三、本年末余额	41 948 168	10 000 000	29 824 590	（3 485 347）	（693 172）	—	12 843 667	48 665 500	139 103 406

资料来源：中国建筑股份有限公司 2022 年度财务报表，https://www.cscec.com.cn/tzzgxnew/dqbg_new/。

五、财务报表附注包括的内容

附注是财务报表的重要组成部分，企业应当按照规定披露附注信息。附注的主要内容包括：①企业的基本情况；②财务报表的编制基础；③遵循企业会计准则的声明；④重要会计政策和会计估计；⑤会计政策和会计估计变更，以及差错更正的说明；⑥报表重要项目的说明；⑦或有事项；⑧资产负债表日后事项；⑨关联方关系及其交易。

第二节　财务分析方法

财务分析方法主要包括比较分析法、比率分析法、趋势分析法和因素分析法等。比率分析法是财务分析最重要的方法。通过结合使用比较分析法和比率分析法两种分析方法，可以更好地发现问题、挖掘潜力、改进工作。

一、比较分析法（绝对数分析）

比较分析法的理论基础，是客观事物的发展变化是统一性与多样性的辩证结合。共同性使它们具有了可比较的基础，差异性使它们具有了不同的特征。在实际分析时，这两方面的比较往往结合使用。比较分析法是通过对比两期或连续数期财务报告中的相同指标，确定其增减变动的方向、数额和幅度，来说明企业财务状况或经营成果变动趋势的一种方法。

对比的方式有以下三种。

一是绝对值增减变动，其计算公式如下：

绝对值增减变动数量=分析期某项指标实际数-基期同指标实际数

二是增减变动率，其计算公式如下：

变动率（%）=变动绝对值/基期实际数量×100%

三是变动比率值，其计算公式如下：

变动比率值=分析期实际数值/基期实际数值

在实际工作中，根据分析的目的和要求不同，比较分析法有以下三种形式。

1. 不同时期财务指标的比较

（1）定基动态比率，是以某一时期的数额为固定的基期数额而计算出来的动态比率。

（2）环比动态比率，是以每一分析期的数据与上期数据相比较而计算出来的动态比率。

2. 同业分析

同业分析是将企业的主要财务指标与同行业的平均指标或同行业中先进企业指标进行对比，可以全面评价企业的经营业绩。与行业平均指标进行对比，可以分析判断该企业在同行业中所处的位置。与先进企业的指标进行对比，有利于吸收先进经验，克服本企业的缺点。

3. 预算差异分析

预算差异分析以分析期的预算数额作为比较的标准，实际数与预算数的差距就能反映完成预算的程度，可以为人们进一步分析和寻找企业潜力提供方向。

比较法的主要作用在于揭示客观存在的差距，以及形成这种差距的原因，帮助人们发现问题、挖掘潜力、改进工作。比较法是各种分析方法的基础，不仅报表中的绝对数要通过比较才能说明问题，计算出来的财务比率和结构百分数也都要与有关资料（比较标准）进行对比，才能得出有意义的结论。

采用比较分析法时，应当注意以下问题：

（1）用于对比的各个时期的指标，其计算口径必须保持一致。

（2）应剔除偶发性项目的影响，使分析所利用的数据能反映正常的生产经营状况。

（3）应运用例外原则对某项有显著变动的指标做重点分析。

二、比率分析法（相对数分析）

比率分析法是通过经济指标之间的对比，求出比率来确定各经济指标间的关系和变动程度，以评价企业财务状况及成果的一种方法。运用比例分析法，我们能够把在某些条件下的不可比指标变为可比指标来进行比较。例如，在评价同行业盈利能力时，由于各企业的规模、地理位置、技术条件等因素各不相同，因此不能简单地以盈利总额进行对比，而应当用净资产收益率等相对指标进行对比说明，这样才能公正地评价企业经营管理水平及盈利能力的高低。比率分析法分为以下三种形式。

1. 相关比率分析法

相关比率分析法是指同一时期两个相关指标进行对比求出比率，以反映有关经济活动中财务指标之间的关系。例如，用流动资产与流动负债的比率来表明企业每一元流动负债有多少流动资产作为偿还的保证；用销售收入与流动资产平均占用额的比率来表明企业流动资产的周转速度；用利润额与资本金的比率来反映企业资金的盈利能力等。

2. 构成比率分析法

构成比率分析法又称为结构比率分析法。它是某项经济指标的各个组成部分与总体的比率，反映总体内部各部分占总体构成比率的关系。其计算公式如下：

构成比率=某个组成部分数额/总体数额×100%

总体经济指标中各个构成部分安排得是否合理、结构比例是否协调，直接关系到企业经营活动的正常运转，如总体资金中短期资金与长期资金应保持适当的比例，短期资金过多会影响企业的长远发展，短期资金过少又会使企业周转陷入困境。又如企业的利润总额中产品销售利润与其他销售利润的比例应适当合理，如果其他销售利润的比例增大，则说明企业主营业务受阻，前景不容乐观。

3. 效率比率分析法

效率比率是某项经济活动中所费与所得的比率，反映了投入与产出的关系。利用效率比率指标可以进行得失比较，考察经营成果，评价经济效益。例如，将利润项目与营业收入、营业成本、资本等项目加以对比，可以计算出成本利润率、营业利润率和资本利润率等利润率指标，还可从不同角度观察比较企业获利能力的高低及其增减变化情况。

采用比率分析法时，应当注意以下三点：①对比项目的相关性；②对比口径的一致性；③衡量标准的科学性。

三、趋势分析法

趋势分析法是根据企业连续几年或几个时期的分析资料，通过指数或完成率的计算，确定分析期财务状况和经营成果增减变动情况和趋势的一种分析法。采用趋势分析法通常要编制比较财务报表，即将连续数期的同一财务报表并列在一起比较。趋势分析法的一般步骤如下：

（1）计算趋势比率或指数。通常指数的计算方法有两种，一是定基指数，二是环比指数。定基指数是指各个时期的指数都是以某一固定时期为基期来计算的；环比指数是指各个时期的指数是以前一期为基期来计算的。趋势分析法通常采用定基指数。

（2）根据指数计算结果，评价与判断企业各项指标的变动趋势及其合理性。

（3）预测未来的发展趋势。根据以前各项的变动情况，研究其变动趋势或规律，可预测出企业未来的发展变动情况。

四、因素分析法

因素分析法又称为连环替代法，是用来确定综合指标的各因素对综合指标变动的影响程度的一种分析方法。因素分析法的分析过程如下：①分解某项综合指标的各项构成因素；②确定各因素的排列顺序；③按排定的顺序和各项因素的基数进行计算；④按顺序将前面一项因素的基数替换成实际数，计算出替换后的结果，与前一次替换后的计算结果进行比较，计算出影响程度，直至替换完毕；⑤计算出各项因素影响程度之和，与该项综合性指标的差异总额进行对比，核对是否相符。

例如，某综合指标 P 由 a、b、c 三个因素构成，实际指标与基数指标及有关因素的关系如下式所示：

基数指标：$P_0=a_0 \times b_0 \times c_0$

实际指标：$P_1=a_1 \times b_1 \times c_1$

实际指标与基数指标的差异：$\Delta P=P_1-P_0$

其中 a、b、c 三个因素对综合指标的影响程度如下：

a 因素变动的影响：$\Delta a=(a_1-a_0) \times b_0 \times c_0$

b 因素变动的影响：$\Delta b=a_1 \times (b_1-b_0) \times c_0$

c 因素变动的影响：$\Delta c=a_1 \times b_1 \times (c_1-c_0)$

三个因素对综合指标的合计影响值：$\Delta a+\Delta b+\Delta c=\Delta P$

因素分析法既可以全面分析各因素对某一经济指标的影响，又可以单独分析某个因素对某一经济指标的影响，在财务分析中的应用颇为广泛。但应用因素分析法必须注意以下问题：

（1）因素分解的关联性。即构成经济指标的各因素确实是形成该项指标差异的内在原因，它们之间存在着客观的因果关系。

（2）因素替代的顺序性。替代因素时，必须按照各因素的依存关系，排成一定顺序依次替代，各因素顺序不可随意颠倒，否则各个因素的影响值就会得出不同的计算结果。在实际工作中，往往是先替代数量因素，后替代质量因素；先替代实物量因素、劳动量因素，后替代价值量因素；先替代原始的、主要的因素，后替代派生的、次要的因素。

（3）顺序替代的连环性。计算每个因素变动的影响数值时，都是在前一次计算的基础上进行的，并采用连环比较的方法确定因素变化的影响结果。只有保持这种连环性，才能使各因素影响之和等于分析指标变动的总差异。

（4）计算结果的假定性。由于因素分析法计算各个因素变动的影响值会因替代计算顺序的不同而有差异，计算结果具有一定程度上的假定性和近似性。

第三节　财务指标分析

财务指标是指企业总结和评价财务状况和经营成果的相对指标，主要包括偿债能力指标、运营能力指标、获利能力指标和发展潜力指标。财务指标服务于企业财务报表分析，用于评价企业的经营业绩。

一、偿债能力指标

偿债能力是指借款人偿还到期债务的能力。偿债能力指标综合反映企业的债务水平、偿债能力及面临的债务风险，主要包括资产负债比率、流动比率、速动比率等。

（一）资产负债比率

资产负债比率又称为资产负债率、负债比率，是企业负债总额与资产总额的比率，表明在企业资产总额中债权人提供资金所占的比重，以及企业资产对债权人权益的保障程度。其计算公式为：

资产负债比率=负债总额÷资产总额×100%

负债比率是评价借款人偿债能力的最重要的指标。信贷人员在分析评价时，应考虑企业固定资产、存货等主要资产的市场价格或实际变现能力，并结合企业实际控制人、关联企业的资产负债状况，对报表进行分析、调整后，重新测算其负债比率，评价借款人的实际偿债能力。

一般来说，负债比率越小，借款人长期偿债能力越强，债权人的权益越有保障。但比率过小，说明企业资产主要依靠股东自有资金经营，外部资金利用率不足。因此，较低的指标值是债权人（如银行）的期望值，而不是企业股东的期望值。

负债比率较大，表明借款人充分利用财务杠杆的作用，较多地利用了外部资金，提高了自有资金投资收益率。但比率过大，则表明借款人长期偿债能力越弱，债权人的权益难以得到保障，企业甚至有破产的可能。因此，较高的指标值是股东的期望值，而不是债权人的期望值。

一般来说，企业负债比率在45%～60%比较适当，但这也不是绝对的，不同行业、不同的经营阶段，负债比率都有所不同。实务中，房地产行业的负债比率通常会高达80%以上，钢铁行业一般为45%～55%，建筑行业为45%～75%，塑料制品行业为40%～60%，电子器件行业为30%～50%，等等。

多数私营企业、中小企业税务报表反映的负债比率较高，而银行报表可能考虑了关联企业、实际控制人的资产，导致负债比率偏低。至于企业的负债比率达到多少才合适，应当根据企业的实际经营、财务情况，结合企业本身所处行业、经营阶段、领导者的债务风险承受能力、产品盈利能力、企业对外融资能力、资产结构及变现能力等因素，进行综合分析。

若借款企业存在承兑汇票或信用证保证金等情况，可以考虑同时剔除资产（货币资金）、负债（应付票据）项目下的保证金金额后，重新确认负债比率。

由于很多私营企业、中小企业仍然采用旧企业会计准则编制报表，部分资产（如对外短期投资、长期股权投资、房地产、存货）仍按成本法或账面价值进行反映，按此计算出的负债比率无法准确反映企业的实际偿债能力。因此，可以将市场价与成本价差异较大的资产按市场价反映，重新确认负债比率。

若私营企业存在将企业历年累积利润以实际控制人或关联企业名义，账外购置汽车、房地产资产或投资等情况，其本质也是企业经营形成资产中的一部分，可以将这部分账外资产、投资等纳入负债比率分析，完整地评价企业的实际偿债能力和盈利能力。

因此，除账面负债比率外，经过分析调整后还可测算得出以下信息：

①扣除保证金后的负债比率；

②按市场价格计算的负债比率；

③考虑企业历年积累用于账外投资、购置资产后的负债比率；

④统一考虑上述三种情况下的负债比率。对于多数私营企业、中小企业，这样综合分析测算出来的负债比率才能比较完整地反映企业的实际偿债能力。

（二）流动比率

流动比率是流动资产与流动负债的比率，反映了企业在短期内变现的流动资产偿还流动负债的能力。

流动比率=流动资产÷流动负债×100%

比率越高，短期偿债能力越强，债权人的权益越有保障。但比率过高，可能是企业资金使用效率低，如应收款项回收慢或存货质量不佳、变现能力差等，企业资金占用成本高、获利能力低。

比率较低，说明企业资金利用充分、资金周转速度快。但比率过低，则企业短期可变现资产少，偿债能力明显不足。

一般来说，流动比率为100%～200%比较适当，表明企业财务状况比较稳定，资金使用效率高，偿债能力也较强。

分析时，应当对占资产总额比重大的应收账款、存货等科目加以关注，分析是否存在应收款增多且收账期较长，或是存货余额大而质量差、积压等情况。

（三）速动比率

速动比率是企业速动资产与流动负债的比值。速动资产指流动资产减去变现能力较差且市场价格不稳定的存货、预付账款等之后的余额。计算公式如下：

速动比率=速动资产÷流动负债×100%

其中，速动资产=货币资金+交易性金融资产+应收账款+应收票据

=流动资产-存货-预付账款一年内到期的非流动资产-

其他流动资产

速动比率一般保持在100%比较适当。比率越高，短期偿债能力越强，债权人的权益越有保证；但若过高，则现金、应收账款等资金利用率低，资金占用成本提高。比率较低，表明企业短期偿债能力不足，但应结合存货分析，若其存货变现能力较强，仍可提高偿债能力。

（四）现金流动负债比率

现金流动负债比率指企业一定期间经营所得现金净流量与流动负债

的比率，可从现金流角度反映企业的短期偿债能力。计算公式如下：

现金流动负债比率=年经营性现金净流量÷年末流动负债×100%

企业利润高并不等于其有足够的现金偿还债务能力，现金流动负债比率指标可以比较准确地反映企业经营活动所产生的现金净流量偿还流动负债的实际能力。比率越高，短期偿债能力越强，债权人的权益越有保证；比率较低，则表明偿债能力不足。

现金流动负债比率是反映借款人短期偿债能力最有效的指标之一，但很多中小企业都未编制现金流量表，经营性现金流量金额较难获得，影响了现金流动负债比率的准确性和实用性。

（五）已获利息倍数

已获利息倍数是企业息税前利润总额与利息支出的比值。已获利息倍数反映获利能力对偿还到期债务的保证程度，它既是举债的前提，也是企业长期偿债能力大小的重要标志。其计算公式如下：

已获利息倍数=息税前利润总额÷利息支出

其中，息税前利润总额=利润总额+利息支出

＝净利润+所得税+利息支出

一般来说，已获利息倍数为 3 比较适当。倍数越大，表明企业偿债能力越强；反之，表明偿债能力越弱。已获利息倍数至少要大于 1。

二、运营能力指标

运营能力指标衡量企业内部人力资源和生产资料的配置对实现财务目标作用的大小，包括人力资源运营能力指标和生产资料运营能力指标。

（一）劳动效率

劳动效率指营业收入（或净产值）与平均职工人数的比值，反映企业人力资源的利用率。其计算公式如下：

劳动效率=营业收入或净产值÷平均职工人数

劳动效率反映企业员工素质的高低，以及企业对员工积极性、能动性的利用成效，也反映企业领导者的管理水平。分析时，应将劳动效率与本期计划水平、历史水平或同行业水平进行对比，确定差异程度，以判断企业人力资源劳动效率和领导者的经营管理能力。

（二）应收账款周转率

应收账款周转率是营业收入与平均应收账款余额的比值，反映应收账

款的变现速度及管理效率。其计算公式如下：

应收账款周转率=营业收入÷平均应收账款余额

平均应收账款余额=（应收账款余额年初数+应收账款余额年末数）÷2

应收账款周转期（周转天数）=平均应收账款余额×360÷营业收入

=360÷应收账款周转率

应当注意的是，公式中的营业收入包括主营业务收入、其他业务收入，应收账款还应当包括正常销售所产生的应收票据。

一般来说，应收账款周转率高，表明企业收账速度快，流动性强，资金使用效率高，偿债能力强；反之，表明企业资金使用率低，偿债能力弱。

（三）存货周转率

存货周转率是营业成本与平均存货余额的比值，它是一个反映企业生产经营各环节（包括采购、储存、生产、销售）存货运营效率的综合性指标，对公司偿债能力和获利能力有着重大影响。其计算公式如下：

存货周转率（周转次数）=营业成本÷平均存货余额

其中，平均存货余额=（存货余额年初数+存货余额年末数）÷2

存货周转期（周转天数）=平均存货余额×360÷营业成本

=360÷存货周转率

一般来说，存货周转率越高，存货周转速度越快，占用资金越少；但周转率过高，会使库存不足，造成生产中断或产品供不应求。若存货周转率低，表明存货周转速度慢，资金占用多，资金使用效率不高；若存货积压过多，则表明变现能力不足。

存货是流动资产中最重要的科目之一，其质量和流动性对企业偿债能力和盈利能力影响重大。存货质量优，则盈利能力强；反之，则盈利能力差。存货流动性强，则变现能力强，偿债能力亦强；反之，则弱。

（四）其他运营比率

1. 流动资产周转率

流动资产周转率=营业收入÷平均流动资产总额

其中，平均流动资产总额=（流动资产总额年初数+流动资产总额年末数）÷2

2. 固定资产周转率

固定资产周转率=营业收入÷平均固定资产总额

其中，平均固定资产总额=（固定资产总额年初数+固定资产总额年末

数）÷2

3. 总资产周转率

总资产周转率＝营业收入÷平均资产总额

平均资产总额＝（资产总额年初数＋资产总额年末数）÷2

总资产周转期（周转天数）＝平均资产总额×360÷营业收入

流动资产周转率、固定资产周转率、总资产周转率分别体现了流动资产、固定资产、总资产的变现能力和资产运营效率，这些指标的准确性主要依赖于存货、应收账款、固定资产等主要科目余额的真实、完整程度。分析时，不能仅依赖公式和报表上的理论数据，还要根据企业的实际情况，对主要科目进行分析调整后再进行测算，这样计算出来的指标数据才有实际意义，才能真实反映企业的偿债能力、盈利能力和资产运营效率。

三、获利能力指标

获利能力是企业资金增值的能力，企业只有在拥有持续、稳定的获利能力的基础上才能得以生存和发展。评价企业获利能力的主要指标有毛利率、营业净利率（或销售净利率）和净资产收益率。

（一）毛利率

毛利率是营业毛利与营业收入的比值，是衡量企业盈利能力的首要指标。其计算公式如下：

毛利率＝（营业收入－营业成本）÷营业收入×100%

毛利率根据行业不同，分为工业企业的销售毛利率、商业企业的销售毛利率、建安施工企业毛利率等。毛利率大小主要受企业所处的市场竞争激烈程度、产品投入成本（包括直接材料、直接人工、制造费用等）、企业产品处于生命周期阶段（创业期、成长期、成熟期、衰退期）、企业的品牌效应等因素的影响。

企业操纵利润，主要通过调节毛利率来实现，要么增加收入、减少成本，要么减少收入、增加成本，调整这两个科目将直接影响毛利率的高低。若信贷人员能获取企业连续几个会计年度或年内数月的毛利率明细表，很容易发现企业操纵利润的现象。

信贷人员分析毛利率时，若企业提供税务报表，应当将企业未入账的营业收入、多结转的成本纳入考虑，经调整后重新测算毛利率；若企业提供银行报表，应当将企业多计的营业收入、少结转的成本纳入考虑，经调整后重新测算毛利率。若信贷人员无法确认企业的实际营业成本，可按行业毛利率，并考虑企业与同业之间的差异和优劣势，测算出大致毛利率。

（二）营业净利率

营业净利率是净利润与营业收入的比值，反映营业收入创造利润的能力，制造型企业一般也称之为销售净利率或销售净利润率。其计算公式如下：

营业净利率=净利润÷营业收入×100%

若净利润与营业收入的比率高，表明企业主营业务收入清晰，对利润贡献度高，获利能力强；反之，则表明其获利能力不足。

（三）净资产收益率

净资产收益率是净利润与平均净资产的比值，反映企业所有者自身资本的获利水平。其计算公式如下：

净资产收益率=净利润÷平均净资产

其中，平均净资产=（所有者权益年初数+所有者权益年末数）÷2

净资产收益率是评价企业资本运营的综合效益、获利能力的最具代表性指标。它不受行业局限，适应范围广泛，也是杜邦财务分析体系的核心指标。净资产收益率指标可层层分解，直至每个会计科目。

净资产收益率可有效解读企业最基本生产要素的使用、成本与费用的构成及合理性。资产的周转及资金利用效率、企业财务杠杆对企业盈利能力的影响程度、营业收入的创利能力、企业面临的经营和财务风险等财务经营信息，为企业经营者、股东、债权人评价企业的盈利能力、资产利用率、偿债能力等指标提供了依据。指标的分解公式如下：

净资产收益率=净资产÷平均净资产

　　　　　　=（净利润÷营业收入）×（营业收入÷平均资产总额）×

　　　　　　（平均资产总额÷平均净资产总额）

　　　　　=营业净利率×总资产周转率×权益乘数

　　　　　=营业净利率×总资产周转率×［1÷（1–资产负债率）］

净资产收益率、总资产净利率、营业净利率、总资产周转率都是时期指标，而权益乘数、资产负债率是时点指标，为使指标具有可比性，权益乘数、资产负债率一般采用年初、年末平均数。分析时，权益乘数、资产负债率也可取年末时点数，但要与历史记录保持一致。

营业净利率反映企业营业收入最终创造净利润的能力。提高营业净利率是提高企业盈利的关键，主要通过扩大营业收入或降低成本费用来实现。

总资产周转率反映企业资产总额实现营业收入的综合能力，主要通过调整资产的内部结构，加快存货、应收款项、固定资产等资产周转速度，以及提高资产周转率来实现。

权益乘数反映所有者权益与总资产的关系。权益乘数较大，说明企业负债程度较高，能给企业带来较大的财务杠杆利益，但同时也带来较大的偿债风险，主要根据企业的承受债务能力、风险偏好、融资能力等，需要妥善安排资本结构来实现。

对于企业股东来说，资产周转速度越快、营业收入越多、负债比率越高，则财务杠杆作用越明显，较少的投入可产生较大的效益，净资产收益率就越高。但负债比率过高，则财务风险加大，偿债压力也大。对于银行来说，企业营业收入多、资产周转速度快，而负债比率维持在一个合理的水平，净资产收益率稳定、持续地增长，则银行信贷资产的风险可控。

四、发展潜力指标

发展潜力是指企业的产品市场占有及资本积累能力，体现了企业成长状况、发展趋势及其在行业中的地位，主要包括营业收入增长率、资本积累率等指标。

（一）营业收入增长率

营业收入增长率是指企业本年营业收入增长额与上年营业收入的比值，是评价企业成长状况和发展潜力的重要指标。其计算公式如下：

营业收入增长率=（本年营业收入-上年营业收入）/上年营业收入×100%

该指标越高，表明增长速度越快，企业市场前景越好。分析时，应考虑企业历年的营业收入水平、市场占有情况、行业未来发展及其他影响企业发展的潜在因素。

（二）资本积累率

资本积累率是指企业本年所有者权益增长额与年初所有者权益的比值，反映了企业所有者权益的变动水平，体现了企业历年资本积累情况，是企业扩大再生产的基础，也是展示企业的发展潜力最重要的指标。其计算公式如下：

资本积累率=本年所有者权益增长额÷年初所有者权益×100%

该指标越高，表明企业的资本积累越多，应对风险的能力越强，持续发展的潜力越大。

（三）销售增长率

销售增长率是企业本年销售收入增长额同上年销售收入总额的比率，用于衡量企业经营状况和市场占有能力，预测企业经营业务的拓展趋势，是企业扩张增量资本和存量资本的基础。其计算公式为：

销售增长率=本年销售增长额÷上年销售额×100%

=（本年销售额−上年销售额）÷上年销售额×100%

该指标越大，表明销售收入增长速度越快，企业市场前景越好。

（四）总资产增长率

资产增长率是企业一定时期资产净值增加额与期初资产总额的比率，可以反映企业一定时期内资产规模扩大的情况。其计算公式为：

总资产增长率=（期末资产总额−期初资产总额）÷期初资产总额×100%

（五）固定资产成新率

固定资产成新率反映了企业所拥有的固定资产的新旧程度，体现了企业固定资产更新的速度和持续发展的能力。其计算公式为：

固定资产成新率=平均固定资产净值÷平均固定资产原值×100%

该指标较高，表明企业固定资产较新，对扩大再生产的准备较充足，发展的可能性较大。

（六）技术投入比率

技术投入比率是企业本年科技支出与本年营业收入的比率，反映企业对新技术研究开发的重视程度和研发能力，在一定程度上体现了企业的发展潜力。其计算公式为：

技术投入比率=科技支出合计÷营业收入×100%

（七）营运资金增长率

营运资金增长率是企业年度营运资金增长额与年初营运资金的比率。其中，营运资金为流动资产与流动负债之差。该比率反映了企业营运能力及支付能力的加强程度。其计算公式为：

营运资金增长率=营运资金增长额÷年初营运资金×100%

（八）利润增长率

利润增长率是企业一定时期实现利润增长额与上期利润总额的比率，综合反映了企业财务成果的增长速度。其计算公式为：

利润增长率=（本期利润总额−上期利润总额）÷上期利润总额×100%

第四节　财务综合分析

企业偿债能力、运营能力和盈利能力分析，从不同侧面反映出企业的经营状况和经营成果。而要对企业进行总评，还需对企业财务状况进行综合分析。财务综合分析方法主要有杜邦分析法和沃尔比重评分法。

一、杜邦分析法

杜邦分析法（DuPont Analysis）是利用几种主要财务比率之间的关系来综合分析企业财务状况的一种方法。具体来说，它是用来评价公司盈利能力和股东权益回报水平，从财务角度评价企业绩效的一种经典方法。其基本思想是将企业净资产收益率逐级分解为多项财务比率乘积，这样有助于深入分析比较企业经营业绩。由于这种分析方法最早由美国杜邦公司使用，故称为杜邦分析法。杜邦财务分析体系的基本结构如图 10-1 所示。

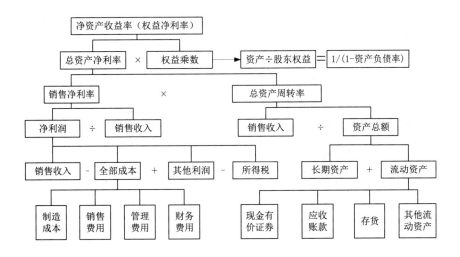

图 10-1　杜邦分析图

（一）杜邦分析体系几种主要的指标关系

（1）净资产收益率是综合性最强的财务比率，是杜邦财务分析体系的核心。其他各项指标都是围绕这一核心，通过研究彼此之间的依存制约关系，揭示企业的获利能力。财务管理的目标是使企业价值最大化，净资产收益率反映所有者投入资金的获利能力，反映企业筹资、投资、资产运营等活动的效率，提高净资产收益率是实现财务管理目标的基本保证。该指标的高低取决于资产净利率和权益乘数。

（2）资产净利率也是一个重要的财务比率，综合性比较强。它是销售净利率和资产周转率的乘积。

（3）销售净利率反映了企业净利润与销售收入的关系。提高销售净利率是提高企业盈利的关键，主要通过扩大销售收入和降低成本费用来提高销售净利率。

（4）资产周转率反映了企业资产获取销售收入的综合能力。通过销售收入情况可以分析企业资产使用的合理性。

（5）权益乘数反映了所有者权益同资产的关系，同时能够反映企业的负债程度。权益乘数越大，企业负债程度越高。在总资产需要量既定的前提下，企业适当开展负债经营，相对减少所有者所占份额，就可使权益乘数提高，这样能给企业带来较大的财务杠杆利益，但同时企业也需要承受较大的财务风险压力。

杜邦分析体系的作用是解释指标变动的原因和变动趋势，为采取进一步措施指明方向。

（二）杜邦分析体系的不足

杜邦财务分析体系自产生以来，在实践中得到广泛应用与好评，但随着经济与环境的发展变化和人们对企业目标认识的进一步提升，杜邦财务分析体系在应用过程中也暴露出一些不足，主要表现在以下方面。

1. 涵盖信息不够全面

杜邦分析法主要利用的是企业资产负债表和利润表的项目数据，而不涉及现金流量表，这样容易使报表使用者只看到账面利润而忽视了更能反映企业生命力的现金流量信息。

2. 分析内容不够完善

杜邦分析法主要从企业盈利能力、营运能力、偿债能力的角度对企业展开财务分析而忽略了对企业发展能力的分析。同时，由于杜邦分析法通常针对的是短期财务结果，容易诱发管理者的短期行为，使其忽视了企业长期价值的创造。

3. 对企业风险分析不足

企业风险是财务报表使用者非常关心的问题，而杜邦分析法无法较直观地体现企业经营风险或财务风险。

二、沃尔比重评分法

沃尔比重评分法是指将选定的财务比率用线性关系结合起来，并分别给定各自的分数比重，然后通过与标准比率进行比较，确定各项指标的得分及总体指标的累计分数，从而对企业的信用水平做出评价的方法。

（一）选择经营业绩评价指标

进行经营业绩评价的首要步骤是正确选择评价指标。指标选择要根据分析目的和要求，考虑分析的全面性和综合性。企业经济效益评价指标包括三个方面的十项指标。

1. 反映盈利能力和资本保值增值的指标

反映盈利能力的指标主要有以下三个。

（1）销售利润率，反映企业销售收入的获利水平，计算公式为：

销售利润率=（营业收入-营业成本-税金及附加）/营业收入×100%

（2）总资产报酬率，用于衡量企业运用全部资产的获利能力，计算公式为：

总资产报酬率=（利润总额+利息支出）÷平均资产总额×100%

其中，平均资产总额=（期初资产总额+期末资产总额）÷2

（3）资本收益率，指企业运用投资者投入资本获得收益的能力，计算公式为：

资本收益率=净利润÷实收资本×100%

反映企业资本保值增值能力的指标是资本保值增值率，主要反映企业投资者投入企业资本的完整性和保全性，计算公式为：

资本保值增值率=期末所有者权益总额÷期初所有者权益总额×100%

该指标等于100%即为资本保值，大于100%则为资本增值。

2. 反映资产负债水平和偿债能力的指标

反映企业资产负债水平和偿债能力的指标有以下四个。

（1）资产负债率，可用于衡量企业的负债水平，计算公式为：

资产负债率=负债总额÷资产总额×100%

（2）流动比率或速动比率。流动比率是衡量企业在某一时点偿付即将到期债务的能力，计算公式为：

流动比率=流动资产÷流动负债

速动比率是衡量企业在某一时点运用随时可变现资产偿付到期债务的能力，计算公式为：

速动比率=速动资产÷流动负债

其中，速动资产=流动资产−存货

（3）应收账款周转率，是用于衡量企业应收账款周转速度快慢的指标，计算公式为：

应收账款周转率=赊销净额÷平均应收账款余额

其中，平均应收账款余额=（期初应收账款余额+期末应收账款余额）÷2

赊销净额=营业收入−现销收入−销售退回、折扣、折让

由于企业赊销资料作为商业机密不对外公布，应收账款周转率分子一般为赊销和现销总额，即营业收入。

（4）存货周转率，用于衡量企业在一定时期内存货资产的周转速度，是反映企业购、产、销平衡效率的一种尺度，计算公式为：

存货周转率=营业成本÷平均存货成本

平均存货成本=（期初存货成本+期末存货成本）÷2

3. 反映企业对国家或社会贡献水平的指标

反映企业对国家或社会贡献水平的指标有如下两个：

（1）社会贡献率，可用于衡量企业运用全部资产为国家或社会创造或支付价值的能力，计算公式为：

社会贡献率=企业社会贡献总额÷企业平均资产总额×100%

其中，企业社会贡献总额包括工资、劳保等及其他社会福利支出、利息支出净额、应交增值税、应交税金及附加、应交所得税、其他税收和净利润等。

（2）社会积累率，用于衡量企业社会贡献总额中用于上缴国家财政的数额，计算公式为：

社会积累率=上缴国家财政总额÷企业社会贡献总额×100%

其中，上缴国家财政总额包括应交增值税、应交税金及附加、应交所得税和其他税收等。

（二）确定各项业绩指标的标准值

业绩评价指标标准值可根据分析的目的和要求确定，可用某企业某年的实际数，也可用同类企业、同行业或部门平均数，还可用国际标准数。

一般来说，当评价企业经营计划完成情况时，可选用企业计划水平为标准值；当评价企业经营业绩水平变动情况时，可选用企业前期水平为标准值；当评价企业在同行业或在全国或国际上所处的地位时，可分别选用行业标准值、国家标准值或国际标准值。从指标的设计角度考虑，标准值的确定主要参考以下两方面：一是适当参照国际上通用的标准，如流动比率为200%，速动比率为100%，资产负债率为50%等；二是参考我国企业近三年的行业平均值。

（三）计算各项业绩指标的单项指数

单项指数是各项经济指标的实际值与标准值之间的比值，计算公式为：

单项指数=该指标实际值÷该指数标准值

这一单项指数计算公式适用于经济指标为纯正指标或纯逆指标。如果为纯正指标，则单项指数越高越好；如果为纯逆指标，则单项指数越低越好。如果某经济指标既不是纯正指标，又不是纯逆指标，如资产负债率、流动比率、速动比率等就属于这种指标，对于这种指标，其单项指数可按下式计算：

单项指数=（标准值−实际值与标准值差额的绝对值）÷标准值×100%

（四）确定各项业绩指标的权数

综合经济指数不是单项指数的简单算术平均数，而是一个加权平均数。因此，要计算综合经济指数，应在计算单项指数的基础上，确定各项指标的权数。各项经济指标权数应依据各指标的重要程度而定，一般来说，某项指标越重要，其权数就越大；反之，其权数就越小。假定10项经济效益指标的权数总和为100，经测算、验证，并参照美国、日本等国的做法，各项经济效益指标的权数如下：销售利润率为15，总资产报酬率为15，资本收益率为15，资本保值增值率为10，资产负债率为5，流动比率（或速动比率）为5，应收账款周转率为5，存货周转率为5，社会贡献率为10，社会积累率为15。

（五）计算综合经济指数

综合经济指数是以各单项指数为基础，乘以各指标权数所得到的一个加权平均数（如表10-5所示）。综合经济指数的计算有两种方法。

1. 按各项指标实际指数计算（不封顶）

在按各项指标实际指数计算时，计算公式如下：

综合经济指数=$\sum$（某指标单项指数×该指标权数）

2. 按扣除超过 100%部分后计算（封顶）

当全部指标中没有逆指标时，如果某项指标指数超过 100%，则扣除超出部分，按 100%计算；如果某项指标指数低于 100%，则按该指标实际指数计算。其计算公式如下：

综合经济指数=$\sum$［某指标单项指数（扣除超出部分）×该指标权数］

表 10-5　综合经济指数计算表　　　　　　　　单位：%

经济指标	标准值	实际值	单项指数	权数	综合经济指数
销售利润率					
总资产报酬率					
资本收益率					
资本保值增值率					
资产负债率					
流动比率					
（或）速动比率					
应收账款周转率（次）					
存货周转率（次）					
社会贡献率					
社会积累率					
综合经济指数					

（六）综合经济指数评价

在按照上述第二种方法计算综合经济指数时，其最高值为 100%，越接近 100%，说明企业经营业绩总体水平越好。如果按第一种方法计算综合经济指数，当各项业绩指标中没有正指标时，综合经济指数以小于 100%为好，而且越低越好。当各项业绩指标中没有逆指标时，综合经济指数达到 100%，说明企业经营业绩总体水平达到标准要求，取得了较好的经济效益，该指标越高，代表经济效益越好；若综合经济指数低于 100%，说明企业经济效益水平没有达到标准要求，该指标越低，代表经营效益越差。

第五节　热点问题

建筑业是我国国民经济重要的支柱产业，在当前复杂的内外部市场环境下，各建筑企业之间的竞争越来越激烈，经营成本不断上升，企业的效益受到严重影响。因此，在实际运营中，企业可以通过开展财务分析来提高经营水平，减少费用支出，提高企业的效益，增加企业的竞争力。财务分析不能局限于财务会计专业范畴，要站在企业战略高度，从经营管理视角分析问题，建立完善的建筑企业财务分析体系，同时注意提高财务分析的有效性和实用性。

一、如何完善建筑企业的财务分析体系

相较于其他行业，建筑企业具有独特的产品特性。一般建筑企业的产品开发周期较长，且涉及不同地区的项目，因此需要与不同的供应商合作，如材料供应商、劳务分包商及设备供应商等。同时，这些资源的采购与购买在很大程度上受到当地经济条件的影响。目前，大多数建筑行业的分析主要依赖于三张主表的趋势变动和结构变动。然而，这种分析方法往往只能满足监管部门的检查或资料报送需求，无法真正反映企业的财务状况和经营情况，也难以为企业提供有效的建议或解决方案来规避经营风险，选择合理的经营策略。因此，建筑企业在进行财务分析时，应结合自身特点，建立一套符合自身情况的指标分析体系。除关注传统财务指标外，还应将各项目的生产性指标纳入其中。面对建筑企业经营中普遍存在的甲方垫资量大、资金占用量大及建设周期长等特点，对企业的财务分析除了常用指标外，还应对各项数据按关注等级进行分类，划分重点关注项目。

二、如何提高财务分析的有效性和实用性

在进行财务报表分析时，需要综合运用各种财务分析方法。要对企业自身的实际经营情况有深入理解，对各种分析方法的特点、优点和缺点，以及适用环境有清晰的认识，根据具体情况选择最合适的分析方法。通过定量与定性分析相结合、各种分析方法相互补充，可以更全面地理解企业的财务状况。建筑企业在进行财务分析时，除了对总资产、净资产、主营业务收入、主营业务成本、利润总额等常规财务指标进行分析外，还应增加非财务数据维度的分析。例如，开展对市场份额现状的分析，帮助企业了解建筑市场的环境、供求状况，开拓新市场；同时也要对工程施工项目面临的各种风险有充分的了解，预判形势，协调与各方的关系，建立有效的风险防范机制；建筑企业领导者也要对行业竞争格局进行把控，了解行业发展前景和竞争对手情况，对比评估自身情况，明确自身的优劣势及在行业中所处的位置，有针对性地提高企业的行业竞争力；综合利用对财务

指标和非财务指标的分析，提高财务分析效果，保障战略决策科学合理。

第六节　案例分析

中国建筑集团有限公司正式组建于 1982 年，是我国专业化发展最久、市场化经营最早、一体化程度最高、全球规模最大的投资建设集团之一。下面借助杜邦分析法对中国建筑集团有限公司 2022 年度财务数据进行分析。

表 10-6　杜邦分析法财务报表数据　　　单位：千元（人民币）

财务报表已知项目	2022 年	2021 年
净利润	15 054 574	27 420 347
销售收入	72 670 029	86 061 467
总资产	335 868 326	314 718 442
股东权益	146 220 500	139 103 406
计算项目：		
销售净利率	15 054 574÷72 670 029=0.207	27 420 347÷86 061 467=0.319
总资产周转率	72 670 029÷335 868 326=0.216	86 061 467÷314 718 442=0.273
总资产净利率	0.207×0.216=0.045	0.319×0.273=0.087
权益乘数	335 868 326÷146 220 500=2.297	314 718 442÷139 103 406=2.262
净资产收益率	0.045×2.297=0.103	0.087×2.262=0.197

由表 10-6 可见，中国建筑集团有限公司 2022 年净资产收益率为 10.3%，低于 2021 年的 19.7%，获利能力有所下降。

观察总资产净利率和权益乘数可以发现，两项指标均有相应的增减变化，因此可知，净资产收益率的变化是总资产净利率和权益乘数两个方面共同影响的结果。

其中，总资产净利率由 2021 年的 8.7%降为 2022 年的 4.5%，变化较大；权益乘数由 2021 年的 2.262 上升到 2022 年的 2.297。

总资产净利率下降导致净资产收益率下降的作用效果超过了权益乘数上升导致的净资产收益率上升的作用效果。

2022 年净资产收益率略有下降，且主要是由总资产净利率的变动带来的，企业需要强化销售收入控制能力，并适当关注利润增长来源。

总的来说，该企业财务状况正常，表现出较稳定的良性发展态势。

第七节　本章小结

　　熟悉建筑企业财务报表并对其进行财务分析，可以有效地将财务报表数据转化成企业管理者容易理解、有助于投资决策的数据，为决策的科学性和有效性保驾护航。财务报表反映了企业的财务状况、经营成果和现金流量。财务状况是指企业的资产、负债和所有者权益的状况，包括资产负债表中的信息。经营成果是指企业的收入、成本、费用和利润的状况，包括利润表中的信息。现金流量是指企业的现金流入和现金流出的状况，包括现金流量表中的信息。财务分析是指以企业财务报表等有关会计核算资料为依据，对企业财务活动过程及结果进行分析和评价。财务分析的基本方法有比较分析法、比率分析法、趋势分析法、因素分析法。财务分析的主要内容包括企业资本结构分析、偿债能力分析、资金营运能力分析、获利能力分析和发展能力分析。杜邦分析法和沃尔比重评分法是财务综合分析的两种主要方法。同时，本章探讨了财务分析应关注的问题，最后利用杜邦分析法对中国建筑股份有限公司 2022 年的财务报表进行案例分析。

第十一章　总结与展望

第一节　总结

作为国民经济的支柱产业，建筑业的健康、稳定发展对我国经济结构的优化和经济增长具有重要的推动作用。对此，建筑企业应当从促进自身可持续发展入手，深刻认识到财务会计工作对建筑企业改革、创新、发展的积极作用，形成规范化、科学化、系统化和效能化的财务建设。本书为满足建筑企业会计从业者的业务需要，系统性整理与深化建筑企业会计处理与涉税管理理论，对建筑企业实际经营过程中的会计处理与涉税事项进行分析，涵盖建筑企业的设立阶段、招投标阶段、合同签订阶段、物资采购和资产管理、劳务使用、成本和费用、收入和利润的会计处理与涉税管理，同时对热点问题、实务案例、政策法规进行深入研究。本书有助于建筑企业会计从业人员在深入掌握实操内容的同时打好知识基础，能够更加灵活地运用知识，为企业的稳定发展提供强有力的支持。本书的设计理念是更加贴近社会实践，更好地满足建筑企业对会计专业人才的需求。

本书对建筑企业全流程的会计处理与涉税管理工作进行了系统性研究与一体化设计，遵循建筑企业具体实践工作，全面涵盖建筑企业生命周期，充分考虑了建筑企业财务人员在实际工作中的知识需求，突出会计与税务相融合，不仅有助于提高建筑企业的管理效率和运营水平，还可以帮助企业减少税收成本，提高盈利能力。本书深入研究了建筑企业不同业务阶段的会计处理与涉税管理问题，涵盖建筑企业经营活动的全流程，同时对热点问题、实务案例、政策法规进行了深入研究。本书在分析会计处理与涉税管理的基础理论的前提下，注重财务流程规划，有利于建筑企业形成一套符合自身特点的业务流程，增强对于财务的全面控制能力，提升企业的财务协调能力与抗风险能力。同时，本书将会计学知识与实务操作融为一体，并结合现实热点，引用大量实务案例、政策法规，有助于会计从业者从独特的、偶然的和混乱的经济业务中切入，解决会计与税务的实际问题。本书充分挖掘建筑企业各个阶段的相关案例，通过探讨典型问题深入分析经济业务。通过阐述热点问题与案例分析，基于实践指导财务人员开展工作，有利于广大建筑施工企业会计从业人员融会贯通，深入掌握会计与税务知识。

第二节　展望

财税工作是建筑企业经营管理的核心内容。建筑企业不仅要注重生产和技术，也要重视会计处理与税务管理，从而降低财务风险和经营风险。随着我国会计准则体系不断完备，建筑企业会计处理与税务管理成为一个不断更新、紧跟时代进步的财务管理系统。本书将建筑企业会计学理论与实务操作融为一体，介绍了建筑企业的设立阶段、招投标阶段、合同签订阶段、物资采购和资产管理、劳务使用、成本和费用、收入和利润的会计处理与涉税管理相关知识，同时对热点问题、实务案例、政策法规进行深入研究。本书以最新的会计与税务政策为理论基础，对建筑企业从业者具有一定的理论参考价值与实践借鉴意义。展望未来，专注于建筑企业会计处理与税务管理的书籍将为建筑行业带来深刻的变革，本书通过系统梳理和深化建筑企业会计处理与税务管理理论，旨在成为建筑企业从业者不可或缺的指南，为其提供有益的借鉴和指引。

在未来的发展中可以期待以下几个方面的变化：在相关政策制定方面，针对会计处理与涉税管理，政府相关部门将制订更加规范的专业标准，促使建筑企业会计在实践工作中更加规范运行，提高整个行业的财务管理水平；在实践工作方面，建筑企业会计从业人员将更好地理解和应用建筑企业会计处理与税务管理理论，提升职业素养，提高在实际工作中解决问题和应对挑战的能力；在学术研究方面，高校等科研机构将进一步推动建筑企业会计理论研究与建筑企业实践工作的融合，为建筑企业会计的发展提供知识创新储备，为整个建筑行业的可持续发展注入新的活力。

综上所述，本书为建筑行业在财务领域搭建了更为广阔的学习平台，有助于建筑行业的规范发展和会计专业人才的培养，为建筑企业的可持续发展提供强有力的支持，为建筑行业的规范与发展带来积极有益的借鉴和指引。同时，期待更多学者对本书未能进行的深入研究加以完善。

参考文献

[1] 陈维花. 关于我国建筑施工企业薪酬管理创新措施思考[J]. 财讯，2023（15）.

[2] 代义国. 建筑施工企业会计与纳税技巧（第二版）[M]. 北京：机械工业出版社，2016.

[3] 方晶晶. 建筑施工企业会计核算实务（第三版）[M]. 北京：化学工业出版社，2020.

[4] 付小青，赖萍宜，戴琼燕，等. 车船税税收政策存在的问题及对策[J]. 税务研究，2014（12）：93.

[5] 高放. 建筑会计行业面临的问题及解决方案分析[J]. 纳税，2019，13（17）：140.

[6] 黄雅平，李爱华. 建筑企业会计实务[M]. 北京：化学工业出版社，2020.

[7] 会计真账实操训练营. 建筑施工企业会计岗位实操大全（流程+成本+做账+税法）[M]. 北京：中国铁道出版社，2021.

[8] 李洪军，杨志刚，源军，等. 工程项目招投标与合同管理（第三版）[M]. 北京：北京大学出版社，2019.

[9] 李皎洁. 浅谈施工间接费用与临时设施费用的摊销[J]. 中国经贸，2014（4）.

[10] 李志远，全晶晶. 建筑施工企业税务与会计[M]. 北京：中国市场出版社，2020.

[11] 林久时. 建筑施工企业全生命周期财税处理与风险防范（案例版）[M]. 北京：中国铁道出版社，2022.

[12] 刘昕. 建筑施工企业会计与税务实务操作全书[M]. 北京：人民邮电出版社，2022.

[13] 吕爱武. 建筑施工企业财务与会计实务[M]. 北京：化学工业出版社，2018.

[14] 马强. 企业税务筹划与税务管理水平提升策略研究[J]. 财会学习，2023，364（11）：125-127.

[15] 平准. 建筑施工企业会计核算与纳税、财务报表编制实务[M]. 北京：人民邮电出版社，2020.

[16] 平准. 图解施工会计实操[M]. 北京：中国纺织出版社有限公司，2021.

[17] 孙娜. 试析建筑企业成本管理及其控制策略[J]. 会计师，2020（2）：43-44.

[18] 索晓辉. 小微施工企业会计、纳税、查账真账实操[M]. 北京：中国经济出版社，2021.

[19] 佟飞. 浅谈新个人所得税税法下的纳税筹划[J]. 中国集体经济，2023（14）：86-89.

[20] 万里菊. 建筑企业财务报表分析研究[J]. 中国乡镇企业会计，2022（10）：68-70.

[21] 王俊遐. 建筑工程招标投标与合同管理案头书[M]. 北京：机械工业出版社，2019.

[22] 王俊遐. 建筑企业营改增实施一本通[M]. 北京：机械工业出版社，2018.

[23] 王素荣. 税务会计与税务筹划[M]. 北京：机械工业出版社，2022.

[24] 王玉红. 施工企业会计[M]. 大连：东北财经大学出版社，2022.

[25] 辛艳红，李爱华. 施工企业会计（第三版）[M]. 北京：北京大学出版社，2014.

[26] 许琼. 浅谈我国车船税的税种设置与征收效果[J]. 交通财会，2022（5）：13-19.

[27] 严超. 建筑工程企业项目成本管理与控制的路径选择[J]. 中国商界，2023（7）：86-88.

[28] 袁敬. 建筑工程项目成本控制与预算管理研究[J]. 黑龙江科学，2023，14（17）：152-154.

[29] 张加瑄，朱颖. 建筑企业会计[M]. 北京：中国电力出版社，2019.

[30] 张利棉. 工程施工招投标阶段的风险分析[J]. 中国集体经济，2023（30）：76-79.

[31] 张龙. 建筑会计行业存在问题及对策探究[J]. 财会学习，2021（15）：88-89.

[32] 张泽民. 建筑施工企业财务分析存在的问题及对策研究[J]. 中国集体经济，2022，713（21）：139-141.

[33] 张志红，伍雄伟. 财务管理学[M]. 武汉：西南财经大学出版社，2017.

[34] 中国注册会计师协会. 会计（2023 年度注册会计师全国统一考试辅导教材）[M]. 北京：中国财政经济出版社，2023.

[35] 朱开悉，何日进. 财务管理学[M]. 长沙：湖南人民出版社，2007.

[36] 竺素娥，裘益政. 财务管理学[M]. 大连：东北财经大学出版社，2016.

后 记

在本书即将付梓之际，我心中充满了感激之情。首先，特别感谢各位同仁以及南开大学出版社的周敏编辑，他们在本书的撰写过程中给予了我巨大的支持和帮助。其次，感谢天津城建大学经济与管理学院研究生董子怡、张东燕、吴美萱、何祎璠、步明娜、李雯宇、王沈莹、上官倩、陈军辉、段谟良、马南钧、马淑敏、孙明、盛晗、朱新宇、楚婧冉、赵玉菡、王雅琳、王宏亮、程永强在书稿撰写过程中付出的努力，在此对他们的专业精神表示最深的敬意和感谢。

此外，我还要感谢所有在背后默默支持我的家人和朋友，他们的理解和支持是我能够坚持完成这项工作的动力源泉。

最后，我希望这本书能够对读者有所启发，也希望它能够成为我们共同探索和学习的平台。愿我们都能从中获得知识，得到成长。

再次感谢所有支持和帮助过我的人，愿我们未来的旅程充满光明和希望。

编著者

2024 年 12 月